東アジア理解講座

歴史・文明・自然・環境

金 光林 編著

明石書店

まえがき

本書の目的

本書は、ユーラシア財団 from Asia の新潟産業大学への助成講座「ユーラシア共同体のための東アジアの歴史・文明・自然・環境への理解」の二〇二二年度および二〇二三年度の講師の方々と協力しながら、編纂したものである。日本国内外の十四名の講座に関わる研究者陣によって編纂された本書には、東アジアの歴史・文明・自然・環境などに関する内容が幅広く盛り込まれ、東アジア理解のための大学のテキスト・参考書として、また一般読者の東アジア理解にも役立つ書物ともなっている。

編者は新潟産業大学経済学部で二〇一一年度からこれまで十年以上にわたり、「東洋史」の講義を担当してきた。その間、日本の大学教育における東アジアの歴史に関する内容が中国史中心に展開されている場合が多く、統合的な地域史として東アジア全体に対する均衡のとれたアプローチに欠けるところがあると常々感じてきた。また、近年は東アジアの政治・経済に関する内容が増加の傾向にある中、アジアの歴史・文化の側面から東アジア全体に対する多面的理解を助ける、分かりやすい書物が意外と少ないことにも気がついた。

こうした問題点を感じている中で、幸い二〇二二年度から新潟産業大学の「東洋史」講義をユーラシア財団 from Asia の助成講座として開講する運びとなった。コロナパンデミックの最中に急速に普及したオンライン講義にも助けられ、日本国内外から多彩な講師を迎え、それぞれの講師の専門分野を生かした形で、東アジアについて幅広い内容の講義をオムニバス形式で行うことができた。そのおかげで二〇二二年度の春学期に開講された「東洋史」講義には大勢の学生と市民が受講し、授業は好評を得た。

そこで、二〇二二年度・二〇二三年度のユーラシア財団 from Asia の新潟産業大学への助成講座の講師の方々と協力し、この助成講座のテキストとして、また大学教育における東アジア理解の参考書としても活用してもらうことを目的に本書を編纂した。本書は十二篇の論文と一篇のコラムで構成されている。各章とコラムの要点は次の通りである。

農耕・遊牧・海洋という視点を揃えることによって、東アジアの歴史がより正確に理解できるようになる（第一章）。二十世紀に入ると多くの知識人や思想家が「アジア人」とは何かについて考察し、欧米のアンチテーゼとしての「アジア人」意識を確立させていった。そして今日、東アジアは豊かな可能性を秘めた地域となっており、新しい視点から東アジアのアイデンティティ形成を探ることが一層求められている（第二章）。「東アジア文化圏」とは「漢字文化圏」であるとされるが、漢字を介した交流以前、東アジアにおいてはそれぞれの地域において独自の文明形成がなされており、それは「道文化圏」とも称される。この「道文化」を基層として、漢字を介した仏教・儒教文化圏が形成されるに至った（第三章）。ユーラシアの自然は実に多様性に富んでいる。地球温暖化はユーラシアの自然環境を危機に陥れている。氷河湖決壊洪水、凍土融解によるCO²・メタンの放出、砂漠化現象等々。人間は自然の一部であり、「家」である地球を破壊してはならない（第四章）。

今から約二千五百年前のインド東北部でブッダ（仏陀＝釈迦）を開祖として成立した仏教は、その後アジア全域に広まり、それぞれの地で独自の美術を生み出した（第五章）。ソビエト連邦崩壊後、新たな主権国家体制の中央アジア諸国はロシアと関係を持ちながらも、中国、米国、インド、韓国、日本などの大国や経済先進国との間に「一地域」としてよりも「二国間」協力関係構築の方向で進んできた（第六章）。モンゴル人は現在モンゴル国、中国とロシアの三カ国を中心に分散居住しており、異なる政治的社会的枠組みの中で一世紀近くの歴史を歩んできたが、グローバル化によって悠久の流れの中で繰り返されてきた遊牧を営む空間が喪失し多様化が進んだ（第七章）。「家訓」は、ベトナムの伝統的な家庭の儒教に基づく倫理教育を鮮明に映し出す資料である。「家訓」には「修身」「斉家」の内容のほか、さまざまな法・礼の規則が反映されている（第八章）。〈踏み落とし〉は、日本の漢詩作法における一用語であり、近体七言詩で第一句が押韻していない現象、すなわち第一句の末字が韻を踏んでいないことを指す。おそらく漢詩作りの初心者向けに指導上の必要から使われた〈踏み落とし〉という語を軽々に用いることは、厳に慎まねばなるまい（第九章）。高齢化社会に入ってから疾病構造が変わり、医療費高騰の問題、西洋医学の限界が見えるに至り、伝統医学が注目されるようになった。最大の生薬生産国である中国と、高度な製造技術と厳しい品質基準を持つ日本が協力すれば、漢方薬の市場はさらに拡大でき、人々のＱＯＬ改善と医療費削減に役に立つと考えられる（第十章）。東アジアの国際関係の変遷とその特徴について社会史モデルを援用しつつ検証し、当該地域の地域統合の可能性について平和構築のモデルとして「協生の世界」の実現が不可欠である（第十一章）。日韓関係における「人的・文化的交流」の歴史を、日韓の架け橋となった人々を取り上げて考察し、東アジア地域の対立から「共生」に向けての課題について触れた（第十二章）。

　私たちは、まず、朱子学の遺産とは何なのか、そして、今の時代に偉大な知的伝統の価値を見出すためには、なぜ学問的努力を傾注することが重要なのか、綿密に考える必要がある。今日の私たちの課題は、朱子学の教えから無数の宝物を算出することである（コラム）。

東アジアの地域・人種・言語・民族

地理的に東アジアとは、ユーラシア大陸の東部にあたるアジア地域の一部を指す名称であり、北西からモンゴル高原、中国大陸、朝鮮半島、日本列島を含む地域である。この地域は中国との政治的・文化的かかわりあいの中で歴史が展開された側面が強いので、人文学的視点からはベトナム、ロシアの極東地域を含んだ地域を伝統的な東アジア領域とみるのが穏当な解釈であろう。

一方、モンゴルとロシアの極東地域は北アジアに分類され、ベトナムは東南アジアに分類されるので、東アジアという地域的概念には曖昧さが残されており、その境界を明確に引く難しさも存在する。東アジアは日本では戦前には「東亜」と呼ばれ、中国語では今日でも「東亜」と呼ばれる。また、北東アジアという地域概念も存在し、具体的には中国（または中国東北部）、朝鮮半島、日本、モンゴル、ロシアの極東地域がこの領域に入る。

東アジアに住む人々は人類学的にはそのほとんどがモンゴルロイドに分類され、さらに人類の進化過程の寒冷適応の差異によって旧モンゴロイド、新モンゴロイドに分類される。東アジア西部では、かつてコーカソイドに属する人々が住んでいたが、モンゴロイドとの混血によってその独自性を失うか、西方に移動し、姿を消した。

言語学的には東アジアで話されている言語は、アルタイ諸語、シナ・チベット語族、オーストロアジア語族、モン・ミエン語族、タイ・ガタイ語族、オーストロネシア語族に大別され、多様な言語的分布を見せている。アルタイ諸語はチュルク系、モンゴル系、ツングース系、朝鮮系に細分され、日本語もアルタイ諸語に極めて近い言語であるといわれる。日本列島で使用された言語には日本語以外に、琉球語、アイヌ語も存在する。シナ・チベット語族は漢語系、チベット・ビルマ語系に分かれ、オーストロアジア語族の中にベトナム語が入り、モン・ミエン語族、タイ・ガタイ語族の言語は東アジアの南部で少数民族によって主に使用されている。また、台湾の原住民の言語はオーストロネシア語族に分類される。

東アジアでは、歴史上、種族の興亡盛衰が盛んに行われ、王朝の交替も頻繁に行われた。中国の文献には多数の種族に関する記録が残されている。しかし、種族として消滅、または同化したものも多く、現在の東アジアの諸民族と関連する、中国の漢民族、モンゴル民族、チベット民族、トルコ系諸民族、満州民族、朝鮮民族、日本民族、ベトナム民族、中国西南部で南詔（八世紀半ば）・大理（九三七年）の王朝を建国したチベット・ビルマ語族の民族が東アジアの歴史舞台で主な活動を担い、王朝の興亡盛衰を繰り返したと言っても過言ではあるまい。その他、中国の西域地域で活動したイラン系のソグド人の存在も見逃すことができない。

東アジアの文化および文明

地域的概念としての「東アジア」に曖昧さ、その境界の不明確さがあるのと同様に、文化的および文明的意味においても、「東アジア」を一つの統合体としてまとめることは難しい。漢民族の中国を中心に、朝鮮半島・日本列島・ベトナムでは伝統社会において漢字を共有し、漢字を媒介にして儒教・律令などの政治・社会制度、漢訳仏典（大乗仏教）・道教を共有する共通の文化圏を形成した。この文化圏を「漢字文化圏」、または「東アジア文化圏」と呼ぶことが多い。また、この文化圏の世界を秩序づけた固有の政治システムを「冊封体制」と呼び、この体制を支えるものに中華思想と中国式の王化思想が存在する。

しかし、中国の周辺に位置し、朝鮮・日本・ベトナムよりも地理的に漢民族との距離が近いはずのモンゴル・チベット・満州および西域の諸民族の伝統社会において漢字文化がそれほど定着せず、儒教の影響も薄く、モンゴル・チベット・満州においてはチベット仏教（ラマ教）が普及し、西域の諸民族の間ではイスラム教が普及しているので、これらの遊牧民族・オアシスの民まで視野に入れれば、東アジアを簡単に「漢字文化圏」、または同一の文化圏として定義するのは難しい。もちろん、東アジアの歴史上、中国大陸の東北・北方・西北地域の異民族の漢民族との融合・同化、漢化もかなり進み、遊牧民族・オアシスの民と漢民族との間の絶対的な境界線は存在しない。

それではなぜ、中国の漢文化が相対的に距離の遠い朝鮮半島・日本列島・ベトナムに普及したにもかかわらず、より近い距離のはずのモンゴル・チベット・満州・西域ではそれほど定着しなかったのか、これは東アジアについて考える際に重要な課題である。これについては明確な答えはないようであるが、編者は朝鮮半島・日本列島・ベトナムの人々が中国の漢民族と同じように農耕生活に基盤をおいていたこと、これらの地域の古代の国家形成の段階において中国大陸から漢民族の移民が大量に流入し、漢文化の普及を加速させたことが大きな理由になり得ると考えている。

アジアの多様性については、すでに唐の時代の玄奘が『大唐西域記』の巻頭において、実際の見聞に基づいて「象主」「宝主」「馬主」「人主」の四つの地域に区分していた。現代の表現に変えるとすれば、それぞれ南アジアの農耕文化圏、西アジアのオアシス文化圏、北アジアの遊牧文化圏、東アジアの農耕文化圏と言うことができよう。

東アジアおよび東アジア史について、ドイツの東アジア史研究者ラインハルト・ツェルナー氏の見解が注目される。ドイツ語の著書の訳書である『東アジアの歴史――その構築』の中で、同氏は東アジアの定義として「普段の食事に箸を使う地域のこと」とし、東アジア史とは、「亜熱帯・温帯モンスーンと歴史的中国文明によって特徴づけられ、政治的、経済的相互交流の一貫した地域内システムが存在した地域の歴史」（ラインハルト・ツェルナー著、植原久美子訳『東アジアの歴史――その構築』明石書店、二〇〇九年、一三頁、一七頁）と定義している。以上のツェルナー氏の見解は西洋のフォーク文化との対比において、東アジアの共通の生活文化としての〈箸〉に着目し、また東アジア史に対する定義は既存の日本と西洋の学者たちの学説をまとめたものである。ここでいう「政治的、経済的相互交流の一貫した地域内システム」とは中国に由来する「冊封体制」を指すものであろう。

結局、東アジア地域を全体として眺望すれば、その自然環境・気候は多様であり、農耕・遊牧・海洋・オアシスに基盤を置く生活様式・文化の差異が大きく存在する。特に農耕民族と遊牧民族の間の差異は大きい。このような多様性を前提に東アジアの世界が理解されるべきであり、過剰な中国中心の東アジア文化論・文明論は今後見直されるべきであろう。

謝　辞

新潟産業大学の「東洋史」の授業が助成を受けることで、日本国内外から多彩な講師を迎え、受講生が東アジアの歴史・文明・自然・環境などについて幅広く学ぶ貴重な機会を提供し、本書の出版まで助成いただいたユーラシア財団from Asiaの佐藤洋治理事長、鄭俊坤首席研究員および財団の関係者の皆様に心より感謝申し上げたい。そしてこれまで新潟産業大学におけるユーラシア財団　from Asiaの助成講座を温かく見守り、サポートしてくださった梅比良眞史学長をはじめ全学の教職員の皆様にも御礼申し上げたい。昨年から大学内において、この助成講座の諸業務の労をいとわず、協力してくださった教務課の各位には深く感謝したい。

本書の編集・出版過程においても多くの方の応援および協力をいただいた。ご多忙の中、玉稿を寄せていただいた執筆者の先生方、英語（一篇）と中国語（二篇）の原稿を日本語に翻訳してくださった沼岡努先生（新潟産業大学名誉教授）、谷川雄一郎先生（神奈川大学非常勤講師）、外国出身者の原稿の日本語校正を行っていただいた古田島洋介先生（明星大学教授）、小林健彦先生（新潟産業大学教授）、若月章先生（新潟県立大学名誉教授）、原稿の確認作業にご協力いただいた新潟産業大学図書館の関佳代子さん、前澤和也さんにも厚く御礼申し上げたい。

末筆ながら、本書の刊行を快く引き受けていただいた明石書店の大江道雅社長、並びにひとかたならぬご尽力をいただいた編集担当者の佐藤和久氏に心より御礼申し上げたい。

二〇二三年三月二十八日

金　光林

［参考文献］

松田壽男『同時代ライブラリー122　アジアの歴史――東西交渉からみた前近代の世界像』岩波書店、一九九二年。

大林太良・生田滋著『東アジア民族の興亡――漢民族と異民族の四千年』日本経済新聞社、一九九七年。

李　成市『世界史リブレット❼　東アジア文化圏の形成』山川出版社、二〇〇〇年。

ラインハルト・ツェルナー著、植原久美子訳『東アジアの歴史――その構築』明石書店、二〇〇九年。

『東アジア理解講座——歴史・文明・自然・環境』

目次

第三部　東アジア間の交流と統合

『東アジア理解講座――歴史・文明・自然・環境』本書の概要

第一章　十九世紀に海を渡った一本の標木から考える東アジア（金　光林）

江戸時代の後期に現在の新潟県柏崎市の日本海の海岸に漂着した一本の標木の漂着譚が今に伝えられている。この伝承は従来、この標木の胴体には「娥眉山下喬」と刻まれていたので、中国の蜀の地の峨眉山のある橋柱が揚子江に流れ込み、海を渡って奇跡的に柏崎の海岸に流れ着いたものと考えられていた。また、この標木には頭部に人間の面相が彫られていて、その特徴が朝鮮の民俗信仰の守護神、または里程標・境界標のチャンスンに酷似していたため、民俗学者たちはこの標木が朝鮮のチャンスンであり、朝鮮半島から漂着したものであると主張してきた。

本章では以上の標木の標着譚という具体的事例を綿密に分析しながら、中国、朝鮮、日本の歴史的・文化的に緊密な関連性、民俗信仰の伝播過程、日本の中国文化に対する憧憬意識について検討した。結果として、中国中心の東アジア文明・東アジア文化という思考を克服し、農耕・遊牧・海洋という視点を揃えることによって、東アジアの歴史がより正確に理解できるようになるという点を強調している。

第二章　東アジアとは？（宋　念申）

中国・朝鮮・日本の人々にとって「アジア人」のアイデンティティとは、十九世紀以降、欧米諸国が帝国主義的対外膨張を遂げながらアジアに進出する過程において、アジアを「後進的」であるととらえた欧米人のまなざしを意識したことから創出された概念であった。二十世紀に入ると多くの知識人や思想家が「アジア人」とは何かについて考察し、欧米のアンチテーゼとしての「アジア人」意識を確立させていった。そして今日、東アジアは、豊かな可能性を秘めた地域となっており、新しい視点から東アジアのアイデンティティ形成を探ることが一層求められている。近代国家システムの枠組みで「中国」「日本」「朝鮮／韓国」を見るならば、その多様性がかき消されてしまう。また、ハリウッド映画等には時としてオリエンタリズムが見受けられる。こうした概念をいかに克服するのかが大きな課題となっている。

第三章　東アジア文明の諸相——東アジア文明認識における若干の問題（金　勲）

グローバル化が進展するなか、東アジアが活況を呈している。だが、東アジアは多様な文化を有する地域であり、そこに着目しなければ、相互理解は促進されない。しばしば「東アジア文化圏」とは「漢字文化圏」であるとされるが、漢字を介した交流以前、東アジアにおいてはそれぞれに地域において独自の文明形成がなされており、それは「道文化圏」とも称される。この「道文化」を基層として、漢字を介した仏教・儒教文化圏が形成されるに至った。仏教は、多くの漢訳された仏典が朝鮮や日本にもたらされることで「大乗仏教文化圏」が形成された。儒教については、十三世紀以降、朝鮮や日本で朱子学が広まったことで、「儒教文化圏」が形成されるようになった。従来、「東アジア文化圏」は、朝貢と冊封という制度的側面から論じられることが多かったが、仏教や儒教の精神文化の側面からの考察も必要である。

第四章　ユーラシアの自然環境（沼岡　努）

ユーラシアの自然は実に多様性に富んでいる。中国大陸、シベリア、東南アジア、中央アジアなど各地域でその特徴は顕著である。プレート同士の激しい衝突に起因する中国大陸の山岳と盆地・砂漠の並列的配置構造や断層沈降型盆地の存在、その北側に中国とほぼ同面積で広がるシベリアの永久凍土地帯、その大半をおおう針葉樹林「タイガ」帯など、南北地域間には地形や土壌・植生の点で顕著な差異が見られる。一方、東西に目を向けると、東南アジア、中国東部を中心にヒマラヤ・チベット山塊の影響を受けた「アジアモンスーン」が豊かな森林植生帯を育んでいるのに対し、中央アジアでは乾燥した偏西風の影響で広大な乾燥・半乾燥地域がさらなる砂漠化に直面している。地球温暖化はユーラシアの自然環境を危機に陥れている。氷河湖決壊洪水、凍土融解によるCO_2・メタンの放出、砂漠化現象等々。人間は自然の一部であり、「家」である地球を破壊してはならない。

第五章　アジアにおける仏教美術の地域的特性（片岡　直樹）

今から約二千五百年前のインド東北部でブッダ（仏陀＝釈迦）を開祖として成立した仏教は、その後アジア全域に広まり、それぞれの地で独自の美術を生み出した。インドにおける最初期の仏教美術は、仏陀の存在をいわゆる仏像としてではなく、いくつかのシンボルマークによってあらわしている。紀元前一世紀の末にはインド西北部（現在のパキスタン）のガンダーラ地方で初の仏像がつくられ、次いでインド中央部のマトゥラーでもつくられたが、両者の様式はかなり異なるものだ。さらには、中国・韓国・東南アジア・日本の各地にも仏教文化が広まり、多くの仏像がつくられたが、それぞれの仏像のかたちにはやはり地域による違いがみてとれる。この章では主として仏像の造形を通じてアジア諸地域における仏教美術の特性を論じている。また、古びて破損したような仏像にも美を感じる日本人特有の美意識についてもふれている。

第六章　中央アジアと東アジアの関係――その過去と現在（キム・ゲルマン）

世界最大の面積、人口を擁するアジア大陸は、政治体制、経済状況、文化的慣行、宗教等において多様性を見せている。アジアは地理的のみならず政治、経済、文化的にも地域に分かれ、ＥＵのような統合機関を持たない。ソビエト連邦崩壊後、新たな主権国家体制の中央アジア諸国はロシアと関係を持ちながらも、中国、米国、インド、韓国、日本などの大国や経済先進国との間に「一地域」としてよりも「二国間」協力関係構築の方向で進んできた。主要国も中央アジア諸国の豊富な天然資源、その地政学的位置、大きな消費市場などを視野に入れ、関係構築に積極的だ。中央アジアを取り巻くこうした歴史・政治・経済的情勢の中で、東アジアとの関係は未だ初期段階といってよい。だがその中で、日本は中央アジア諸国との多国間協力関係を拡大してきたし、韓国は国際関係におけるディアスポラの力を重視し、ソフトパワーによる中央アジアとの文化的交流・発展に貢献している。

第七章　近現代におけるモンゴル世界の多様化（ボルジギン・ブレンサイン）

「モンゴル」という言葉には「遊牧民」「騎馬民族」「大草原」といったいくつかの決まったイメージがつきまとい、ときには「モンゴル」と聞いてすぐに「チンギス・ハーン」を口にする人々も少なくない。モンゴル人は現在モンゴル国、中国とロシアの三カ国を中心に分散居住しており、異なる政治的社会的枠組みの中で一世紀近くの歴史を歩んできたうえ、グローバル化によって悠久の歴史の流れの中で繰り返されてきた遊牧を営む空間が喪失し多様化が進んだ。しかし、こうした多様化の時代を迎えたにもかかわらず、なぜ「モンゴル」という言葉にある種のステレオタイプともいえる不変的なイメージが払拭されないのだろうか。本章では、今日のモンゴル世界の多様化の状況を具体的に解説したうえ、「モンゴル」につきまとうそうしたステレオタイプが形成された歴史的背景について考えている。

第八章　ベトナムの「家訓」文献から見たベトナム人の礼（佐藤　トゥイウェン）

「家訓」は、ベトナムの伝統的な家庭の儒教に基づく倫理教育を鮮明に映し出す資料である。現在でも、ベトナム・日本・フランスの研究機関や大学図書館などに、百七点ものベトナムの「家訓」文献が収蔵されている。「家訓」には「修身」「斉家」の内容のほか、さまざまな法・礼の規則が反映されている。本章では、「家訓」文献を通してかつてのベトナム人の礼、すなわち、君臣の礼・父子の礼・夫婦の礼・日常生活上の礼を明らかにしている。「礼」を重視することは、かつてのベトナム社会のみならず、現代のベトナム社会にも色濃く見られる。儒教的礼儀・道徳はある程度まで現代ベトナム社会にも影響を与えている。

第九章　〈踏み落とし〉再考――要らざる用語を安易に用いるなかれ（古田島　洋介）

〈踏み落とし〉は、日本の漢詩作法における一用語であり、近体七言詩で第一句が押韻していない現象、すなわち第一句の末字が韻を踏んでいないことを指す。けれども、漢詩制作の本家本元たる中国（台湾をも含む）の詩法解説書で〈踏み落とし〉に相当する語を見かけたことはない。また〈踏み落とし〉は、誰の耳にも貶義に響き、あたかも誤りであるかのような印象を与える。つまり、日本人だけがことさら〈踏み落とし〉の現象を取り上げ、〈踏み落とし〉という用語が独り歩きすることによって、第一句不押韻の近体七言詩を規則に従わない誤った作品と看做す危険にさらされている。しかし、実際には第一句不押韻も近体七言詩の一形式であり、単に作品数の比率が低いだけにすぎない。それを実作品に即して論じたのが本章である。おそらく漢詩作りの初心者向けに指導上の必要から使われた〈踏み落とし〉という語を軽々に用いることは、厳に慎まねばなるまい。

第十章　高齢化社会で注目される伝統医学――中国・日本における漢方医学（魯　紅梅）

高齢化社会に入ってから疾病構造が変わり、医療費高騰の問題、西洋医学の限界が見えるに至り、伝統医学が注目されるようになった。漢方の本場・中国では政府の積極的な取り組みに加え、二〇一五年に中国伝統医学を専門とする屠呦呦《トゥ・ヨウヨウ》氏がノーベル生理学・医学賞を受賞したことなどもあり、中国伝統医学の認知度が向上した。一方、日本に伝えられてきた中国伝統医学は日本独自の発展を遂げてきたが、明治時代に一度廃れていた。一九七〇年代に再び脚光を浴びるようになり、西洋医学一辺倒から急速に発展するようになった。最大の生薬生産国である中国と、高度な製造技術と厳しい品質基準を持つ日本が協力すれば、漢方薬の市場はさらに拡大でき、人々のＱＯＬ改善と医療費削減に役立つと考えられる。

第十一章　東アジアの国際関係――地域統合の可能性について（若月　章）

現在、東アジアの地域統合の形成と発展に向けた牽引役は北東アジアではなく、東南アジアのＡＳＥＡＮとの見解が有力である。事実、二〇二二年十一月には東南アジア三カ国が主導した巧みなグローバル外交が国際社会の耳目を集めた。他方北東アジア域内では実質的な多国間外交が二〇〇八年以後開かれていない。東アジア全体の地域統合は全くの夢物語に過ぎないのか。

そこで本章では東アジアの国際関係の変遷とその特徴について社会史モデルを援用しつつ検証し、当該地域の地域統合の可能性について、平和構築のモデルとして「協生の世界」の実現が不可欠であることを提唱している。さらに東アジアの新たな国際関係秩序の形成の構築に向けた現状と課題について、二〇二〇年以降の北東アジアの環境問題や東南アジアの多国間外交を解説し、最後に東アジアの地域統合の達成においては覇権主義を越えた柔軟かつ緩やかな ASEAN WAY を選択肢の一つとすることを説いている。

第十二章　東アジア地域における「人的・文化的交流」の歴史と「共生」——日韓の架け橋となった人々を中心に（権　寧俊）

本章では、日韓関係における「人的・文化的交流」の歴史を、日韓の架け橋となった人々を取り上げて考察した。また、東アジア地域の対立から「共生」に向けての課題について触れた。

具体的にはまず、日中韓の関係について世論調査を通して考察し、「親近感」と「不信感」の要因とその背景についても検討した。第二に、東アジア地域においての「不信感」の一番大きい要因は相互における「歴史観の違い」に問題の所在があると判断し、その改善の可能性を「人的・文化的交流」から探った。そのために過去日韓で行った朝鮮通信使を介した交流、「朝鮮陶磁器」を通して行った日韓交流について触れ、さらにその交流に関わった人々を紹介しながら、「人的・文化的交流」の有用性について考えた。第三に、日韓の架け橋となった歴史的人物の生涯を通して日韓の「共生社会」にむけての「人的交流」についても考察した。

コラム　朱子学の伝統は現代社会の危機を救える（エマニュエル・パストリッチ）

朱子学を強いて高校の教科書に出てくる言葉を借りれば、「江戸時代に近代化に反対した保守派の思想である」と定義することができる。そして今になっては、博物館で展覧するような、我々の生活に何の役にも立たない骨董品のような取り扱いを受けている。が、それは本当にそうなのだろうか。現代の日本社会のような、深刻な道徳崩壊の問題に直面しており、常軌を逸した消費文化に溺れている病む社会では、未だに朱子学の伝統から見習う点が多々あるのではないだろうか。それは朱子学の最も魅力的な点である、行政、教養、道徳の融合から探し出せるかも知れない。

私たちは、まず、朱子学の遺産とは何なのか、そして、今の時代に偉大な知的伝統の価値を見出すためには、なぜ学問的努力を傾注することが重要なのか、綿密に考える必要がある。今日の私たちの課題は、朱子学の教えから無数の宝物を算出することである。

第一部　東アジアとは？

第一章　十九世紀に海を渡った一本の標木から考える東アジア

金　光林

一、新潟の海岸に漂着した一本の標木

日本では江戸時代の後期である一八二五（文政八）年十月、現在の新潟県柏崎市の日本海沿岸の村、椎谷《しいや》の漁師が同地の海岸に漂着した一本の標木《ひょうぼく》［図版1・6］を見つけて拾い上げた。薪にでもするつもりで家に持ち帰ったが、ある好事家がその標木に「娥眉山下𣓰」（𣓰＝橋）という文字が刻まれていることに気がついた。中国の蜀地の峨眉山《がびさん》に関連があるのではと思ったらしく、その漁師に代わりの薪を与え、標木を譲り受けた。そして博識で知られている隣村・田沢の祐光寺の住職・勧励上人に見てもらうことになった。上人はその標木に刻まれている「娥眉山下𣓰」という文字から、中国仏教の霊山である峨眉山から漂着したと確信したようである。彼はその「娥眉山下𣓰」の五文字を写し取り（籠字）、石板を作って刷物とした［図版2・3・4］。そして越後の同好の文人らに送って「橋柱に題する吟詠」を求め、それを集めて『行餘篇』という題目の詩集を刊行しようと考えた。江戸という鎖国時代に、遠い異国から、そ

［図版１］新潟県柏崎市高柳町貞観園の「娥眉山下喬」標木（柏崎市文化財・個人蔵）

［図版２］勧励上人による標木拓本（祐光寺蔵）

［図版３］勧励上人による籠字刷物（祐光寺蔵）

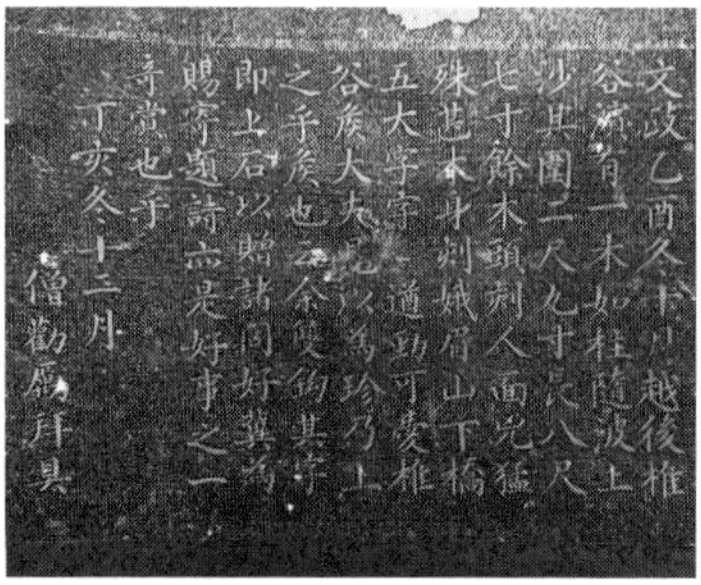

文政乙酉冬十月越後椎
谷濱有一木如柱随波上
沙其圍二尺九寸長八尺
七寸餘木頭刺人面兇猛
殊甚木身刻娥眉山下橋
五大字字画遒勁可愛椎
谷侯大夫見以為珍乃上
之于侯也余雙鈎其字
即上石以贈諸同好冀為
賜寄題詩亦是好事之一
奇賞也乎
丁亥冬十二月
僧勧励拝具

［図版４］勧励上人による標木龍字印刷物軸銘文（祐光寺蔵）

［図版５］『北越雪譜』に掲載された標木縮図

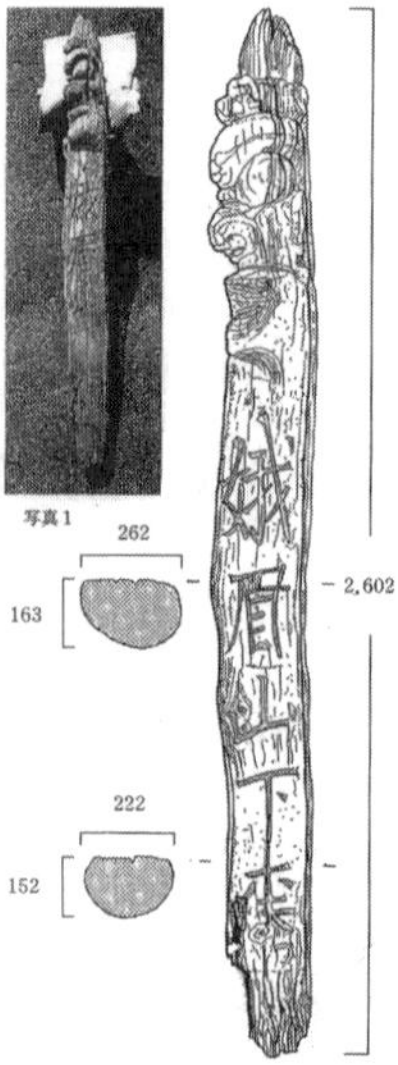

［図版６］柏崎市立博物館の渡邉三四一氏による標木図

れも中国仏教の霊山である峨眉山から漂着したと思われるこの標木に、勧励上人は大いに興奮したようで、彼の求めに応じて当時の越後の文人であった良寛（一七五八－一八三一年）、鈴木牧之《ぼくし》（一七七〇－一八四二年）、藍沢《あいざわ》南城（一七九二－一八六〇年）らが詩文を寄せた。(1)

僧侶であり、詩人、書家であった良寛はこの標木について漢詩一首と和歌二首を残している。まず、良寛の漢詩である。

　題蛾眉山下橋杭　　蛾眉山下の橋杭《きょうこう》に題す

不知落成何年代　知らず落成　何《いず》れの年代ぞ
書法遒美且清新　書法　遒美《しゅんび》にして且つ清新
分明我眉山下橋　分明なり　我眉山下の橋
流寄日本宮川浜　流れ寄る　日本宮川の浜(2)

良寛も中国仏教の霊山である峨眉山に憧れを持っていたらしく、この標木に刻まれている「娥眉山下喬」という文字について書法遒美（強くひきしまって美しいこと）にして且つ清新であると評価し、これが峨眉山の橋の杭に間違いないと判断した。しかし、良寛は何故か標木に刻んである「娥眉山」ではなく、この山の正しい名称である「峨眉山」でもない「蛾眉山」「我眉山」という名称を使ったのである。因みにこの標木が紹介されていく過程で「峨眉山」の「峨」は「蛾」「娥」の別字も使われた。

そして、良寛の二首の和歌は次の通りである。

から国にあるてふ娥眉山とかいふ、其山のふもとの川の橋杭の流こしをえてもてはやす人、それに歌よめといへりければ、

たのむべき皇祖の国ともろ〳〵の
　国の朽木もながれきつらむ
朽木すら物いはませば夕月の
　昔の秋の空もとはましを(3)

最初の和歌は、柏崎の海岸に漂着した標木に触れて、四方が海に囲まれている日本に海外から多くのものが漂着する現象に思いを馳せ、「こういうことは皇祖の国としての日本が頼もしいからだろう」という感慨を表現している。また、第二の和歌は中国唐代の詩人李白（七〇一―六二年）の七言絶句「峨眉山月歌(4)」の起句「峨眉山月　半輪の秋」を意識して歌ったものであろう。この和歌の「月」と「秋」の情景が起句と近似しており、標木から峨眉山を連想したと考えられる。

鈴木牧之は越後の塩沢で縮《ちぢみ》の仲介と質商を営みながら、俳諧・書画にも親しんだ人物である。越後の雪国としての風景と民俗を紹介した『北越雪譜《せっぷ》』を江戸で刊行し（初編三冊、一八三七年、二編四冊、一八四一年）、人気を博した。牧之がこの書物（二編、巻之四）の中で柏崎の海岸に漂着した「娥眉山下斎」という銘文が刻まれた標木を紹介したのをきっかけに、その存在が世間に広く知られるようになった。彼は勧励上人の求めに応じて次のような漢詩を詠んだ。

娥眉山下橋杭応観厲上人需　娥眉山下の橋杭につき観厲〔勧励〕上人の需めに応ず

素向滔々不問津　素《もと》滔《とう》々に向かい　津《しん》を問わず
長天万里自由身　長天万里　自由の身
三秋弄月釜山浦　三秋　月を弄ぶ　釜山の浦
独夜漂波椎谷浜　独夜　波に漂う　椎谷の浜
字様逸雄驚墨客　字様の逸雄は墨客を驚かせ
浮踪磊落悩詩人　浮踪《ふしょう》の磊落は詩人を悩ます
慇懃写意下翰処　慇懃に意を写し翰を下すの処
一掃麻沙見実真　麻沙を一掃して実真を見る(5)

大意は次の通りである。「橋杭はかつて滔々たる水流の勢いに乗り、湊に寄ることもなく大空のもと、自由な身となった。釜山の浦では秋の名月を眺め、孤独な夜の波に浮んで椎谷の浜に流れ着いた。この木に刻まれた字体は雄渾で人を驚かし、浮き草のように漂う大らかさは詩人を悩ませる。上人がその文字を丁寧に写し取ろうとして、文字の表面についた雑物を取り除くと、真実を見ることができた」。「津を問わず」は陶淵明（三六五―四二七年）の「桃花源記」の「後遂に津を問う者無し」(6)を響かせていよう。「三秋」は陰暦の七月から九月までの三か月。「独夜」は孤独に寂しく過ごす夜。「浮踪」はうわついて落ち着きがない足跡。「翰」は筆。ここでは、この標木の漂着譚が文学的に加工され、大いに想像がめぐらされている。標木は中国の遠い奥地から川を下り、海を渡って朝鮮半島の南端を経由し柏崎の海岸へ漂着したものとされ、刻まれた文字のすばらしさ、滔々たる海流を乗り越えた迫力が褒め称えられた。

鈴木牧之『北越雪譜』の江戸での刊行は、当時の戯作者山東《さんとう》京山（本名は岩瀬百樹《ももき》、一七六九―一八五八年）、曲亭馬琴（一七六七―一八四八年）らの協力によってできたが、この書物の刪定《さんてい》を行った山東京山は牧之の「娥眉山下嗇」の紹介文にさらに解説を加えていた。彼はこの標木が中国の蜀地から日本に辿りつき、海岸で拾われる経緯を文学的な筆致で描写した。その表現力はさすがであり、文学者としての想像力を存分に発揮している。ここにそのくだりを引用する。

さて件《くだん》の標準《みちしるべ》洪水《こうずゐ》にてや水《みづ》に入《はい》りけん、○洞庭《とうてい》○赤壁《せきへき》○潯陽《じんやう》○楊子《やうし》の海《うみ》の如き四大江《だいこう》を蕩漾周流《たうやうしうりう》して朽沈《くちしづま》ず。滔々《たうく》たる水路《すゐろ》五百余里《より》を流《なが》れて東海に入り、巨濤《こたう》に千倒《たう》し風波に万顛《てん》すれども断折砕粉《だんせつさいふん》せず、直身挺然《ちょくしんていぜん》として我国の洋中《おきなか》に漂《たゞよ》ひ、北海の地方に近《ちか》より、椎谷《しひや》の貧民《ひんみん》に拾《ひろは》れて始《はじめ》て水を辞《はな》れ、既《すで》に一燼《じん》の薪となるべきを、幸に字《じ》を識《しる》者に遇《あ》ひて死灰《しくわい》をのがれ、韻客《ゐんかく》の為《ため》に題詠《だいえい》の美言《びげん》をうけたるのみならず、竟《つひ》には　椎谷侯《しひやこう》の愛《あい》を奉《ほう》じて身を宝庫《ほうこ》に安んじ、万古不朽《ばんこふきう》の洪福《こうふく》を保つ叓奇妙不思議《ふしぎ》の天幸なれば、実《じつ》に稀世《きせい》の珍物《ちんぶつ》なり。(7)

十九世紀中ごろ、越後で漢学者として知られていた藍沢南城も勧励上人を通して柏崎の海岸に漂着した標木の存在を知るようになってから、これに相当な関心を寄せた人物である。南城はこの標木の漂着について漢詩を作り、「峨嵋山橋歌詠集序」という散文を書いた。彼はこの漢詩と散文の中で中国仏教の霊山である峨眉山について強い憧れの心情を表し、この標木が峨眉山から日本に漂着したことを仏教で言う「因縁」「宿縁」と解釈した。その散文からは、中国の峨眉山から漂着したと思われる標木を持て囃すことに、越後の一部の文人たちから不満の声があがっていた様子も窺える。朽ち木の上に刻まれた文字は拙ないものであり、遠いところから漂着したからといってむやみに貴いと言えない、日本には霊峰富士山があるはずなのに、異国の峨眉山を愛するというのは無意味なことである、住職として朽ち木の文字を写し取って持て囃すくらいなら、仏像経論《きょうろん》を翻刻すべきであるなどの非難があったと南城は散文の中で書き、そのような非難を反駁する論理として仏教の因縁という概念を持ち出し、「今生所為、必因于宿世之縁、好悪得喪、無往而不因縁」（今生《こんじょう》の為す所、必ず宿世《すくせ》の縁に因る。好悪得喪《こうおとくそう》、往《ゆ》くとして因縁ならざるは無し）と述べて、標木に関心を示す人々の立場を擁護したのである。(8)

一八二五年に柏崎の海岸に漂着した標木は、最初のうちは勧励上人を中心に現地で話題を集めたものと見られるが、一八四一年に鈴木牧之が江戸で『北越雪譜』二編を刊行し、それが人気を集める書物となったために、そこで紹介されたこの標木の漂着譚も段々と知られるようになった。ところで『北越雪譜』が刊行される前に越後とは遠く離れた平戸の藩主・松浦静山《まつうらせいざん》（一七六〇—一八四一年）も『甲子夜話』の中でこの標木について紹介している。『甲子夜話』は静山が一八二一年から執筆し、一八四一年に完成した二百七十八巻からなる世間の万事を記録した大著であるが、柏崎の海岸に漂着した標木の話は同書の続篇巻之五に「越後、標木咄〔娥眉山下橋〕」という小題で標木の文字の拓本と標木の漂流図をつけて紹介されている。同書の続篇巻之五の執筆時期は牧之が江戸で『北越雪譜』を刊行する以前である。そう考えると、この標木の漂着譚は意外に知られていたことになる。この標木は椎谷の漁師が最初に発見し、話題となったので、当地を領有していた椎谷藩の所管となった。椎谷藩が江戸定府であったので、椎谷藩を通してこの標木の漂着譚が広まった可能性がある。(9) この標木は後に椎谷藩から現在の柏崎市高柳町の村山家に寄贈され、同家が開園した貞観園に保存されている。

静山は漂着譚を人から伝え聞き、「娥眉山下喬」という文字の拓本を求めて独自に分析を行っていた。そして標木が中国の峨眉山から柏崎海岸へ漂着したものと判断し、同時に明和年間（一七六四―一七七二年）に石州（島根県）の海岸に漂着したもう一つの標木を取り上げて、そこに刻まれた文字から朝鮮の道標であると推定した儒学者、柴野栗山《りつざん》（一七三六―一八〇七年）の説を紹介している。(10)

以上の良寛、牧之、山東京伝、南城らの詩文から読み取れるように、この標木に関心を寄せていた人々は、それが遠い中国蜀地の峨眉山から幾つもの川を下り、海と海峡を渡って柏崎の海岸まで漂着したこと自体が奇妙で不思議なことであるという認識をほぼ共通に持っていた。峨眉山が中国の名山であり、仏教の霊地であることが、人々の標木に対する関心のきっかけとなり、彼らの意識の中には中国文化に対する憧憬も確かにあったはずである。

日本では江戸時代に至り、中国の古典文化が広く普及したことにより、漢文を作る人も増え、その過程で中国文化に対する憧憬も増した。しかし、中国と自由に往来できない鎖国時代であったため、日本国内で唯一中国文物に直接接触できる長崎まで旅行する儒学者もいたという。(11)このような背景もあって、たった一本の標木が文人たちの関心を引いたわけである。そしてこの標木の胴体に「娥眉山下橋」という文字が刻まれていたために彼らは疑問を抱くこともないまま中国の峨眉山から漂着したものと理解したのである。この標木の頭部に人間の面相が刻まれていた点も注目され、峨眉山のどこかの橋杭か道標と理解された。その当時は海外の文物に対する民俗学的知識が乏しかっただけに、これを朝鮮の民俗信仰物であるチャンスンと関連づける人はいなかった。

二、峨眉山の山麓に建立された良寛の詩碑

一九七八年に日中平和友好条約が結ばれ、日中友好の雰囲気が醸成されていく中で、一八二五年に柏崎の海岸に漂

着した標木が再度注目を浴びることになった。日本漂着百六十五周年を記念するため、一九八九年に日本の漢文学者で日中漢詩交流協会の会長も務めた柳田聖山（一九二二―二〇〇六年）らが中心となり、中国四川省の峨眉山にこの標木に関する良寛の詩碑（「題蛾眉山下橋杭」）を建立《こんりゅう》することが提案された。これは中国四川省政府の歓迎と支持も得られた。そして翌年の一九九〇年八月に、峨眉山の麓の景勝地である清音閣に良寛詩碑［図版7・8］、良寛の肖像と略伝を刻んだ副碑が建立され、良寛詩碑亭まで渓流を渡りやすいように標木を模した四本の橋柱がついた吊橋［図版10］が新しくかけられた。(12)

この詩碑の石は良寛の故郷である新潟県高柳《たかやなぎ》町から提供され、完成された詩碑を船に載せて、良寛の漢詩によれば標木が漂着したされる新潟県柏崎市の宮川浜から柳田聖山らが出航した。その後大阪から上海を経由し、長江の下流から上流へと約六千㎞に及ぶ標木が漂流した航路を遡上して、峨眉山まで辿りついたのである。

一九九〇年八月二十五日、峨眉山の麓の清音閣で良寛詩碑の除幕式が行われ、日本から五十数名の人々が参加した。良寛詩碑の裏には当時の中国仏教協会会長の趙樸初《ちょうぼくしょ》（一九〇七―二〇〇〇年）の筆による漢詩［図版9］も刻まれている。

禅師詩句證橋流　　禅師の詩句は　橋の流るるを証す
流到宮川古渡頭　　流れ到る　宮川の古渡《こと》の頭《ほとり》
今日流還一片石　　今日流れ還《かえ》る　一片の石
清音長共月輪秋　　清音長《とこし》えに共《おな》じうす　月輪《げつりん》の秋(13)

良寛の詩碑が峨眉山の麓に建立された時、当時の中日友好協会の副会長であり、日本文学研究者であった林林

［図版７］峨眉山の麓の清音閣に建立された良寛詩碑

［図版８］峨眉山の麓の清音閣に建立された良寛詩碑の拓本

［図版９］峨眉山の麓の清音閣に建立された良寛詩碑の裏面の趙樸初の漢詩の拓本

［図版 10］峨眉山の麓の清音閣に建立された良寛詩碑の近くに新しくかけられた吊橋。4 本の橋柱は新潟の海岸に漂着した標木を模したものである。

（一九一〇―二〇一一年）は中国の新聞『人民日報』（海外版、一九九〇年八月二十五日、第七面）に寄稿し、峨眉山の麓に良寛の詩碑が建立された経緯について説明しながら、次の漢詩を寄せた。

峨眉山下弔良寛　峨眉山下に良寛を弔《とむら》う(14)
木往石還情意重　木往きて石還り　情意重し
新潟詩魂落四川　新潟の詩魂　四川に落つ
遠碑不畏逆流難　遠碑　逆流の難を畏れず

また当時の日中友好漢詩協会の副理事長であった棚橋篁峰《たなはしこうほう》（一九四六年生）は、良寛の詩碑が峨眉山に建立された直後に北京の人民大会堂で行われた祝賀パーティーで次の漢詩を詠んだ。

峨眉山下吊橋新　峨眉山下　吊橋新なり
詩魂回来清音隣　詩魂　回《かえ》り来りて清音に隣《とな》る
良寛携手共相語　良寛　手を携えて共に相語り
扶桑赤縣友誼頻　扶桑と赤縣　友誼頻《しき》りなり(15)

「清音」は「清音閣」のこと。良寛詩碑が峨眉山に建立された時期に日中両国で良寛と日中の書画をめぐる展示会が催され、日中文化交流が行われた(16)。そしてこのことがきっかけとなり、一九九四年八月に新潟県の高柳《たかやなぎ》町《ちょう》が四川省の峨眉山市と友好交流宣言書を締結し、一九九五年九月に高柳町の観光レクリエーション施設である「じょんのび村」に、峨眉山の良寛詩碑と同じ良寛の「題蛾眉山下橋杭」の詩碑と、詩碑建立の経緯と良寛像・橋杭東流図を刻んだ副碑が建立された。二〇〇五年十月には市町村合併によって高柳町と一緒になった新潟県の柏崎市が峨眉山市と友好都市提携を結んだ(17)。

一八二五年に柏崎の海岸に中国四川省の峨眉山から漂流したと思われる標木が発見されてから、複数の文人たちが関心を寄せ、これに関連する詩文を残した。良寛もその一人であったのである。しかし現代になって良寛と彼の漢詩だけがクローズアップされ、中国で宣伝されたのは多少偏向しているとも言える。これは良寛という著名な僧侶、文化人を通して日中文化交流を強調し、いかにも平和的なイメージの人物を中国に紹介したい日本側の意図によるものと思われる。しかしその過程で歴史的事実がそのまま伝わっていない可能性が出てきた。標木は、実は中国四川省の峨眉山からのものではなく、朝鮮のチャンスン（長性）の可能性が濃厚であり、それは日本で民俗関連の学者たちによって提起されてきたのである。

三、標木が朝鮮のチャンスンである可能性

前近代の朝鮮では、民俗信仰上の守護神として、または里程標・境界標としてチャンスン（長性）が各地に立てられていた。チャンスンは石の場合もあるが、多くは木で作られた。そのために洪水によって流され、日本の海岸に漂着することが時折あったようである。その可能性が濃厚な標木が、日本の海岸で発見された記録は幾つも残る。

一七六五（明和二）年に石見国の唐鐘《とうがね》海岸（現在の島根県浜田市）で頭部に人間の面相が彫られ、胴体に「自官門東距

十里　坊名徳眞面畝同坊」という文字が刻まれた標木が発見され〔図版11〕、当時の考証学者である藤原貞幹《ていかん》（一七三二—九七年）が彼の著書『好古日録』（一七九七年）でこの標木が朝鮮の界牌であると判断し、材質が松の木のようだと伝えた。[18] 一七八四（天明四）年にも石見国那賀郡濱田浦（現在の島根県浜田市）で頭部に人間の鬼面のようなものが彫られ、胴体の文字はすでに摩滅された標木が発見され〔図版12〕、この地域の儒学者の中川顕允《あきすけ》（一七六一—一八三三年）が『石見外記』（一八二〇—二七年）巻四においてこれは朝鮮の榜示であると判断し、材質は松のようだと記した。[19]

そして十九世紀の後半頃に羽前《うぜん》国の海岸でも四本の標木が発見された。十九世紀末に発行された『東京人類學會雑誌』（第三巻二十八号、一八八八年六月）において、現地の郷土史家・羽柴雄輔（一八五一—一九二一年）の「淫祠の研究」という論文がまず三本を紹介した。[20] その中の一つの標木には頭部に人間の面相が刻まれ、胴体に「振威大将軍」という文字が刻まれ（〔図版13〕の第一圖）、もう一つの標木には、頭部に頭に冠を被ったような人間の面相が刻まれていた（〔図版13〕の第二圖）。この二つの標木は同地の海岸で発見され、神奇なるものとして見なされ、羽前国西田川郡濱中村（現在の山形県酒田市浜中）の松尾神社にご神体として奉安されていた。さらにもう一つの標木は羽前国西田川郡湯の濱（現在の山形県鶴岡市湯野浜）の旧湯倉神社に神体として奉安されていたもので、頭部に人間の面相が刻まれ、胴体の文字は「一倉西距」とだけ判別ができ（〔図版13〕の第三圖）、それ以下は確認できなかったと報告した。

羽柴はこれが中国、または朝鮮の道標だと思っていたが、彼の紹介後、『東京人類學會雑誌』上で反響が起こり、複数の人類学・民俗学の関係者が見解を発表し、中国、朝鮮の現地の民俗に関する情報を寄せた。[21] 彼は追加論文「朝鮮里程標に就き」（『東京人類學會雑誌』第六巻六十五号、一八九一年八月）[22] の中で中国現地を旅行した人の報告からはこのような標木が目撃されず、且つこれが朝鮮のチャンスンに似ていることから、前出の二本の標木が朝鮮のチャンスンである可能性を指摘した。彼はさらに、文政年間に越後国の海岸に漂着した標木や、羽前国鶴岡の骨董品店でみつけ

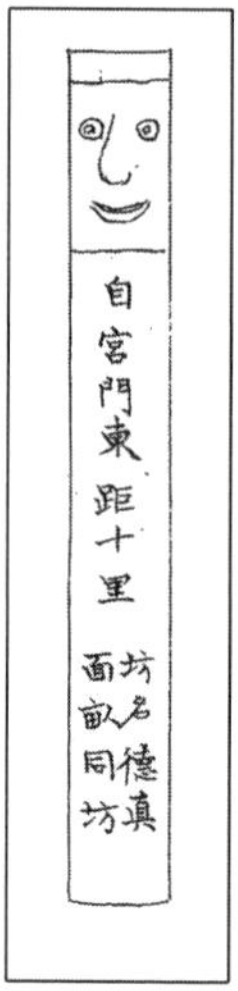

［図版11］『好古日録』の標木の挿絵

［図版12］『石見外記』の標木の挿絵

［図版13］『東京人類學會雜誌』第二十八号、「淫詞の研究」の挿絵

［図版14］『東京人類學會雜誌』第六十五号、「朝鮮里程標に就き」の挿絵

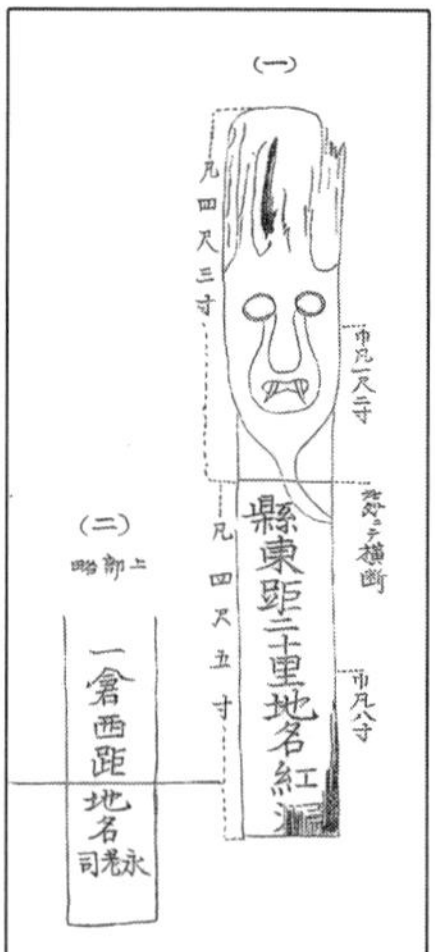

た標木を紹介したが、後者には頭部に人間のような面相が刻まれ、胴体に「縣東距二十里地名紅津」という文字が刻まれていた（［図版14］の（一）参照）。彼は第一論文中で紹介した三番目の標木について、当初確認できなかった胴体下の文字を再度調査し、追加論文では「一倉西距地名永老司」と報告している（［図版14］の（二）参考）。十八世紀から十九世紀にかけて日本の海岸で発見された六本の標木は、刻まれた面相や胴体の文字の内容からして、すべて朝鮮のチャンスンの可能性がかなり高いと言える。

　ここで一八二五年に柏崎の海岸に漂着した標木について日本の民俗学関係者たちがどう解釈してきたのか見てみたい。明治期の歴史地理学者吉田東伍（一八六四―一九一八年）は『大日本地名辭書』

（全七冊、冨山房、一九〇〇年三月―一九〇九年十二月）の中で、この標木が最初に発見された柏崎の海岸の地名について解釈しながら、朝鮮の民俗にこのような標木があることから、これはおそらく朝鮮からのものであると判断した。[23] 新潟県柏崎の郷土史家・関甲子次郎《きねじろう》（一八六四―一九二六年）は当地の歴史、風土についてまとめた『柏崎文庫』（謄写版全二十冊、柏崎市立図書館蔵）の中で、柏崎に漂着した標木が朝鮮の釜山近辺から漂着したチャンスンであると推定し、この本に朝鮮のチャンスンの絵と羽柴雄輔が『東京人類學會雑誌』に発表した山形の標木の絵を写し込んでいる。[24] さらに、新潟で言論人、文人として活動した坂口仁一郎（一八五九―一九二三年）は『北越詩話』の中で、柏崎の海岸に漂着した標木の存在を世間に知らしめた勧励上人の人物について紹介しながら、この標木が朝鮮から渡ってきたものに間違いないと判断し、おそらく釜山に存在する峨眉山という山からのものだろうと推定した。[25] 坂口は朝鮮に旅行した体験があっただけに、朝鮮のチャンスンと地理について比較的によく知っていたわけである。

新潟県の郷土史研究家である月橋奈《たかし》、旗野博はそれぞれ「娥眉山は韓国にあり」（一九九三年五月、私家版）、「吉田東伍の周辺―娥眉山下橋杭について」（一九九九年十一月、新潟県元西川町、越佐文人研究会報告文）の中で詳細な論証を行いながら、やはり同様の結論を出している。この二人の論文の特徴は、朝鮮半島の各地に峨眉山という地名が存在するという事実を踏まえていることである。新潟県柏崎市市立博物館に勤めている渡邉三四一は「漂着チャンスン考―『娥眉山下橋』標木の資料的位置づけをめぐって」の中で、十八世紀から十九世紀の間に日本海沿岸地域で発見された標木について再度検討した。そして日本海の海流を分析し、標木の材質に対する科学的分析も加えた上で、一八二五年に柏崎の海岸に漂着した標木が結局は朝鮮のチャンスンであるという結論に至った。[26]

この標木が柏崎の海岸に標着した頃の日本は、江戸幕府による鎖国政策中で海外との直接交流が珍しかったため、民俗学的に朝鮮のチャンスンについて知る人もあまりいなかった。近代に入り門戸が開放され、朝鮮との人的往来が増える過程で知識が増し、この標木がチャンスンであると判断する人が増えたわけである。

四、朝鮮に生まれた峨眉山の地名

しかし、標木が朝鮮のチャンスンであるとして、何故中国の峨眉山（標木には「娥眉山」）の名前がそこに刻まれていたのか疑問として残る。その疑問は、韓国の民俗学者である金斗河《キムドハ》の専門書『法首《ボクス》とチャンスン――法首とチャンスンの資料と解説』によってついに解かれた。金はこの著書の中で中国清代の医学書である呉謙等編『醫宗金鑑』（全九十巻、一七四二年刊）、邱熺撰『引痘略』（一巻、一八一七年）と朝鮮の古典記録を詳細に分析しながら、中国で天然痘の治療法が開発され、その過程で四川省の峨眉山地域で天然痘の治癒で知られる「天姥仙娘」という神女に対する民俗信仰が生まれたと説き、十八世紀に朝鮮で天然痘が大流行する過程でこのような民俗信仰が朝鮮でも受容され、峨眉山と関連する地名が多く生まれるようになったと述べる。彼は朝鮮のソウル、平壌、平安南道の陽徳、黄海道の遂安郡と新溪縣、大邱、釜山などに峨眉山の地名が存在することを明らかにした(27)。

金の研究結果は中国で知られている事実とも一致する。現在、中国で伝えられるところによると、北宋の時に峨眉山の萬年寺で修業していた茂眞大師が中国で初め「入痘接種法」という天然痘の治療法を開発し、神人として清代の医学書『醫宗金鑑』に紹介された。二〇〇五年には四川省の峨眉山仏教協会によって、その萬年寺に茂眞大師の業績を記念する花崗岩の彫刻像が建てられたという(28)。そして中国の民間には「痘疹娘娘」または「天花娘娘」と呼ばれた天然痘治癒に関する道教の女神信仰があり、峨眉山地域にも「金宵娘娘」「環宵娘娘」「碧宵娘娘」という同様の信仰が存在していた。そうすると、朝鮮に峨眉山という地名が多く生まれた背景には、天然痘治癒の民俗的祈願の過程で、中国の四川省の峨眉山にいると思われた神女を信仰するようになった事実があると考えられる。峨眉山地域との関係は不明であるが、中国には四川省以外に重慶、河南省郊県、安徽省和県、山東省博山県、福建省帰化県、泰寧県、広西省崇善県、浙江省杭州などに峨眉山という地名が存在している。(29)そのため、柏崎の海岸に漂着した標木が朝鮮のチャンスンではないにしても必ずしも四川省の峨眉山から来たと断定することはできない。中国では、土を積み上げて作った「堠《こう》」と呼ばれる里程標を建てる風習は確かにあったが、その頭部に人間の面相を刻み込む例は一般的に見られない。(30)この点、柏崎の標木は朝鮮のチャンスンの特長と一致する。

柏崎の標木が朝鮮のチャンスンであると判断する際にも、疑問が一つ残る。この種の銘文として最も多いのは「天下大将軍」「地下女将軍」であるが、この標木の胴体には他に類例のない「娥眉山下喬」という銘文が刻まれていたことである。(31)この標木が朝鮮のチャンスンだとすれば、朝鮮のある峨眉山の麓の橋のはずれに建ててあった標木が、洪水に流され、柏崎の海岸に漂着したものと思われる。金斗河は『法首とチャンスン――法首とチャンスンの資料と解説』の中で、この標木が柏崎の海岸に漂着した一八二五年の前年に朝鮮南部地方に大洪水が発生していた事実を『朝鮮王朝実録』から確認している。(32)

五、東アジア史の正確な理解のために

一八二五年に柏崎の海岸に漂着した標木は、結局朝鮮のチャンスンの可能性が一番高いと言える。そしてこの標木の漂着譚を通して中国、朝鮮、日本が歴史的にも文化的にも深く関連しているという事実が確認できる。中国に仏教の霊地としての峨眉山があり、天然痘を治癒する過程で峨眉山女神信仰が発生し、朝鮮では十八世紀に天然痘が大流

行する過程で峨眉山女神信仰が受容され、そこから峨眉山に関連する地名が多く生まれた。日本には仏教の霊地としての峨眉山のイメージがあり、中国文化に対する憧憬が強かったために柏崎の海岸に漂着した標木が注目を浴び、文人たちが詩文を作って感慨や想像を表現した。現代に至っては日中文化交流の一つの佳き事例として受け止められた。中国、朝鮮、日本との間を歴史的、文化的関係に繋ぐ存在としてこの標木は、その関係についての客観的な事実に基づく正確な理解を促すものとも言えよう。

事実、東アジアの文明・文化を論じる場合、中国中心に捉える傾向は中国人だけではなく、中国文化の影響を多く受けた東アジアの漢字文化圏の国々にはありがちなことである。弥生時代から奈良時代までの千年以上にわたり、中国大陸から金属器・農耕・漢字・仏教・社会制度など諸文明を日本が受容したのであるが、その文明の伝達者の多くが朝鮮半島からの渡来人であった。奈良時代以降から江戸時代に至るまで日本と中国の交流史を眺望すると朝鮮半島の役割、または介在は無視できない要素でもある。しかし、日本では日中交流の視点が先行し、朝鮮半島が視野に入って来ないことがよくあった。一八二五年に柏崎の海岸に漂着した標木について、現代に至って民俗学者・郷土史家たちによって朝鮮のチャンスンとの関連性が有力に唱えられたにも関わらず、一部の学者・文化人たちがこの標木の中国との関わりしか語らなかったのは、正にこのような偏向によるものであろう。標木が中国の峨眉山から漂着したということで、歴史のロマンを感じ、この漂着譚の文化的意味が語られたのであろう。

朝鮮半島の場合も、歴史上、事大政策に基盤を置く中国の漢民族王朝との安定的な関係維持に主眼が置かれ、北方の満州・モンゴル、南方の日本は軽視されがちであった。そのために、満州・モンゴル・日本との関係がうまくいかないことがあり、結果として侵略を受けることもあった。

東アジア史が全体として農耕民族と遊牧民族および海洋勢力（日本・沖縄など）が共存・競争を繰り返しながら展開

されてきたことを考えると、中国中心の東アジア文明、東アジア文化の思考を克服し、よりバランスの取れた視点が必要になる。筆者が二〇一四年七月にモンゴルの旧都・ハラホリンに建立されたハラホリン博物館に展示されている匈奴の版図を眺めたとき、秦の始皇帝によって統一された中国の領域が同時代の匈奴の領域より遥かに小さく描かれていることに驚きを禁じ得なかった。遊牧民族の視点から東アジアの歴史を眺めると、既存の東アジア史観とは違うものが見えてきたのである。農耕・遊牧・海洋という視点が揃うことで、東アジアの歴史がより正確に理解できるはずである。

［注］

（1）この標木の漂着に関して、最初に記録を残したのは勧励上人である。坂口仁一郎編・発行『北越詩話』上巻（目黒甚七・目黒十郎、一九一八年十一月）に「釋歓勵」（勧励上人）がこの標木を写し取り、刷物にして知友に送った際の銘文が収録されているが、そこには「文政乙酉冬十月」に「越後椎谷濱」でこの標木が見つかったと書かれている（同書八二七頁）。この記録に関しては、筆者が祐光寺で撮影した図版４「勧励上人による標木龍字刷物軸銘文」も参考できる。それから鈴木牧之が『北越雪譜《せっぷ》』の中で「蛾眉山下橋柱」という項目を設けてこの標木のことを紹介したわけであるが、「文政八年乙酉十二月、苅羽郡《かりはこほり》越後椎谷《しひや》の漁人」がこの標木を見つけたと書いて勧励上人の記録と時期的に若干の齟齬を見せている（鈴木牧之編撰・京山人百樹刪定・岡田武松校訂『北越雪譜』岩波文庫、一九七八年三月、三〇二頁、ルビは適宜省略）。鈴木牧之は直接この標木を見たことはないようで、この標木を現地で確認した勧励上人の記録通り、文政八年十月に海岸で見つけたというのが正しいだろう。発見場所として、現在の新潟県柏崎市の椎谷浜、宮川浜という両説があり、勧励、牧之の記録には椎谷浜とあり、柏崎の漢学者藍沢南城の漢詩の序文にも「椎谷海岸」と見える（目崎徳衛編『南城三餘集私抄』小澤書店、一九九四年、五六二頁）。一方、良寛がこの標木に寄せた漢詩には宮川浜とあるため両説が出ている。現在の柏崎市海岸に位置するこの二つの浜は僅か数㎞しか離れておらず、最初見つかった場所が椎谷浜と見るのが穏当であろう。本章では、便宜のためにこの標木の標着地を柏崎海岸と表現することにしたい。なお、勧励上人が刊行を企画し、良寛、鈴木牧之、藍沢南城らが詩文を寄せた『行餘篇』は刊行されずに終わったようである、現在、その原稿も伝わっていない。

本章において良寛・鈴木牧之・藍沢南城らの詩文を紹介するに当たり、柏崎市立博物館の渡邉三四一氏の「漂着チャンスン考

―『娥眉山下橋』標木の資料的位置づけをめぐって」（『柏崎市立博物館報』第23号（二〇〇九年三月）からこれらの詩文の書誌情報を得た。また、同論文から柏崎海岸に漂着した標木に対する郷土史家・民俗学者たちの先行研究、日本海沿岸に漂着した朝鮮のチャンスンの事例とそれに関する先行研究について知ることができた。

（2）良寛のこの漢詩とその訓み下しは谷川敏朗編『校注良寛全詩集』（春秋社、一九九八年五月）の三六七頁による。訓み下し文のルビは適宜省略した。

（3）良寛のこの和歌は相場昌治著『良寛と蕩児その他』（実業之日本社、一九三二年四月）の三〇七―〇八頁による。

（4）武部利男注『李白』上、中国詩人選集7、岩波書店、一九五七年十一月、二一二―一三頁。『唐詩選』巻七（七言絶句）所収。

（5）鈴木牧之のこの漢詩は宮栄二編『鈴木牧之全集』上巻・著作篇（中央公論社、一九八三年七月）の五三二頁による。読み下しは、原文の返り点と訓み仮名によって引用者が行った。

（6）松枝茂夫・和田武司訳注『陶淵明全集』下、岩波文庫、一九九〇年二月、一五六―五七頁。「問津」は『論語』微子第十八に見える言葉。

（7）鈴木牧之編撰・京山人百樹刪定・岡田武松校訂『北越雪譜』（岩波書店、一九七八年三月）三〇五頁。原文では、「蕩漾周流」に「ナガレシダイメグリナガレ」、「巨濤」に「オホナミ」、「断折」に「ヲレル」、「砕粉」に「クダケル」、「直身」に「ソノミ」、「挺然」に「ソノマ、」と左ルビを付す。

（8）目崎徳衛編『南城三餘集私抄』、小澤書店、一九九四年、五六二―八三頁。

（9）この標木の漂着地であり、また保存されている地域でもある柏崎市では、江戸時代に標木が椎谷陣屋から江戸の藩主のところに持ち出され、江戸で見物する者が多かったという逸話が伝わっている。しかし、この逸話は文献からはその事実関係が確認できない。

（10）松浦静山著／中村幸彦・中野三敏校訂『甲子夜話続篇1』（東洋文庫360）、平凡社、一九七九年八月、九六―一〇〇頁。

（11）江戸時代の儒学者の中国文化への憧憬からの長崎行きの逸話は平川祐弘著『和魂洋才の系譜―内と外からの明治日本』（新装本）（河出書房新社、一九八七年）の四〇頁を参考した。

（12）良寛詩碑が峨眉山の山麓に建立された経緯については、加藤僖一編著『良寛と峨眉山』（良寛研究第十二集、良寛研究所、一九九〇年十二月）の五一頁以下に詳しく紹介されている。また、大庭脩・王暁秋編『歴史』（日中文化交流史叢書第1、大修館書店、一九九五年七月）の四八九―九一頁にも紹介されている。

（13）加藤僖一「峨眉山への旅―良寛詩碑除幕式に出席して」、同編著『良寛と峨眉山』一一八頁。この漢詩の訓み下しは加藤僖一によるものと見られる。

（14）前掲『歴史』四九一頁。この漢詩の訓み下しは引用者による。

(15) 前掲『歴史』四九一頁。この漢詩の訓み下しは引用者による。
(16) 前掲『良寛と峨眉山』によると、良寛の詩碑が峨眉山の山麓に建立されるのを記念し、新潟市で「日中書画展」、四川省の峨眉山市で「中日友好書画展」が開催されたという。そしてこの書物の一二三頁以下「峨眉山良寛詩碑に関する諸資料―新聞記事、書簡、その他」と題して日中両国の新聞記事も多く転載されている。また、前掲『歴史』四九〇頁によると、一九八九年に日本で「峨眉山良寛詩碑建碑会」(柳田聖山代表)が結成され、同年の十二月に京都で「漢詩書画展」、「青年期の良寛」というシンポジウムが開催された。そして良寛詩碑が建立された前後に中国で『禅与中国』(毛丹青訳、三聯書店、一九八八年十一月)、『沙門良寛―続自抄本〈草堂詩集〉』(叶渭渠・唐日梅訳、北京大学出版社、一九九〇年四月)、『禅与日本文化』(何平伊訳、訳林出版社、一九九二年四月)など、柳田聖山の書物が翻訳出版され、日中友好漢詩協会編『一衣帯水』というシリーズの中で現代日本の漢詩が紹介されたという。
(17) 高柳町と峨眉山市との一九九四年八月の友好交流宣言書の締結、柏崎市と峨眉山市の二〇〇五年十月の友好都市提携の事実は柏崎市公式ホームページの「友好都市・友好交流都市紹介」コーナーの記事による。同市の公式ホームページの上記記事の閲覧は二〇二二年十月一日。
(18) 藤原貞幹著『好古日録』(『日本随筆大成』第一期22)、吉川弘文館、一九七六年六月、一三四―三五頁。
(19) 中川顕允著『石見外記』(影印本)、石見地方未刊資料研究会、一九七三年九月。
(20) 日本人類学会編『東京人類學會雜誌』復刻版、第三巻(第二十一―三十一号)、第一書房刊、一九八〇年十一月、二七八―八〇頁。
(21) 羽柴が「朝鮮里程標に就き」の論文で述べているところによると、彼の論文「淫祠の研究」が『東京人類學會雜誌』第二十八号に発表されてから、複数の関係者がこの雑誌の第三十六号、第四十七号、第四十八号、第六十四号および『東京地学協會報告』第十二年第二号に日本に漂着した標木に関するさまざまな見解、情報を寄せていたという。
(22) 日本人類学会編『東京人類學會雜誌』復刻版、第六巻(第五十五―六十六号)、第一書房刊、一九八一年二月、三八三―八六頁。
(23) 吉田東伍『増補大日本地名辞書』第五巻(北国・東国)、新装版、冨山房、一九九二年九月、二五〇頁。
(24) 関甲子次郎は一八八三年頃から三十七年間を費やし、毛筆で約五千頁全二十巻、スクラップブック十三輯の柏崎郷土の歴史・民俗を記録した『柏崎文庫』を完成した。柏崎海岸に漂着した「娥眉山下畜」標木のことは同書第十四巻に紹介されており、一九〇五年頃に記したものと見られる。
(25) 坂口仁一郎編・発行『北越詩話』巻六、「釋歡勵」八二八頁。
(26) 渡邊三四一「漂着チャンスン考―『娥眉山下橋』標木の資料的位置づけをめぐって」『柏崎市立博物館館報』第二十三号、二〇〇九年三月、一―十四頁。渡邉氏はこの標木の樹種・年代を測定するため、東京のパリノ・サーヴェイ株式会社にサンプルを提供し、樹種同定と放射線炭素年代測定調査を依頼した。その結果、放射線炭素年代測定は結論が出ず、樹種は「針葉樹のマツ複維管束亜属」（十三頁）に同定され、松だと判明したという。

(27) 金斗河『法首とチャンスン――法首とチャンスンの資料と解説』（벅수와 장승―法首와 長性의 資料와 解說）』（ソウル・集文堂、一九九〇年四月、四四〇―六六頁。金はここで朝鮮半島に峨眉山関連の地名（峨眉山という名称から派生したさまざまな地名を含む）が約百十例に及ぶと説いている。

(28) 中国のウェブサイト『四川新聞網』に紹介された、峨眉山地域の新聞『楽山日報』の二〇〇五年三月十三日付けの記事「峨眉山為人類種痘免疫発明人塑像」による。

(29)『四川統一前線』（季刊）、一九九五年第五号、四〇頁。

(30)『大漢和辞典』によれば、「堠」は「里程を標示する塚」。［宋］丁度等撰『集韻』や［明］張自烈撰『正字通』、韓愈（七六八―八二四年）の詩「路傍堠」の用例では、「堠」は土を積み上げて作った里程標である。また、［唐］李延壽撰『北史』巻六十四・列傳第五十二「韋孝寛」の「堠槐」の用例から、樹木を里程標としていたことも判る。筆者が中国の民俗関係の文献と画像を調べた限りでは、樹木の頭部に人間の面相を刻み込んだ事例はほとんど見出せない。

(31) 韓国の民俗学者任東権《イムドングォン》（一九二六―二〇一二年）は『大将軍信仰の研究』において、朝鮮半島のチャンスンの銘文・刻字の数十種の事例を紹介しているが、一番多いのが「天下大将軍」「地下女将軍」であり、次が方向を意識した東西南北中央の逐鬼将軍類であり、「娥眉山下畓」は日本で発見された唯一の事例である。（任東権著／竹田旦訳『大将軍信仰の研究』、第一書房、二〇〇一年十二月、二〇―二二頁）。

(32) 前掲『法首とチャンスン――法首とチャンスンの資料と解説』、四六六頁。

〔図版出典〕

1＝筆者撮影、二〇二二年十月二十二日。新潟県柏崎市高柳町の貞観園内。

2＝筆者撮影、二〇二二年十月十六日。新潟県柏崎市祐光寺。

3＝同右。

4＝同右。

5＝鈴木牧之編撰『北越雪譜』（岩波文庫）三〇四頁。

6＝渡邉三四一「漂着チャンスン考――『娥眉山下橋』標木の資料的位置づけをめぐって」三一頁。

7＝加藤僖一編著『良寛と峨眉山』五二頁。

8＝同右書五三頁。拓本・大泉二郎。
9＝同右書五七頁。拓本・大泉二郎。
10＝同右書八一頁。
11＝藤原貞幹著『好古日録』（『日本随筆大成』第一期22）一三五頁。
12＝中川顕允著『石見外記』巻四。
13＝『東京人類学學會雑誌』第三巻二十八号、二七九頁。
14＝『東京人類学學會雑誌』第六巻六十五号、三八四頁。

＊本章は東京大学比較文学会編『比較文學研究』第百一号（二〇一六年六月）に発表した「十九世紀に海を渡った一本の標木の文化的・民俗学的意味」を加筆・修正したものである。

〔謝辞〕本章作成に当たって、新潟県柏崎市立博物館の渡邉三四一氏よりご教示と資料提供の便宜を、また実地調査のために柏崎市の山崎利雄氏のご協力を、図版の編集において東京の張京浩画家のご協力を得た。記して御礼申し上げる。

第二章　東アジアとは？

宋　念申

一、アイデンティティとしての「アジア」を問う

「東アジア」について私が議論したい話題は、それがどんな意味を含んでいるのかということである。近代における東アジアの枠組みはどのようにしてできたのか。そして、なぜ東アジアの歴史を理解することを通じて、世界における我々のアイデンティティと位置を再考しなければならないのか。

我々が住んでいる大陸が「アジア」と呼ばれていることは誰もが知っているが、「私はアジア人だ」というアイデンティティを持っている人はおそらくほとんどいないのではないか。「アジア人」のアイデンティティとは、鏡に映し出されたときにのみ成立するようだ。その鏡とは、ヨーロッパであり、アメリカである。たとえば、アジア人はアメリカでは「アジア系アメリカ人」（Asian American）という特定の文脈でのみ社会的アイデンティティになるようだ。

近年、右翼政治家やマスコミの扇動により、中国人に対する憎悪や差別がアメリカ社会に再燃しているが、米中関係が急速に悪化する中で、中国に対して同情を示すことはまるで政治的に正しくないことであるかのようだ。このとき、中国人に対する差別反対は「アジア系に対する差別」の論理として一括りにされていなければ、正々堂々と世論の主流として出すことができない。この状況は、政治におけるエスニシティの不条理を浮き彫りにしている。

また、アメリカのアイデンティティ政治におけるアジア系は、疑問を生じさせる概念でもある。一方においては、アジア系の人口の割合は少ないが、概念は非常に大きく、東アジア、東南アジアから南アジア、そして時には太平洋の島々の住民を含んでいる。いったい誰がアジア系の代表となれるのだろうか。また一方においては、アジア人の人口が集中し、競争が激しい場所においては特定のエスニックグループが「アジア人」のアイデンティティの分け前を過度に占有することを防ぐために、アジア人の細分化が確立している。

つまり、アジア・アジア人とは、他者の目によってのみ共同体になれるのだ。実はこの分類の確立には理論的な裏付けはあまりなく、政治的利益によって推進されることが多い。アジアの中には、ヨーロッパのような共通点は実際にはなく、今日のアフリカのような共同体意識を形成しようとしているわけでもない。

もしそうなら、なぜアジアについて議論し、今日の東アジアを振り返る必要があるのか。特定の概念、論理、理論、および日常の経験から表出した隙間は、往々にして我々の思考が始まるところである。「アジア」が、まさにそのような場所であり、我々はこの概念になじんではいるが、実際にはわかっていない。たとえば、アジアと聞いて何を思い浮かべるか。大陸だろうか。その大陸とはどんな形をしているのか。海に囲まれた比較的完全で独立した陸地なのか。明らかにそうではない。

一群の人々ことを指すのか。それはどんな人々なのか。一九九〇年の北京アジア競技大会のテーマソング「黒髪をなびかせて」にあるような、いわゆる黄色い肌と黒髪を持った人のことなのか。しかし、人種的にはアジア人は非常に多様であり、黄色い肌と黒い髪だけではない。

いくつかの国のことを指すのか。アジア大陸で最大の国はどこなのか。中国だ、インドだ、と言う人もいるだろう。しかし、このいわゆる大陸で、最大の面積を占める国が、実はロシアだと思った人はいるだろうか。一二八〇万㎢の面積を持つロシアのアジア地域は、中国よりもはるかに大きい。しかし、我々はロシアをアジアの国とは見ていない。ロシア自身もアジアの国とは考えていない。欧米の多くの人々は、ロシアが正当な欧州であることを認めたがらないが、欧米の学者がアジアについて議論するとき、ロシアを持ち出すことはめったにない。

文化的伝統のことなのだろうか。これはもっと複雑で、アジアのどこに統一された文化が存在し、共通点があるのか。あるとすれば、それはヨーロッパ人が過去四百年から五百年の間に言及した、いわゆる「東方」のことだ。しかし、この「東方」は実在するのか、それとも架空のものなのか。文化的なものなのか、政治的なものなのか。「西方」との違いは相対的なものなのか、絶対的なものなのか。東洋が西洋との対比で成り立っているだけなら、それ自体に主体的な意味はあるのか。

我々はこのような疑問を呈するとき、当然いくつかの確立された概念の無効性を強調するだけでなく、これらの概念が私たちの思考の枠組みにどのように埋め込まれているかを再考する。私は、確立された概念や枠組みを誰もが単純に否定すべきだと主張しているわけではなく、これらの概念や枠組みの背後にある力関係について考えてみたいのだ。

二十世紀に入ると、アジアの知識人の間でアジアについての考察が始まった。インド、日本、中国、シンガポール、多くの思想家がアジアと近代世界の関係に注目し、政治、経済、宗教、芸術、国際関係など、さまざまな観点から答えを出そうとした。私は「東アジア」と「近代世界」の関係を歴史的視点から探ろうと思う。

我々が日常的に「近代」と呼んでいるものは、しばしば十九世紀のヨーロッパの植民地支配の拡大によってもたらされた経済的、社会的、政治的、文化的な変化を指す。特に冷戦以降、主流となった「近代化」論は先進資本主義国に向けられた開発論となった。私は、近代化に対するこの狭義の見方を「植民地近代化」と呼んでいるが、これは複数の近代化の道筋の一つにすぎない。植民地近代化の文脈では、「東アジア」とは純粋に地域的な概念ではなく、時間的および人種的なものを強く帯びる。

我々はヨーロッパの植民地近代化観にとらわれない「東アジアの近代」を引き出す必要がある。ヨーロッパに言及しないということは、それを完全に受容、ないし拒絶することを意味するのではない。ヨーロッパ中心主義について再考することではあるが、東アジア（または中国、日本）中心主義を生み出すことでもない。つまり、ヨーロッパ、アジア、アメリカ、さらにはアフリカの多様な近代史は、歴史全体のローカルな部分と見なされるのだ。地理的、文化的環境が異なる人々が一定の時間概念を共有することではなく、同じ発展ロジックに従ったりすることでもない。同時に、これらの概念と論理は互いに切り離されたものではなく、現代の人間の状況は、これらが相互に影響し合い、吸収し、対立し、対話した結果、成り立っているのである。

本論で取り上げる「東アジア」とは、主に中国、日本、朝鮮半島の地域を指す。中国、日本、朝鮮半島は歴史的な連続性が強く、今日のグローバル化の時代において重要な国家を形成してきた。しかし、通常の歴史の授業カリキュラムにおいては、中国、日本、韓国を別々に説明することが多く、最近では民族国家としての境界が強化され、三者の違いを過度に強調しがちで、東アジア内部の多様性や、社会が長期にわたって作り上げてきた密接な関係を軽視している。よって我々は国境を越えた、地域的、グローバルな歴史の視点から厳格な国境に挑戦し、世界を孤立したユニットのコラージュとして見なすことを拒否し、人口、殖産、制度、思想の流動性に着目することを通じて東アジア社会の有機的相互作用を探求する必要がある。

二、「東アジア」とは？

アジアという概念はどのようにして生まれたのか。世界史の意味は何か。「アジア」、具体的には「東アジア世界」と私たちはどのようなつながりを持っているのか。なぜ「東アジア」なのか。私たちにとって「東アジア」とは？

世界の地理を少し学んだことのある人なら誰でも、世界には「七大陸」があることを知っている。アジア、ヨーロッパ、アフリカ、オセアニア、南アメリカ、北アメリカ、南極。これは客観的、物理的、地理的説明のように見えるが、世界地図を広げると、疑問が生じる。なぜヨーロッパとアジアは明らかに地続きの大陸でありながら二つの「大陸」に分けられているのか。他の大陸には明確な境界がある。

ウラル山脈、コーカサス山脈、黒海、トルコ海峡、これら「天然の塹壕」はヨーロッパとアジアとを地形的に分かつ。しかし、第一にそれらはヒマラヤ山脈ほど地形を分かつものではない。そして第二に東西の往来を隔てる障壁にもなっていない。ではなぜ大陸の境界となっているのか。今日「ユーラシアをまたぐ」大国であるロシアとトルコは悩ましい。彼ら自身はヨーロッパを名乗っているが、ヨーロッパ人は彼らをヨーロッパ人とは思っていない。では彼らがアジア人を名乗るのかと言えば、そのようにも思っていない。

したがって、「アジア」は自然の地理的単位と言うより、人為的な認知単位と言ったほうがよい（もちろん厳密には他の「大陸」も然りである）。このアジアの概念をつくったのは、近隣であるヨーロッパだった。

「アジア（Asia）」という言葉は古代ギリシャ語に由来し、東方を意味する。ギリシャ人が認識していた世界は、地中海地域だった。エーゲ海を中心として、東に隣接する今日の小アジアの地域をアジア、西をヨーロッパ、南と北アフリカ一帯をリビアと呼び、のちにアフリカと呼んだ。

その頃のアジア、ヨーロッパ、リビアは「大陸」という概念ではなく、大きな地続きの土地であったことに注意する必要がある。当時、ギリシャ人は中国人と同じように、本土が海に囲まれていることを知らなかった。東洋であれ西洋であれ、古代の地理的想像力は陸地をめぐって展開してきた。たとえば、ヨーロッパ人はアフリカとアジアがつながっていると常に信じてきたが、十五世紀後半に喜望峰が発見されるまで、アフリカとアジアの間に広大なインド洋があることに気づかなかった。

大航海時代の発展に伴い、ヨーロッパ人の地理認識においてアジアの範囲は徐々に拡大し、地球上の陸地面積の三〇％近く、人口の六〇％以上を占める超広大な地域となった。歴史的進化の中で、「アジア」は「中東（近東とも呼ばれる）」「極東」などの地域に分割された。今日「東アジア」と呼ばれる地域は、「極東」と大きく重なっている。前世紀後半の脱植民地化運動の後、明らかにヨーロッパ中心であった「極東」の概念は、それを生み出したヨーロッパとアメリカの知識人の間で徐々に捨て去られ、より中立的な「東アジア」という言葉に取って代わられた（今日、「極東」はおそらくロシアの公式概念としてのみ使用されている）。しかし、厳密には東アジア（East Asia）は、語源から言うならば「東の東方」という意味となり、やはり西に重心を置いた見方なのだ。

東アジアに住んでいる人は、「東アジア」について何も知らなかった。十六世紀には、ヨーロッパの宣教師マッテオ・リッチによって中国の文人に「アジア」という新しい言葉がもたらされたものの、誰も自分たちを「アジア人」とか「東アジア人」とは言わなかった。東アジア人は「東アジア」というラベルを意識的に受け入れ、認識しているが、実際にはそれほど時間は経っておらず、仔細に計算すれば百年あまりである。そして、このアイデンティティは「ヨーロッパ」との相互作用から徐々に明確になってきたのである。

一八八五年、日本では明治十八年三月十六日、東京発行の新聞『時事新報』に「脱亜論」と題する無記名の社説が掲載された。この記事は、日本が西洋の文明国と進退を共にし、中国（支那）や朝鮮のような無知で遅れた「野蛮な隣人」と一緒にいることを拒否しなければならないことを提起している。

この社説は今日広く知られているが、その執筆者は明治維新期の思想家である福沢諭吉であると一般的に考えられている。ただし、この点についてはまだ論争がある。もっと重要なことは、我々の想像に反し、掲載後の影響はほとんどなく、一九三三年に『続福沢全集』に収録されるまで言及されることはなかったことだ。日本の学者が「脱亜論」を再発見し、この二千四百字の社説を近代日本の国民的傾向と確認したのは、第二次世界大戦後の一九五〇年代だった。それは議論の焦点となり、一九六〇年代になって、日本の近代化と植民地獲得に向かう前兆として一般的に認識されてきた。社説は長らく忘れ去られていたが、「脱亜」という言葉は明治維新以降の日本のある種の精神遍歴を如実にまとめているので、百年近く前の幽霊が眠りから覚めたかのようになった。「脱亜」は瞬時に記号となって、日本が置かれている共同体（アジア、または東アジア）における日本のかつての態度の象徴となった。そして、「脱亜論」の再発見と議論は、特定の時間と空間における一種の歴史的思考を表している。

十九世紀のヨーロッパ、東アジア、またはアジアは、もはや純粋な地理的な存在ではなくなった。資本と植民地の拡大に伴い、この地域には時間性が付与され、歴史的、文明的概念となった。ドイツの哲学者ヘーゲルは、おそらく主要な文明地域を時間的秩序の中に納めた最初の人物の一人だった。この唯心論者は、世界史を「絶対的精神」として自己実現の段階過程に集約し、主要な文明がこの過程で異なる位置を占めるとした。彼は中国とインドの文明は未発達の子どものようなものであり、近東（エジプト、シリア）文明は成長したばかりのティーンエイジャーのようなものであり、先天的に「自由意志」が欠如しているので、停滞し、それ以上成長しないとしている。ギリシャ文明は青年と見なされ、ローマ文明こそが人類の歴史の成人期を示しているとした。続けて、絶対的精神はゲルマン世界のキリスト教文明で頂点に達したとした。ヘーゲルは、最終的にすべての人類の歴史は、例外なく「自由」を達成するためにこの道を辿らなければならないと考えた。

マルクスは生涯を通じてヘーゲル哲学の影響を受け、ヘーゲルの歴史哲学の時間性を受け継いだが、彼にとっては物質的生産こそが最も本質的な歴史的原動力であるため、人類の歴史とは生産力が絶え間なく進化する過程であるとした。ヨーロッパの資本主義的生産様式は、今日に至るまで最も進んだ生産様式であり、最終的には消滅するものの、他の生産様式もまず資本主義に取って代わられる。マルクスは、最も典型的な農業生産を「アジア式生産様式」と名付けた。そこでは、大規模灌漑によって生産される中央集権的な統治モデルが社会を過度に安定的にさせ、発展の原動力を乏しくさせることにつながったとされた。

ヘーゲルの完全な軽蔑と比較すると、マルクスのアジアに対する態度は比較的複雑である。一方において、彼はヨーロッパ資本主義によるアジアの残忍な植民地化を批判し、他方において、アジアは外的衝撃によってのみ資本主義を発展させることができ、最終的に資本主義システム全体の終焉を加速させると信じていた。

ヘーゲルとマルクスにとって、アジアは権威主義的で、後進的で、無知で、停滞しており、ヨーロッパの自由、進歩、文明とは対照的なものであった。ヨーロッパ人がアジア・中国を賞賛から批判へと転じさせたのは、フランスのモンテスキューに端を発するが、十九世紀以前には地理的な「アジア」を人類の「大一統の歴史」の第一段階、一つの時間的存在と見なす者はいなかった。その後、社会学の開祖であるマックス・ウェーバーは、中国やインドなどのアジア諸国の宗教を分析し、プロテスタント信仰の国にのみ「資本主義の精神」が存在する理由を明らかにした。ウェーバーはヘーゲルやマルクスのように時間的概念としてアジアを扱わなかったが、実際にはアジアをヨーロッパのアンチテーゼ（antithesis）として提示した。つまり、アジアの存在意義は、ヨーロッパがヨーロッパである理由を証明することにあった。一八八五年、『脱亜論』は、ヘーゲル以降のヨーロッパ思想において、この「アジアのアンチテーゼ」をある程度具現化した。

それ以来、ヨーロッパ思想に触れた中国、日本、朝鮮、ベトナムなどの知識人は、「ああ、私たちはアジア人なのだ」と理解し始めた。実は「脱亜論」に対して、明治中期から後期の日本では、ヨーロッパによる植民地化を拒絶するために日本を軸としたアジア共同体を構築することが、より大きな市場を持っていた。人種対立と文明競争を核とする近代日本の「アジア主義」は、反オリエンタリズムによるオリエンタリズムという幻想を描き出した。

この思考の潮流は、日本国内・国際情勢の変化とともにしだいに政治舞台へ向かい、最終的には「大東亜共栄圏」建設という野心へ拡大した。しかし、初期の中国、朝鮮、インドの民族主義者は、鮮明な抵抗意識を持っていたことから、みなアジア主義に励まされていた。

第二次世界大戦後、反植民地主義の波が世界を席巻した。独立を獲得した新中国は、侵略され抑圧された国々の側にしっかりと立ち、その歴史的運命と責任を「アジア、アフリカ、ラテンアメリカ」の民族解放の枠組みの下に意識的に置いた。この時点で、中国の「アジア」アイデンティティは、地理的、文明的、人種的、イデオロギー的ではなく、「アジア」は第三世界の革命を象徴する政治的指標となった。

「アジア」は、もともと他者の視線から見たものだった。しかし、東アジア人はこの概念を使用して、主客を転倒させ、他者を主体的アイデンティティとした。近代日本の「アジア主義」と中国の「アジア・アフリカ・ラテンアメリカ」

という革命観は、東アジア人による「アジア」概念の変容と創造を示している。自己認識された「アジア」は、大部分がヨーロッパ（あるいは「西側」）をアンチテーゼとしている。もちろん、ここでのヨーロッパ（西側）も地理的な概念ではない。「アジア主義」における西側とは人種と文明であり、第三世界理論における「西側」は、植民地主義と帝国主義を表している。

この長い変革プロセスは、いわゆる「近代化」と密接に関連しており、内外の力が合わさった結果である。しかし、ヨーロッパ中心の視点の長期的な影響の下、「脱亜論」における「アジアのアンチテーゼ」スタイルの自己認識は、すべての東アジア諸国でかつて流行したものだった。

『脱亜論』の簡略化された解釈については、「近代化」と「脱亜」とを同一視するものがある。今日に至るまで、多くの人は、東アジアの歴史的経験を「無知、閉鎖的、野蛮、独裁的」など、実情にそぐわないレッテルを貼って否定している。そこに内在する論理と「脱亜」は一脈相通じるものであり、知的見識において怠惰で粗暴でさえある。今日、多くの中国、日本、韓国の知識人は、「東アジア」が、豊かな可能性を秘めた歴史の運び手であり、ヨーロッパ（西側）との相対的な次元を超え、百三十年の近代の歴史を超えなければならないことを意識している。我々は、東アジア（および東アジアのすべての国とコミュニティ）が、自身はいかなる存在であるのかを、より長い期間、より広い視野で検討する必要がある。したがって、東アジアの「発見」（あるいは「発明」とも言える）の軌跡を探ることは、新しい視点から、現代の運命がどのように発生、展開されたのか、今日のアイデンティティ（国家、民族、地域を問わず）が、その過程でどのように形成されたのかを探ることなのである。

「東アジア」という概念は外来のものではあるが、この地域の内部資源に継ぎ足されたものなのである。我々がよく知る「中国」「日本」「朝鮮・韓国」という概念は内生的であるように見えるが、実は外来性と強い相互作用がある。

次にこれらの概念が何であるかについて話す。

三、中国はChinaではない。日本はJapanではない

英語を学んだことのある中国人なら誰でも、Chinaが中国の英語訳であることを知っている。中国語を学んだ英米人なら誰でも、英語のChinaが中国語で「中国」ということを知っている。しかし、この二つの言葉は意味が異なる。簡単な質問をするが、多くの国の国名は音訳（Franceは法国、Americaは美国、Mexicoは墨西哥、Canadaは加拿大）なのに、なぜ中国はChinaなのか？　同様に、なぜ日本は日本語で「Nihon」と発音されるのに英語ではJapanと訳され、韓国（Hangook）、朝鮮（Choson）はKoreaになるのか？

目下、知られている最古の「中国」という言葉は、西周王朝の何尊の青銅器に現れており、その碑文には次のように書かれている。「唯武王既克大邑商、則廷告于天曰：余其宅慈中或（国）、自慈乂民」。現代語に訳すと、次のようになる。「武王は商王朝を打倒したので、私がこの場所を中心としてここの人々を支配することを世界に宣言する」。したがって、最古の中国とは、国家の統治領域ではなく、宮廷が置かれている首都を指した。中国が国家名になったのは、実は比較的最近のことなのだ。では、古代中国人は自分たちの国を何と呼んだのか。

想像してみてほしい。あなたは古代、たとえば明王朝に住んでいたとする。ある日、宣教師が西からやって来て、あなたに挨拶した。「こんにちは、私はポルトガル人です」。あなたはなんと答えるだろうか。ほとんどの人は「こんにちは、私は中国人です」とは言わず、「私は大明国人です」と言うだろう。当時、「中国」は国の名称ではなかった。清王朝以前の「中国」は、周辺地域に対する「中原」地域を指すことが多く、「夷狄」に対する「華夏」集団を指した。

朝鮮も日本も同様である。

高麗時代に朝鮮半島に住んでいた場合、「私は高麗人です」とは言うだろうが、「私は朝鮮人です」とか「韓国人」とは言わないだろう。戦国時代の日本人なら「日本」というと列島にある大小の政権・国の総称としての認識があり、「私はニホンの国から来ました」と言うだろう。しかし、ポルトガルの宣教師は「Cipan」または「Jepang」しか聞いたことがなく、「ジャパン」と「ニホン」を結びつけるのに苦労するだろう。

「中国」という言葉は非常に早く登場したが、「中国」という言葉を使用して、この東アジアの、大きく人口の多い国を指すようになったのは比較的最近のことなのである。そうでなければ、黄遵憲や梁啓超は名前なき国に嘆息しなかったであろう。これは詳しく述べれば何冊かの本を書いても終わらないだろう。我々は「中国」がその規模、人口、エスニックグループにおいて不断に発展・変化する概念であることを覚えておく必要がある。

今日の人々は、現代の主権国家制度における国民国家（nation state）の概念を使用して中国を理解することに慣れているが、中国は国民国家の形となってからわずか百年しか経っていない。「中国の歴史は悠久だ」と言うのはもちろん問題ないが、注意が必要なのは、悠久の主体が時代ごとに異なることだ。この不断に変化する主体を、現在の我々がそのまま援用することはできない。そうすると時空が混乱する。他の国についても同様である。

今日の朝鮮半島には、朝鮮民主主義人民共和国（朝鮮）と韓国という二つの国家がある。「朝鮮」は、朝鮮半島で最も長く続いた王朝（一三九二〜一九一〇）の名前に由来する。王朝を建国した李成桂は、明代の皇帝である朱元璋に二つの国名を提案し、「朝鮮」が選ばれた。さらにさかのぼって中国の歴史書に記された半島北部の国家として「箕子朝鮮」と「衛氏朝鮮」とがある。一般的に「朝鮮」は「朝日が鮮明なるところ」を意味する。「朝鮮」は朝鮮半島南部に起源を持つ古代部族の国であり、中国の歴史では「三韓」と総称される。日清戦争の後、朝鮮王朝は清王朝との宗属関係を断ち切り、国名を一時「大韓帝国」に変えた。第二次世界大戦後、北と南は分断され、両国は半島で唯一の正当な政権であると主張し、お互いを認めていない。したがって、韓国は北朝鮮のことを「北韓」、北朝鮮は韓国のことを「南朝鮮」と呼ぶ。北朝鮮も韓国も政治的な意味合いが強く、誤用はできない。中国語で「北朝鮮」や「南韓」といった誤用を時々目にするが、実際には南北ともにそのようには言わない。

半島国家と同様に、日本の初期の歴史は中国の歴史書に記録されている。日本列島の政権が漢王朝と接触したとき、自身はWaと呼び、漢王朝はそれを「倭」と表記した。この「倭」は、当時、列島にある多くの小さな国の一つに過ぎなかった。日本では後に「倭」という字が上品ではないことに気づいて「和」に改め、「大和（Yamato）」と名づけた。七世紀頃、ヤマトの勢力は本州北部にまで拡大し、国名を「日出ずる国」として「日本」とした。このネーミングは「朝日が鮮明なるところ」と同様、西側の人々（つまり大陸の人々）に向かっていうものである。もし日本人がハワイ人と出会ったとしても、自身を「日出ずる国」の出身だとは言えない。このように、自身で命名したものではあっても、その視点は中国にあるのであり、東アジア大陸との交流の中で生み出されていることがわかる。もちろん、初期の日本人にも自身の視点から書いたものがあった。八世紀初頭の『古事記』や『日本書紀』といったものである。歴史書は、政権にとって神聖な権力の根源を与えるためにあるので、古代にさかのぼるほど、神話が増える。この二冊によると、ヤマト政権の皇族の系譜は天照大神に由来する。神話時代の日本は「豊葦原中国」とか「豊葦原千五百秋瑞穂国」といった多くの呼び名があった。ただし、これらの名前は神話の産物であり、「日本」という名称ほど広く受け入れられているわけではない。

前述したように、「東アジア（Eeast Asia）」は外来の概念であり、現地の人々はそのような分類を非常に遅くに受け入れ、独自の理解を加えてアイデンティティを形成した。同様に、西ヨーロッパ言語の「中国」「朝・韓」「日本」（英語でChina、Korea、Japanと称される）は、中国、日本、韓国の純粋な土着の概念ではない。考えてみていただきたい。中国人はいつ自分たちを「チャイナ人」と呼んだというのか。では、これらの概念はどのようにして生まれたのか。

現在、「China」という言葉は、サンスクリット語の「Cina」という言葉から来ているとするのが通説だが、これは「秦」の音訳である可能性がある。日本人が一時期、中国を「シナ」と呼んでいたのもこれに由来するもので、当初は侮蔑的なものではなかった。ヨーロッパは中原から遙か彼方にあり、人づてに一つはインド・ペルシャからもたらされた「Cina」となり、もう一つはモンゴルが西を征服した際にもたらされた「Cathay」（契丹、のちに中国の侮蔑語となった。現在はスラブ語で使用されている）となった。二つの情報は源が異なっていたため、ヨーロッパ人は長い間、この二者が国を指していることを知らなかった。

KoreaとJapanはマルコ・ポーロによって最初に記録されている。彼が中国に到着したとき、半島は高麗（Koryo）王朝だった。Koreaという語は、変化の過程で綴りが異なるが、発音は似ている。時代は目まぐるしく変遷し、現在、朝鮮と韓国に住む人々は自分自身を高麗と呼ぶことはなくなり、朝鮮・韓国語の「高麗人（고려사람）」は、旧ソ連中央アジアの朝鮮からの移民の子孫を指す特定の用語となった。もちろん、Koreaの利点は南北関係なく政治的に中立であることである。

日本はマルコ・ポーロによってCipanguと記録された。なぜこのように綴ったのか。上海語で「日本国」の三文字を読めばすぐにわかる。当時、日本と頻繁に交流していた江蘇省や浙江省の人々から聞いたものと推定されるのだ。Cipanguはポルトガル語に変わり、Jepangになり、次に英語になり、次第に現在の形になった。したがって、このJapanは、ヨーロッパの言語によって何度も翻訳されてきた中国南部方言の漢字「日本」の発音であり、もちろん「ニホン」とはかけ離れている。

単語の発音と意味の変化は、単なる言語の変化ではなく、その背後に新しい認知的枠組みとイデオロギーを必然的に帯びるものである。「China」について、特にその背後にある認知的枠組みを使って「中国」を議論する場合、「中国」自体の変化、ハイブリッド性、多様性は、西ヨーロッパの近代国家システムによって強調された境界線の感覚と同質性によって消されてしまう。特に、帝国（empire）、国家（nation）、民族（ethnicity）などの問題を扱う場合、China と「中国」の間に大きな亀裂が生じることがよくある。「中国」は多言語および多民族の複合体だが、Chinese とは漢語や漢字のみを指し、多くの文脈では漢民族のみを指す。

繰り返し強調しなければならないのは、中国人とは、英語で言う Chinese と、中国語を話す漢民族とが同一のものではないということである。二〇二〇年の第七回国勢調査によると、非漢民族は九％近くを占め、一億二五四七万人に達している。この数字は、世界の人口でランク付けすると、十一位の日本に次ぐものであり、十二位のエチオピアよりも多い。そのうち、チワン族、ウイグル族、回族、苗族、満族の人口は千万人を超え、絶対数では決して少数ではない。

現代の言語、人種、宗教の一般的な基準で「中国」を定義しようとする試みは有効ではない。漢字を使用し、儒教を崇拝する人々が、必ずしも中国ではなく（たとえば韓国、ベトナム、日本がある）、中国内部のすべてが漢字による儒教の地域とは限らない（新疆、チベット、モンゴルなどがある）。海外の学界からは「清王朝は Chinese 王朝だったのか」などの疑問が提起されるが、もちろん学術的な議論は可能だが、二十世紀以降、「満蒙は支那にあらず」とか「ウイグル・チベットは中国にあらず」といった政治的操作は珍しくなかった。

残念ながら、主権国家システムの下では、China に代表される言説論理が唯一の受け入れられた論理であり、この論理を支持する科学的、法律的、倫理的、哲学的な理論がすべて存在する。外国人は言うまでもなく、国内の人間もまた清末から共和国までの激動の時代に、Chinaの言説と「中国」の経験を結びつけようとしたとき、両者の関係を結びつけることに困惑した。多くの人が現代の西洋の基準で中国を定義しようとしたが、常に要領を得なかった。

もちろん、これは「中国」の経験が独特であるということではない。逆に、変化、多様性、融合性は、あらゆる国家とエスニックグループに共通している。漢民族、日本人、朝鮮・韓国人は、決して均質なグループではない。明確な国境は現代の西欧の産物だが、実際にはヨーロッパ自体の融合性を覆い隠している。西欧の論理は、植民地拡大の過程で植民地社会との衝突に影響を受けながら徐々に形成された。もちろん他の地域の経験を吸収したが、最終的には覇権を握ろうとしたに過ぎなかった。同様に中国も多くの西欧の論理（ナショナリズムなど）を吸収・変容して現在の「中国」となったが、二十一世紀に入ってその論理の限界がますます顕著になっている。

そういう意味において、Chinaを超越した「中国」の経験を、いかに普遍的で説得力のある言説に集約していくかが大きな課題となっている。中国（および日本・韓国）を地域的、グローバルな枠組みに入れることは、多くの人々が試みている傾向にある。フランスの歴史家ブローデル（Fernand Braudel）は、「フランスの歴史はなく、ヨーロッパの歴史だけがあり、ヨーロッパの歴史はなく、世界の歴史だけがある」と述べたが、これはおそらく真実である。

四、ロマンチック・アジア

中国の多様なエスニックグループは、Chineseという単純で単一民族志向の概念を超越しているだけでない。実際、世界のほとんどの国には多様なエスニックグループがあるが、分類方法は同じではない。たとえば、米国では、エスニックグループの公式分類は、白人、アフリカ人、ヒスパニックあるいはラテン系、アジア人、先住民などである。「白」

という言葉が肌の色を指し、それ以外はすべて地理にのみ関連していることにお気づきだろうか。問題は、なぜ白人はヨーロッパ人の末裔であると言えないのかということである。また、アフリカ系アメリカ人とは実際には黒人を指すが、ほとんどの黒人のアメリカ人はアフリカとは何の関係もなく、アフリカ出身のアメリカ人がすべて黒人というわけでもない。実際のところ、これは地理を特定の人間の特徴と同一視するという、非常におかしな分類なのである。アジアも同様である。多くの場合、特徴は不変と見なされた。

十八世紀から十九世紀にかけて、アジアはヨーロッパのアンチテーゼ、「文明」のアンチテーゼと見なされていた。当然のことながら、いわゆる文明化の兆候が現れると、このアジアは不可解にも一種の救済性が授けられた。物資に余剰があると、彼らはインドの宗教に「精神性」を求め、都市生活が空虚なものになると、チベットの雪原に行って「知恵」に帰依した。多くの場合、「アジアのアンチテーゼ」は、無知、後進的、閉鎖的、保守的であるだけでなく、ロマンチックなまでに後進的であり、ストイックなまでに保守的であると言えた。停滞した「アジア」とロマンチックな「アジア」は、相反するように見えるが、相互補完的なのである。というのは、停滞的であるのでまったく変化せず、そこにとどまっているのが最もよしとされるのだ。さもなくば、破壊され、汚染され、現代に毒されたものとなってしまう。このとき、アジアは一種のノスタルジックな発想、エキゾチックなノスタルジーとなる。

もちろん、このような発想やノスタルジーは、現実や歴史とは何の関係もなく、ヨーロッパやアジアとは何の関係もない。「アジア」は、「現代」人が集団で作り上げたオルタナティブな「伝統」に過ぎず、実際の歴史がこの架空の「伝統」に取って代わられることが多くあるのだ。

この種の救済式アンチテーゼは、文学作品や芸術作品に溢れている。トム・クルーズが主演を務めた映画『ラストサムライ』は、維新期の明治政府と西郷隆盛の闘争を題材に、武士の名誉と伝統への執着と、非人道的な産業文明への悲劇的な抵抗を表現しようとした。トム・クルーズは、近代化された軍隊による非武装のインディアンへの虐殺を目の当たりにして自分自身を失うアメリカ軍将校を演じ、「近代の病」を詳細に描いた。

彼は、維新が始まって間もない日本で、新式軍隊の訓練を手伝うために招かれた。維新政府の最初の敵は、勝元盛次（西郷隆盛のモデル。渡辺謙が演じた）率いる、西洋化を拒否し、伝統を守る武士集団だった。もちろん、多くのハリウッド映画のように、近代文明を代表するアメリカの将校は、最終的に東洋の伝統を代表する武士の影響を受け、自らその一員となり、共に剣道を学び、それを機に自身を取り戻していった。銃砲は最終的に武士を容赦なく粉砕したが、英雄ものの映画には悲哀が必要とされるのだ。

この映画では、近代と伝統の撞着として「銃器」に焦点を当てた。銃器を産業文明の象徴とする一方、それを使用しないことを武士の高貴な栄誉であるとしたのだ。米軍将校と英国人通訳の対話が、それをよく表している。

通訳：勝元は銃を使うようなマネはしない。
将校：銃を使わない？
通訳：武士の世界の英雄だから。

伝統と近代のせめぎ合いはもちろん表現のテーマとなり得るが、このせめぎ合いは銃器の使用とは何の関係もない。実際、十六世紀後半の日本では銃器が流行し、武士階級はもちろん、上流階級の大名までもがあらゆる種類の新しい銃器に群がっていた。

一五四三年、明国から出航した密輸船が台風に遭遇し、日本の九州南部の種子島に漂着した。明人（五峰）のほかに、日本人から「西南蛮種」と呼ばれたポルトガルの船員が何人かいた。ポルトガル人が島の所有者である種子島時堯に「鉄砲」と呼ばれる火縄銃を見せたとき、時堯はすぐに興味を持った。彼は大金で銃を二丁購入し、製造技術について謙虚に教えを請い、「朝に磨し夕に砕し勤て已まず〔朝に夕に心を砕いて修練〕」した。種子島製の火縄銃は一躍有名になった。「一たび発して扶桑六十州を聳動し〔一発の銃声が日本中の耳目をそばだたせ〕」、「復鉄匠をして之を製るの道を知らしめ五畿七道に〔また鍛冶らに鉄砲を作る技術を習得させ、五畿七道に〕」あまねくもたらした。そして長い時間を経て、「種子島」(Tanegashima) は日本の火縄銃の名称となったのである。

戦国時代の日本では、群雄が各地に起こり、大小の銃器が急速に量産され、各武将の陣営に配備された。日本人はまた、多くの点で銃器を改良し（たとえば、雨の日に戦うことができるなど）、戦術、戦法を徐々に完全なものに仕上げた。銃器の使用は日本の政治環境を大きく変え、織田信長、豊臣秀吉、徳川家康の戦国時代に重要な役割を果たした。それだけでなく、一五九二年に豊臣秀吉が朝鮮に対して侵略戦争を開始したとき、日本軍は兵器の優位性を持っていたこともあり、戦いの初期は破竹の勢いだった。同じ東アジアにあって、明朝は日本よりもはるかに早く火縄銃を装備しており、ポルトガルから導入、改良されたフランキ砲（初期の滑腔砲）が戦場で何度も使用された。朝鮮の陸軍は弱かったが、海軍の銃器配備は日本より優れていた。三国は、早い段階で銃火器の使用において完全に世界の最前線に立っていたのである。生死を分ける戦場で、殺傷能力のより高い兵器を使用しないとは想像しがたい。軍事的ニーズが常に人類の技術革新の主要な原動力の一つであるのは基本的な常識である。

銃が伝統的な精神に反し、日本の武士に軽蔑されているというのは、ハリウッドの東洋に対するユートピア的幻想にほかならない。ここでのアジア的「伝統」はポジティブに見えるが、それでも西洋と東洋を時系列で対立させ、伝統と近代を二者択一の価値区分としている。資本が世界を席巻している今日、このロマンチックなオリエンタリズムは一部の東アジア人によっても同様に内面化され、セルフ・ユートピア化の方式で自身を一生懸命エキゾチックな装いにさせようとしている。

したがって、「東アジアの発見」について語るとき、東アジア「特有」の「価値」「道徳」「伝統」を発見したいだけなら、ヨーロッパ中心論の根本である二元論の対立ロジックからまったく離れていないことになる。我々の努力の方向性は、当地の政治、経済、社会、思想の文脈に立ち返って、東アジア「近代」の発展・変化の探求に向けられるべきだ。たとえば、「日本のサムライ精神は銃器を拒否する」という文化本質主義の観点を前提とするのではなく、なぜ日本は世界をリードする銃器を十六世紀に開発したのに、十九世紀まで続かなかったのかを問うべきである。「精神」では変化を説明できない。経済・社会・政治の発展に従い、精神そのものが変化したのである。

十六世紀、十七世紀は、銃器の掌握が戦争の流れを変えるのに十分だった。したがって、今日の国々が「大量殺戮兵器」の拡散を厳重に防いでいるのは道理のあることである。日本を統一した後の徳川幕府が最も心配していたことは兵士を抱えた大名が各地に割拠し、再び戦国の世に戻ってしまうことであった。そこで、幕府は地方大名の財政力と軍事力を弱体化させるための一連の措置を講じた。武器の製造に関しては、銃器工房の数、生産される銃器の数、装備できる兵員の数が厳しく制限された。江戸時代、日本は二百年以上平和だったが、大規模な内戦が再び起こらなかっただけでなく、ポルトガル人とスペイン人が追放された後、外的脅威は大幅に減少した。銃器の大量生産における経済的、安全性のニーズはもはや存在しなくなったのだ。その結果、鍛冶屋が少なくなっただけでなく、生産数の少ない銃器も実用性よりも美しさの方向に発展した。

アメリカの歴史家ノエル・ペリンは、このテーマについて『Give up the Gun』を著した。そこで特に啓発を受けるのは次の点である。我々は長きにわたって歴史には特定の方向性、つまり、後進から進歩へ、無知から科学へ、低次から高次へという方向性があると思わされてきた。しかし歴史は特定の目標へ筋道どおりに展開されるわけではない。時代や環境の変化に伴い、人は多くのスキルを身につける一方で、より多くのスキルを放棄してきた。

歴史の変化形態は我々が決めるものではない。あらゆる現象は特定の環境の産物である。現象を説明するには、まずそれを生み出した環境を説明する必要がある。そして東アジア近代史の道程が作り出した環境は、ある種の一体性にある。すなわち、中国、日本、朝鮮半島は、ある種の運命共同体として一体なのである。

五、おわりに――共同体の視点から見た東アジアの近代性

前述のいわゆる「運命共同体としての一体性」は、アメリカの歴史家プラセンジット・ドゥアラ（Pransenjit Duara）が指摘したものであり、中国の近代国家への過程は、東アジア地域として日本と朝鮮半島における過程とともに観察しなければ、よりよく理解できないというものだ。

もちろん、今日の中国、日本、朝鮮、韓国は、過去の中国、日本、韓国と一致しないことに注意しなければならず、現代を生きる人々は、二十世紀に形成された国民国家の概念を適用することは避け、十六〜十九世紀の状況を援用するべきである。明清時代には、もちろん中原、朝鮮半島、日本にそれぞれのアイデンティティがあったが、これらのアイデンティティは重複、分散するなど、今日の国境やパスポートのように明確ではなかった。最近の著作の多くは、「中国中心主義から脱却する」ことについて語っており、明清時代に半島と列島が中原からの独立アイデンティティを希求していたことを強調している。私が指摘したいのは、当時の彼らの「違いを求める」努力は、おそらく「共通点を求める」努力と同じくらいの大きさであったということだ。このアイデンティティを、国籍によって特徴づけられる民族主義と混同してはならない。

これに関連して、「中国」「日本」「朝鮮・韓国」などの概念を本質主義と解釈すべきではない。本質主義は、「外部文明」

が到来する前に、固定不変で「土着」（indigenous）の伝統が存在することを前提としている。理論家は、内向きに中国・東アジアの「核心」や「本質」を求めようとし、たとえば漢字、儒教、および（土着の）仏教などから西側の文教制度との違いを見出そうとする。しかし、文化は絶えず変化しており、内外の相互作用で新しいものが取り入れられる。インドで生まれた仏教が徐々に土着の信仰として内面化されたようにである。今日私たちが「伝統」と考えているもののほとんどは、ごく最近になって再発見、または発明されたものであり、多くは「西欧」を参考にしながら意図をもって作られた特徴を持つ。この論理は、植民地近代化の論理と一致しており、歴史の真の姿ではない。本質主義の「西欧」と「土着」は、植民地主義とナショナリズムの関係のように、相反するように見えながら、実は表裏一体なのである。「東アジア」「中国」「日本」「朝鮮・韓国」は、時代ごとに異なる意味合いをもっており、地域間の交流や外部との交流の中で徐々に形成されていった。それらを形成する過程はまだ終わっておらず、将来的に古い内容が破棄され、新しい内容が追加されることは確実である。唯一不変のことは、それらが不断に定義され、否定され、再定義されることである。まさにそうであるからこそ、東アジアについての歴史著作、あるいはいかなる歴史書もすべて進行形なのであり、未完成なのである。したがって、本文が提示しようとしているのは、定説などというものではなく、思考の可能性なのである。

（本文の主な部分は、拙著『発現東亜』（新星出版社、二〇一八年）の第1章の抜粋であり、発表にあたりいくつかの追加と削除を施した）。

［参考文献］

宮崎市定著・謝辰訳『亜洲史概説』民主与建設出版社、二〇一七年。
ヘーゲル著・王造時訳『歴史哲学』上海書店出版社、二〇〇六年。

ユルゲン・オスターハンメル著・劉興華訳『亜洲去魔化：十八世紀的欧洲与亜洲帝国』社会科学文献出版社、二〇一六年。

フェルナン・ブローデル著・顧良・張澤乾訳『法蘭西的特性：空間与歴史』商務印書館、一九九四年。

葛　兆光『宅茲中国：重建有関中国的歴史論述』中華書局、二〇一一年。

黄　興濤「民族自覚与認同：〝中華民族〟観念萌生与確立的歴史考察」『中国社会科学評論』香港、二〇〇二年。

李　伯重『火槍与賬簿：早期経済全球化時代的中国与東亜世界』生活・読書・新知三聯書店、二〇一七年。

汪　暉『東西之間的〝西蔵問題〟外二編』（生活・読書・新知）三聯書店、二〇一四年。

矢野仁一『近代支那史』弘文堂書房、一九二六年。

福澤諭吉「脱亜論」（『続福澤全集』第二巻）岩波書店、一九三三年。

南浦文之「鉄炮記」ウィキ文庫。

Goldman, Harvey. “Images of the Other: Asia in Nineteenth-Century Western Thought – Hegel, Marx, and Weber,” in *Asia in Western and World History*, edited by Ainslie T. Embree and Carol Gluck, 146-71, New York: Routledge, 1997.

Holcombe, Charles. *A History of East Asia: From the Origins of Civilization to the Twenty-First Century*. 1st edition. Cambridge: Cambridge University Press, 2010

Ledyard, Gari. “Cartography in Korea.” In *The History of Cartography*, Vol. 2, Book 2, *Cartography in the Traditional East and Southeast Asian Societies* edited by J. B. Harley and David Woodward. 235-345. Chicago: University of Chicago Press, 1994.

Perrin, Noel. *Giving Up the Gun: Japan's Reversion to the Sword, 1543-1879*, Boston: David R. Godine, 1988.

Said, Edward. *Orientalism*. New York: Vintage, 1979.

Struve, Lynn A. *Time, Temporality, and Imperial Transition: East Asia from Ming to Qing. Asian Interactions and Comparisons*. Honolulu: Association for Asian Studies and University of Hawai'i Press, 2005.

（日本語翻訳：谷川　雄一郎）

第三章　東アジア文明の諸相

――東アジア文明認識における若干の問題

金　勲

アジアは人類文明の重要な発祥地であり、数千年にわたる発展の中で、アジアの人々は文明において輝かしい成果を上げてきた。東アジアはひとつの地域であるだけでなく、さまざまな文化が融合する「ボーダー」でもある。また東アジアは「視覚領域」、ないし「方法」としても見られる。東アジアでは、先史時代の人類の発祥と初期文明によって化石のような東アジア文明の古い層が形成された。これをベースにして、東アジアの精神文化は、古代中国社会において比較的早く始まり、哲学と人文的情緒に富んだ思想文化体系を徐々に形成した。

中国の精神文化は周辺地域に広がっていく過程で、朝鮮半島、日本、その他の国や地域の固有の国家、および地域文化と徐々に融合し、東アジアの精神文化の確固たる根を育てた。長い相互交流と融合を経て、東アジア文明はますます統一された精神的気質と文化的スタイルを示し、独特の精神的および文化的魅力を呈するようになった。

歴史的に、東アジアの「漢字文化圏」は世界で最も活力のある地域だった。今日、かつての世界の「文明の中心」

が相次いで疲弊し、「東昇西降」（アジアの隆盛と欧米の衰微）という趨勢の下、東アジアは、全世界で最も経済発展が急速に進んだ地域となり、社会全体の文化的発展において最も劇的な変化を遂げた地域にもなった。

実際、東アジア文明の豊かな内実と自信に満ちた開放的な態度は、近代以来、人類が生み出したほとんどすべての思想とその潮流を東アジアに集め、融合し、新しいものを生み出し、発展させてきた。

グローバル時代において、東アジアは環太平洋地域の文化圏における政治と文化の重要な策源地でもあり、東アジア文明は人類の精神文明を再構築し、リードすると信じられている。したがって、東アジア文明の精神的価値に関する包括的、体系的かつ詳細な研究を展開することは非常に重要であり、必要であり、差し迫ったものなのである。

一、東アジアの「道文化圏」

「東アジア文化圏」を話題に論じるならば、まず、東アジア文化の中心メンバーとしての中国が、その文化を拡散させる以前に、北方遊牧民族が朝鮮半島、日本文化と密接な関係を持っていたことについて議論する必要がある。学術界においては長い間、「枢軸時代」以前の言語、自然宗教、民族形成などの問題についてほとんど注目されておらず、成果も比較的少ない。これは東アジア地域の「枢軸時代」の文明を論議する際、いくばくかの影響を与えるものである。

考古学の記録によると、紀元前四世紀以前に、この地域の生産と文化活動は遊牧文化の特徴を持っていたことが明らかとなっている。周知のとおり、朝鮮半島と日本は、長い間北方遊牧民と密接な内在的関係を持ってきた。民族の人類学的特徴もそうだが、歴史言語学の視点、つまり古代朝鮮語、古代日本語、アルタイ語との近縁関係の痕跡、さらには神話、精神信仰、特に北方において深い影響を与えたシャーマニズム文化からもこの点を証明できる。

紀元前四世紀以降、大陸の中原地域から朝鮮半島や日本への北方遊牧文化の影響はしだいに途絶えるようになり、日本と朝鮮がしだいに中原文明に向かい、後の東アジアの特色ある文化圏を形成する基礎を築いた。紀元前三世紀以降、東アジア社会は急速な発展の段階に入った。大陸には帝国が出現したが、半島と列島は青銅器文明をほとんど飛び越えて直接鉄器時代に入り、劇的な社会的変化が見られた。精神および文化レベルにおいては、祭祀などの宗教活動が日本人の原初の社会生活に割り振られた。この過程において東アジア地域にはそれぞれ原初の文明形態が形成された。

日本文化の発芽と形成は、長い歴史を経てきた。これまでの縄文・弥生・古墳文化の研究から見ると、日本の原初の文化は、初期の日本人が外部の自然と闘い、自ら物質的生活を求め、豊かにする中で生み出されたものである。また相対的に閉鎖的な島国日本は、いったん外の世界と接触すれば、外来の高度な文化がすぐに導入され、それが日本文化の成長ホルモンとなり、社会の進歩を促進させた。

中国大陸は早くに発展しており、朝鮮・日本と同時期に発展したのではない。したがって、大陸の強大な文明に対抗し、自身の独立を獲得するためには、中国文明のような歴史が必要であり、主観的な意識で国史を書く必要があった。六八一年、天武天皇の勅命から三十九年の歳月を経て、七二〇年に『日本書紀』三十巻が完成した。『日本書紀』の歴史観では、日本の天皇は「天命によって授けられた正統な天皇」であることが強調されている。中国の歴史観では、「天命」とは、黄帝を筆頭に代々受け継がれてきた天子を指す。

『日本書紀』の歴史観では、「天命」は天照大神の孫である天津燕岩霍瓊瓊初尊（あまつひこひこほのににぎのみこと）に初めて与えられた。この神は南九州の高千穂峰に空から降臨し、その曽孫である神日本磐余彦天皇（かんやまといわれびこのすめらみこと＝神武天皇）は、紀元前六六〇年に橿原宮で王位を継承し、日本の歴史上最初の天皇になった。

このことからもわかるように、日本社会の発展は「アニミズム」の段階から脱却し、「神」は意志を持った「神」になっただけでなく、社会的集合の対象となった。したがって、『日本書紀』の「天命」は大陸式の表現を借りているが、実際には非常に宗教色の強い「神の命」であり、基本的に日本固有の「神権」文明の性質を規定している。原始的な信仰によって特徴づけられるこの文化は、後の日本の国教である神道の形成に強固な宗教的および文化的土壌を提供した。

『日本書紀』の記録によると、日本列島とアジア大陸の住民との交流は、建国から長い年月を経て始まった。七世紀以前は、中国との公式な接触はほとんどなく、日本の建国はアジア大陸の影響をまったく受けていなかったと言える。『日本書紀』が外の文明との関係を無視しなければならない理由は、少なくとも漢字の導入（少数の文物の導入はあったが）まで、日本の文明が中国大陸の文明の影響を受けていないことを証明するためであった。日本の独自の文明に独創性があった点は否定できず、歴史の中で洗練され、レベルアップし、独自の民族文化的特質を形成するようになった。

古代中国も、長期にわたる「アニミズム」の時代を経験し、独自の文明を徐々に形成していった。殷、商、周の各王朝を経て秦の諸子百家が競いあった後、文明体系は次第に成熟し、完全なものとなった。中でも道家思想は中華民族の文明の特徴を形成するための重要な哲学的基礎を築いただけでなく、その後の道教の形成と発展の理論的根拠を提供した。文明のタイプから言えば、道家思想と道教は、日本の神道と似ている面がなくはない。

七世紀に朝鮮半島に中国の道教が正式に伝わる以前に、朝鮮半島ではすでに原初の仙道が普及しており、その文化的形態は中国の道教や日本の神道と類似していた。中国、日本、韓国の「道文化」は非常に均一性に富んでいた（日本文化研究所がすでに専門的な研究を行い、初歩的な成果を得ている）。つまり、当時は比較的生産力のレベルが低く、交通手段も発達していない状況下にあり、世界各地の異なる文明の中心地間の交流がほとんど行われていなかった。まさにこの時期にさまざまな国の原初の文化に基づいた東アジア「道文化」の特質と基礎が形成されたのである。

このように、七世紀以前に形成された東アジア文明の深層鉱脈は連綿として今日に至り、本論ではそれを東アジアの「道文化圏」と呼ぶ。「道文化」は東アジア文明の初期形態であり、化石のような文明の礎であると言える。

前述のように、東アジアにおける「道文化圏」の歴史的存在は客観的である。「道文化」は自然と親和性を持ち、民衆生活に深く根ざし、さまざまな民間信仰と混在しながら生き、複雑で多層的なものとして表出するが、静かに自然に任せ、人と争わない。このことから、歴史的に東アジアの「道文化圏」は、その姿が現れたり隠れたりする状態に置かれるので、他の宗教や社会思想によってしばしば隠れてしまい、今日に至るまで社会や学術界から見落とされている。

日本の文化庁の『宗教年鑑』における神道の定義を借用すると、そこには「いわゆる神道とは、日本固有の宗教に基づいて発祥し、発展した宗教の総称である。広い意味で、神道は神、霊、または伝統的な宗教的慣行についての信仰に限定されず、生活の中で広く受け継がれている態度や生き方を含んでいる」とある。ここからも分かるように、神道は日本の土着の宗教であるだけでなく、その理念は日本民族の血脈に浸透しているのである。

次に中国の道教について。道教は、中国固有の宗教として、古代中国の鬼神崇拝の観念に基づいており、黄道教や老道教を理論的基盤としており、戦国時代以来の仙人の法術が変化、発展したものであり、「道」を最高の信仰とした。生命の価値を積極的に追求し、自己を向上させ、他人に善を施す宗教である。中国の「道文化」の影響は非常に広く深いため、他の宗教や文化的類別には到底納まらない。歴史的に、東アジアの三カ国の道文化体系は、儒教ほど政治的に強力ではなく、仏教のように「高貴で立派」なものにも及ばなかった。だから、東アジアにおける「道文化圏」の存在と価値はまだ十分に明らかになっていない。しかし、「尊道貴生」(道を尊び生を貴ぶ)、「返朴自然」(素朴な自然に回帰する）、「道通真境」（道は真実の境地に通じる）を人生の価値として追求する精神文化の紐帯は、東アジア人がお互いに同じ気持ちで憧れる文明境界となっている。

二、東アジアの「漢字文化圏」

周知のように、漢字の日本への伝播には二種類のルートがある。一つは中国から文物を介して伝えられたもの、もう一つは朝鮮半島からの、いわゆる「渡来人」によって直接伝えられたものである。中国の文物から日本に伝わったという事実は、今日の日本の考古学的発見から確認することができる。たとえば、弥生時代後期を代表する福岡県の御床松原遺跡や新町遺跡から出土した「半両」の字が刻まれた銅銭がある。また、山口県や長崎県で発掘された弥生時代後期の文化を代表する遺跡からも、「五銖」「貨泉」の文字が刻まれた銅貨が多数出土している。「半両」と「五銖」の銅銭は、わが国の秦漢時代に流通した銅銭であり、「貨泉」の文字が刻まれた銅銭は王莽の新王朝の時期のものである。銅銭以外に、中国からの文物として、漢字が刻まれた銅鏡、刀、印綬などがある。これらは、日本人が目にした最初の漢字であるはずである。しかし、当時の日本人にとっては図画や装飾に過ぎず、同じ時期、日本国内に出現した陶器に刻まれた図画や記号を連想させるものだったであろう。よって、漢字は情報を伝える役割や象徴的な意味を持たなかった。

その後、『後漢書』東夷伝の「建武中元二年（五七年）、倭の奴国、奉貢朝賀す。使人自ら大夫と称す。倭国の極南界なり。光武、賜ふに印綬を以てす」という記載が示すように、西暦一世紀の後漢時代に、光武帝が「倭の奴国」に金印を授けた。印章には「漢の委の奴国王」（「委」は「倭」の略字）の漢字が入っている。また、日本の使節が自らを「大夫」

と呼んでいたことからも、漢字は両国間のコミュニケーションの有効な媒体になり始めていた。このことから、中国を中心とする東アジア世界において、古代中国はまさに朝貢・冊封の制度を通じた緩やかな交流を媒介として、一種の国際関係を確立した。こうした政治戦略が客観的に見て東アジア域内の文明の伝播と交流を推し進めた。

漢字は古代中国文明の代表的な記号であり、表意文字として豊富な意味合いと多機能を備えている。ここで問題を一つ議論しなければならない。国内の学術界では、「中国と日本は同文同種」「日本は儒教の国である」という見解が古くから支持されてきたが、その根拠は通常、漢字が日本に早く伝来し、日本人が漢字を知っており、使用することから、彼らが自然に儒教の価値観を受け入れたこととされている。しかし、これには議論の余地がある。

漢字が中国の文物や法律や制度をもたらし、儒学の思想を内包していることは否定できないが、漢字の持つ内容や機能は、置かれている社会的・文化的環境によって異なる。中国の歴史において、漢字の持つ内容は非常に豊かで、すべてを網羅していると言える。したがって、コミュニケーション媒体としての漢字の機能を狭く理解すると、上述の文化への解釈の誤解につながるだけでなく、誤りにさえなりかねない。日本の歴史において、漢字は公式の歴史文書で直接使用されるだけでなく、日本固有の言語系統に統合され、非常に豊富な内容を有している。奈良、平安、室町、鎌倉の長い歴史の中で、漢字は仏教の受容と促進に非常に重要な貢献をしてきた。しかし、儒教に関する内容は、上流階級の貴族の間で流行するか、寺院における識字や教養科目として扱われるのみであった。儒学は役人や知識人によって広く尊重されたが、普及しなかった。日本の歴史の中で、儒学が公式に完全に肯定され、広められたのは日本最後の武家政権、徳川時代においてであった。

朝鮮半島では、仏教は三国時代に伝来し、新羅・高麗による統一の後、大乗仏教が広く普及し、研究されたが、その代表的な成果の一つが、漢訳『朝鮮大蔵経』の編纂・刊行である。朝鮮は公式に儒学の価値を推奨しているが、儒学が社会の中心的価値となったのは朝鮮王朝に入ってからである。つまり、漢字の伝来は儒学の完全な受容を意味するものではなく、三国時代、新羅時代、高麗時代には仏教が常に社会、精神生活の支配的な地位を占めていたのである。これは基本的に日本の状況と一致している。したがって、漢字の歴史的貢献は皆無とは言えないが、さまざまな時代の、さまざまな社会的、文化的環境によって受け入れられ、伝承されてきた内容を詳細に分析する必要がある。東アジアでは、漢字はそれぞれの国の歴史意識と文明の進歩に重要な貢献をしてきた。

三、東アジアにおける「大乗仏教文化圏」

仏教はインドで誕生したが、中国に伝わる中で中国の知識人は国外の僧侶と協力して多くの経典を中国語に翻訳し、その過程で中国の伝統文化と融合し、隋唐時代にはさまざまな宗派が大乗仏教を新たな高みに発展させた。中国仏教は朝鮮半島と日本に広がり、長い土着化の過程を経て、独自の大乗仏教文化体系が朝鮮半島に形成された。その伝統は今日まで続いている。韓国の人口の約三分の一が仏教を信じている。日本では、いわゆる「神仏習合」の時代を経て、次第に日本的な仏教が形成され、今日に至っている。

東アジアにおける大乗仏教の普及と発展の歴史を振り返ると、仏教が東アジアの大多数に受け入れられてきたのにはいくつかの理由がある。まず「道文化」をベースとして「高貴で立派」な仏教を受け入れる文化的、心理的基盤があったことだ。仏教は漢代に西域から中国に伝わった。漢王朝の武帝は西域を開き、中国と中央アジアとの通商路を開き、仏教は西域からシルクロードを通じて東アジアに広がった。仏教が伝来した初期、中国人は、道教哲学を知的背景として仏教を理解し、仏教を長寿の法術ととらえ、黄帝や老子、およびその他の土着の神々とともに仏教を信仰していた。

前漢から後漢にかけて、道教が民間で盛んになったことから中国で仏教が非常に急速に広まった。漢や魏の時代には依然として固有の不老長寿の宗教を頼りにしており、魏晋時代において仏教は「玄風大暢」（玄学〔形而上学〕の大流行）を背景として上流階級に広く普及し、隋唐時代に頂点に達した。

中国への仏教の伝来には、理解の違い、論争、さまざまな社会的抵抗がなかったわけではないが、全体的に見れば、中国社会は、異なる文化を受け入れることに対して開かれた心と態度を示した。前述の「道文化」の要素は、中国から朝鮮半島や日本への仏教の伝来にも重要な役割を果たした。韓国の原初の仙教と日本の原初の神道は、仏教の受容に優れた文化的土台を提供した。このほか、形成されていた「漢字文化圏」の功績は突出しており、大陸で翻訳された多数の漢文経典が続々と朝鮮半島と日本に流れ込んできた。また、仏教の伝播の中で、東アジア諸国は互いに密接な関係を築いただけでなく、独自の個性を発展させ、この相互作用と相互向上により、東アジアにおける「大乗仏教圏」の早期形成が促進されたのである。日本の僧侶が遣隋使や遣唐使によって中国に仏法を求めて以来、中国と日本の間を往来する多くの仏教僧がいつの時代にも存在し、中国と日本の文化交流の輝かしいルートを構築し、その影響は大きい。朝鮮半島においては新羅時代に多くの僧侶が中国に渡来し、新羅・高麗による統一時代以降は数千人もの仏教僧が中国に渡来し、多くの功労者が生涯中国に住み、中国仏教の発展に尽力した。たとえば、玄奘三蔵の偉大な弟子である円測、九華山道教寺院の開拓者である金喬覚、仏法を求めて海路でインドに渡った恵超《えちょう》などである。

長期的な交流と、共に発展する過程で、大乗仏教を核とする東アジアの「大乗仏教文化圏」が徐々に形成された。それゆえに中国仏教協会会長の趙僕初は中日韓の仏教のこのような特殊な相互関係とルートを、東アジア仏教文明普及の「黄金通道」（黄金のルート）と呼んだ。

仏教は東アジアの各民族の歴史意識と社会的進歩に重要な貢献をしてきた。しかし、指摘すべきは東アジアの仏教は相互に密接に関連しており、一体化していた点である。したがって、学術界は東アジアの仏教全体を研究の視野に入れる必要がある。現在の学術界では、中国仏教史、朝鮮半島仏教史、日本仏教史を別の学問領域と見なして分離する傾向がある。東アジアの仏教研究の分野で世界に先んじている日本でも同様で、少なからぬ学者がこの三者を明確に区別している。

日本には宇井伯寿《ういはくじゅ》の『仏教汎論』や、平川彰《ひらかわあきら》の『インド・中国・日本仏教通史』といった、東アジア諸国の仏教を考察範囲に入れたものもあるが、これらの著作は各地域の仏教を依然として独立した存在として見なしている。つまり、東アジア諸国における仏教間の内在的連関性には十分な注意が払われていないのである。その理由は、研究者に「大乗仏教圏」全体についての学術的視野が欠けていたからだ。

一九九〇年代以降、日本の仏教学者である高崎直道《たかさきじきどう》や木村清孝《きむらきよたか》が仏教学研究において「東アジア仏教の視点」の問題を提起し、関連する学者を組織して全五巻からなる『シリーズ・東アジア仏教』を編纂した。その成果は重視されるべきである。東アジアにおける仏教の普及と発展は、東アジアの「道文化圏」の自発的で独立した形成とは異なり、活発な相互作用と共に向上した特徴を持っているからである。

四、東アジアにおける「儒教文化圏」

儒教文化の歴史は二千五百年近くある。儒教は長い歴史の中で絶え間なく進化、発展してきた。南宋の朱熹に代表される儒学者によって構築された儒教思想体系は、その後の中国社会や朝鮮半島、および日本に大きな影響を与えてきた。朱子学は多くの面において原初の儒学の思想をさらに発展させた。原初の儒学の学説には哲学的思索が欠けており、存在と消滅、名と実、真実と虚偽、認識論、および世界の起源に関する哲学的議論がなかった。朱子学は魏晋時代の玄学、仏教、道教の影響を受けており、哲学的思弁性を強め、儒教の哲学体系をさらに一歩進めた。宋王朝以降の中国社会では儒教が優勢になり、仏教と道教は衰退し、それは近代の反帝国主義と反封建主義の「五・四運動」まで続いた。

十三世紀初頭、朱子学は朝鮮半島と日本に広まり始めた。日本は一歩一歩中国文化を学び、吸収しており、それは新儒学としての朱子学も例外ではなかった。朱子学が日本に紹介された後、寺院で儒学の古典を熟読していた一部の僧侶は、この新しい儒学の思想に心を向け、袈裟を脱ぎ捨て仏門を飛び出し、世俗社会の改革、実践に身を投じるようになり、朱子学は徳川幕府の公式な統治理念として確立した。

日本に漢字が伝えられて以来、日本の儒学はついに日の目を見るようになり、「繁栄」時代を迎え、長い「神儒習合」の過程を経て、幕末にしだいに周辺化されていった。

十三世紀初頭の朱子学の伝来により、長い間仏教勢力に抑圧されていた朝鮮の士大夫層は至宝を得たかのように熱心に研究し、積極的に実践するようになった。十五世紀初頭、支配層の提唱の下、朱子学は朝鮮で大きな進歩を遂げた。特に、李退渓と栗谷に代表される儒学者たちは、中国の朱子学を大きく推し広め、朱子学は朝鮮民族の精神文化の一部となった。朱子学の朝鮮半島への影響は、中国大陸における影響に劣らず、今日まで続いていると言える。朝鮮の朱子学も退渓学を通じて日本の思想界に大きな影響を与えた。もちろん、のちに朝鮮と日本に導入された陽明学派の影響も過小評価することはできない。

儒教の、この段階（中国の宋、明、清、朝鮮の朝鮮王朝、日本の徳川時代）における広範な普及、深い研究と発展は、東アジア地域のそれぞれの社会の核心的価値となり、ここにおいて東アジア「儒教文化圏」はついに形成されたということができる。日本は「儒教文化圏」に属すると主張する学者は少なくないが、実際、東アジア（ひとまずベトナムを除外する）における「儒教文化圏」の形成は、「道文化圏」や「大乗仏教文化圏」よりもはるかに遅いと言わざるを得ない。また、「漢字文化圏」と「儒教文化圏」を単純なイコールで結ぶべきではない。近代以降、東アジア社会における儒教の運命と影響はそれぞれ異なるものであったのである。

五、「東アジア文化圏」

日本の歴史家である西嶋定生《にしじまさだお》は、一九六二年に「六〜八世紀の東アジア」という論文で、初めて「漢字文化圏」という概念を提唱した。六世紀から八世紀は中国の隋唐時代であり、西嶋が言及した「漢字文化圏」とは、中国の皇帝によって冊封を受けた周辺民族が漢文を媒介として中国文化を本国に導入し、発展させ、独立した地域を確立させたというもので、これが西嶋の「東アジア世界論」の枠組みである。戦後の日本の学術界について言えば、「東アジア」概念の使用は、西嶋の東アジア世界論から意識的、または無意識的に影響を受けたものであり、大部分がこの理論に基づくか、その基本的な枠組みから派生した観点であった。ここで西嶋が、制度的な文明観によって「東アジア世界」を確立させようとしたのは誤りであった。つまり、大陸帝国の政治的な朝貢システムを基本的な結びつきとする「東アジア文化圏」を確認したのである。二〇〇〇年、早稲田大学教授の李成市《りそんし》も『東アジア文化圏の形成』という書籍を出版し、「東アジア文化圏」の概念を提唱した。

西嶋定生から李成市まで、みな等しく伝統的な朝貢・冊封論に沿って「漢字文化圏」「儒教文化圏」から「東アジア文化圏」への変遷を完結させようとした。しかし、実際には、制度による文明化の歴史的特徴に基づいて東アジア文化圏を構築することに問題がないわけではない。南開大学教授の李卓は、日本は中国文化を選択的に吸収しており、その学習と吸収の方法には、積極的に模倣する、学んだ後に廃棄する、吸収して改良する、拒絶する、の四種類があると指摘している。唐代の班田、戸籍、科挙、暦法など中華の制度の導入も、固有の社会秩序の基礎のうえに成立したものであり、短期間輝かしかっただけで、次第に姿を消していった。

また、これらの成果は、東アジア文明の深層鉱脈である「道文化圏」や、かつて長期にわたって東アジアの精神文明を支配した「仏教文化圏」など、東アジアを代表する文明形態を充分に重視していない。精神文化は制度文化とは異なり、通常は制度文化の存在を超えるものであり、長期的な伝承性と継続性の特徴を持っている。また、東アジア文明における各民族の文化の違いについて、充分な注意が払われてこなかったことも指摘しておく必要がある。「東アジア文化圏」の構築は、やみくもに共通性を強調することはできず、相違点を無視してはならない。東アジアは歴史上、比較的安定した文明圏を形成してきた。この地域では、それぞれの地域が独自の文化的進化を遂げているだけでなく、他の地域との文化的融合が密接に行われているのである。このような歴史的事実と交流の法則を正視することが、文化圏を画定することの意義なのである。したがって、我々は東アジア諸国間の文化の違いや相互理解の価値と真剣に向き合う必要があり、時には各国の社会のさまざまな歴史的プロセスと文化の違いを理解することのほうが、共通点だけを認識するよりも、より重要なのである。相違点を区別し、共に向上することが我々の構築する「東アジア文化圏」の目標なのである。

イギリスの著名な歴史家アーノルド・ジョセフ・トインビーは、国家至上主義の概念に反して歴史を研究し、文明こそが歴史の単位であると主張した。彼はかつて、文明間の関係には通常一定の親和性、母子間のような関係性があると認識していた。たとえば、古代中国文明、古代朝鮮文明、古代日本文明には母子間の親縁関係がある。このうち、どの文明も理想的な状態からかけ離れているので、いずれも傲慢になったり相手を軽蔑したりすることはできない。文明の歴史的地位を強調し、文明間の相関関係を強調し、文明の価値を強調する文明観は、「東アジア文化圏」の確認と推進に重要な実践的啓発をもたらす。

要するに、「東アジア文化圏」とは、東アジア固有の「道文化」をベースとし、漢字を重要な媒体とし、仏教を精神の超越とし、儒教を人間道徳として積み重なり、深く融合し、それぞれが持ち味を発揮し、共に乗り越えていく文明システムなのである。

近代になると、西洋文明が東アジア社会に与えた衝撃と影響により、東アジア社会には深刻な分裂が現れ、それぞれの道を歩み始めた。東西文明の対立と融合が、この時期の東アジア諸国の主要課題となったのは疑う余地がない。「中体西用」「東道西器」「和魂洋才」というスローガンによって西洋文明の強い浸透を阻止することはできなかった。明治維新以降、百五十年あまりにわたる対立と統合を経て、「東アジア文化圏」は、既存の構造に重厚な西洋文明の要素が重なり合って融合し、それによって多元的で豊かなものとなった。東アジアの「西洋文明圏」の問題については、別稿にて詳細かつ体系的に論じる予定である。

悠久の歴史の大河において、人類史における代表的な文明が次々と東アジアに馳せ参じ、東アジアの代表的な文明と融合し、東アジア文明の精神的レベルと領域とを高め、未来の人類文明のひな型が見え隠れするようになった。人類史上、主要文明の融合により東アジアは独自の繁栄を遂げ、二十一世紀の東アジアの台頭は世界の注目を集め、東アジア内の交流はより活発になった。世界中の文明との交流がより活発になり、東アジア文明の価値と精神的な魅力は一層際立ち、人類の未来を共有する共同体の構築に極めて重要な貢献をすることになるだろう。

（本章は『世界宗教評論』第四輯（中国・宗教文化出版社、二〇二二年八月）に掲載された内容を加筆・修正のうえ翻訳したものである）。

［参考文献］

宇井伯寿『仏教汎論』岩波書店、一九六二年。
南　博著・劉延州訳『日本的自我――社会心理学家論日本』文匯出版社、一九八九年。
清水馨八郎『今、世界が注目する「日本文明」の真価』祥伝社黄金文庫、二〇〇二年。
竹村公太郎『日本文明の謎を解く――二〇世紀を考えるヒント』清流書房、二〇〇三年。
平川　彰『インド・中国・日本 仏教通史』春秋社、二〇〇六年。
堀　敏一『中国と古代東アジア世界――中華的世界と諸民族』岩波書店、一九九三年。
李　卓『〝儒教国家〟日本的実像――社会史視野的文化考察』北京大学出版局、二〇一三年。
アーノルド・トインビー著・郭小凌等訳『歴史研究（全二冊）』上海人民出版社、二〇一六年。
サミュエル・ハンティントン著、周琪訳『文明的衝突』新華出版社、二〇一三年。
ルース・ベネディクト著・崔樹菊・呂萬和訳『菊與刀』商務印書館、一九九〇年。
李　成市『東アジア文化圏の形成』山川出版社、二〇〇〇年。
村山　節・浅井　隆著・平文道ほか訳『東西方文明沈思録』中国国際放送社、二〇〇〇年。

（日本語翻訳：谷川　雄一郎）

第四章　ユーラシアの自然環境

沼岡　努

本章では「ユーラシア」[1]地域を対象に、その自然環境を見ていく。その際、考察の視角として地理学、地学両分野からのアプローチを採ることにしたい。地球表面上の様々な形状や特徴はその生成の仕組み・原因という側面からとらえることで、より立体的に把握できるからである。

一、中国大陸の自然環境——地質構造・地形を中心として

今の時代、地球上の地形や自然現象はランドサットやグーグルアースの画像で手軽に知ることができるが、子どものころ地図帳を見て次のような印象を持った人もいるのではないだろうか。ヒマラヤやチベットのあたりが濃い褐色に塗られているのに、直ぐ北側の盆地や砂漠が薄くクリーム色に塗られ、その濃淡のコントラストにちょっと目が留まったとか、あるいは、チベットから東南アジアにかけてなぜかシワっぽく見えるといった印象だ。

さて、地球表面（地殻表面）の凹凸に目を向けると、現時点での最高地点はヒマラヤ山脈のエベレスト（チョモランマ、サガルマータ 八八四八ｍ）、最低地点はマリアナ海溝のチャレンジャー海淵（一万九二〇ｍ）だ。どちらも東アジアに属している点に注目してほしい。両地点は中国大陸が乗っているユーラシアプレート（Eurasian Plate 以下ＥＰと略記）と隣接プレートとの境界、つまり地殻が非常に不安定な「変動帯」に位置しているのだ。(2)

中国大陸の東側に太平洋プレートとフィリピン海プレートが、南側にインドプレート（Indian Plate 以下ＩＰと略記）がある。つまり、中国大陸は東側と南側からプレートに押される形で挟まれているのである。したがって、中国大陸には大小様々な力が作用し、現在の地形に至っている。

実際、中国大陸の地形構造は変化に富んでいる。「西高東低」型三段構造を成し、⑴西部地域、⑵中間地域、⑶東部地域に分けることができる。(3) そこで以下、順に各地域の特徴を地理的、地学的観点からとらえてみたい。

西部地域はその大半が標高四〇〇〇ｍ以上の山脈・高原から成り、西は中国西部の国境から東はチベット高原（平均標高四五〇〇～五〇〇〇ｍ、南北幅一〇〇〇㎞）の東の横断山脈まで広がっている。この西部最大の特徴は、ＩＰがユーラシア大陸を圧迫、北上し続け、地殻に激しい横圧・圧縮力を加えたことで、褶曲《しゅうきょく》・断層などの大きな地殻変動が起こり、その結果ヒマラヤ山脈やチベット高原が隆起誕生したこと、さらにその影響がチベット以北の地殻にも及び、山脈、高原、盆地・砂漠が交互に並ぶ地形構造・形状が生まれたことだ。急峻な山脈の周縁には異常なほど低い盆地・砂漠が存在している。

ヒマラヤ山脈（地球上最も標高の高い山脈、主脈の平均標高約六〇〇〇ｍ）の形成は、今から約五千万年前、北上してきたＩＰがＥＰと衝突したのがその始まりだ。両プレートは衝突地帯（衝突型変動帯）で激しい押し合いを繰り広げた。結局ＩＰはＥＰの下に押し込まれた。だが、海洋プレート（地球表面を覆う大陸プレートと海洋プレートのうち、海洋底を構成

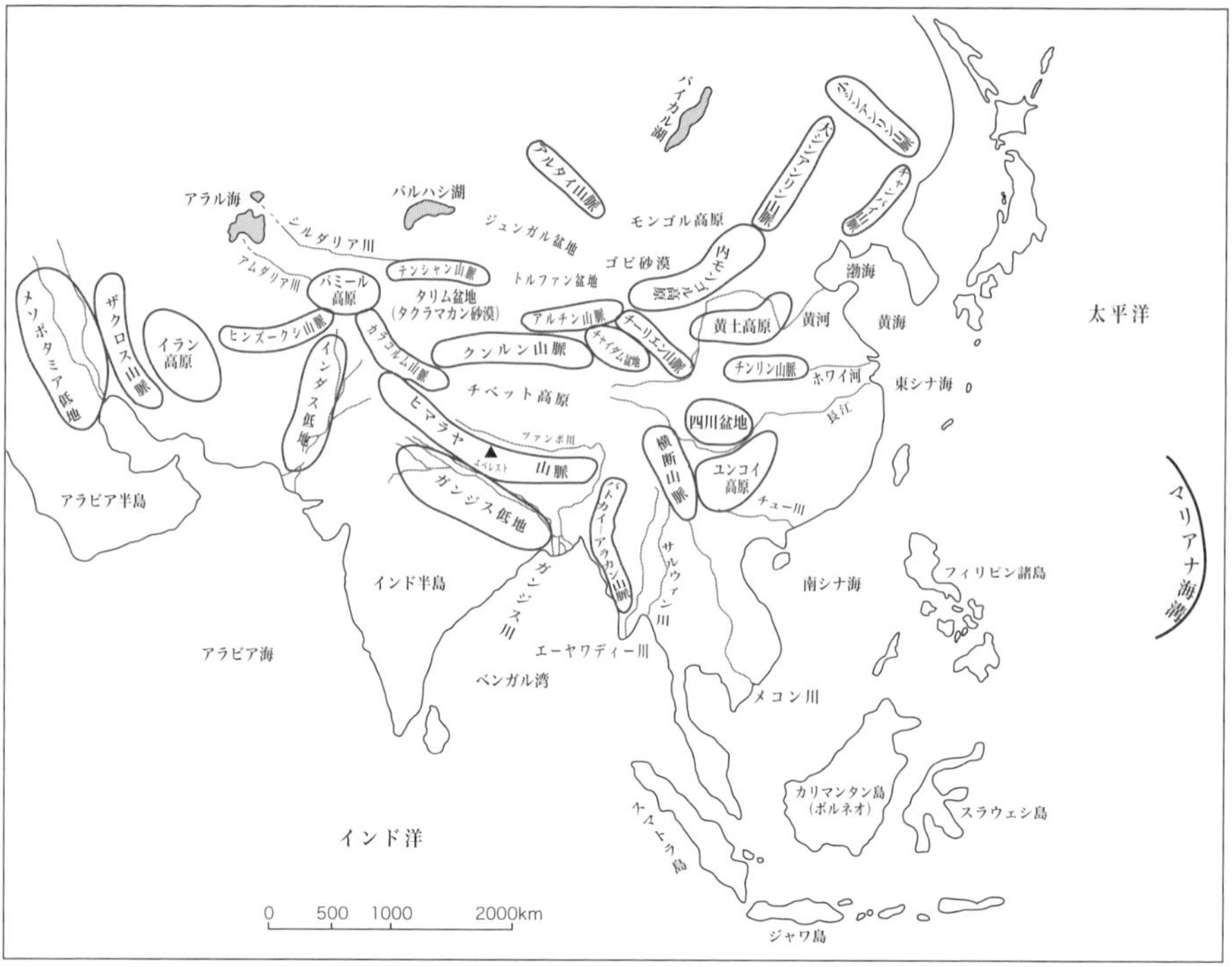

図1　アジアの地形

するプレートのこと。密度が大）に比べて密度の小さな物質から成る軽いIPには浮力が働き、覆いかぶさるEPを上方へと圧力をかけた。こうしたプレート運動は今なお続いており、IPは北上圧（年間四～五㎝のスピード）と同時に上方圧もかけながらヒマラヤ・チベット地殻を隆起させ続けている。

この一連のプレート運動はチベット以北の地形にも大きな影響を及ぼした。このことを具体的に辿ってみよう。ヒマラヤ山脈の北側に位置するチベット高原の北縁にはクンルン（崑崙）山脈（平均標高五五〇〇～六〇〇〇m）が走っている［図1］。その真北にはタリム盆地（年平均降水量二五～四〇㎜、盆地の大半は日本とほぼ同面積のタクラマカン砂漠）とトゥルファン盆地（年平均降水量一六・六㎜）がほぼ横に並ぶ。これらの盆地は西部山岳高地にあっては驚くほど海抜が低い。タリム盆地の最低地点は海抜マイナス一三〇m、トゥルファン盆地に至っては海抜マイナス一五四mと、内陸高地でありながら海面よりも低い。タリム盆地の北側には数列の褶曲・断層山脈から成るテンシャン（天山）山脈（標高四〇〇〇～六〇〇〇m）、その北にはジュンガル盆地（標高は東部約一〇〇〇m、西部約二〇〇mの東高西低。盆地中央部は砂漠）が続く。盆地北東部のアルタイ山脈を越えればもうモンゴル領内だ。

チベット高原の北東部に目を移すと、標高二五〇〇～三〇〇〇mと高原内では比較的低地のチャイダム盆地（年平均降水量二六㎜、盆地の大半は砂漠）がある。その北縁には先述のクンルン山脈の支脈となるアルチン山脈（平均標高三六〇〇～四〇〇〇m）とチーリエン山脈（平均標高四〇〇〇～五〇〇〇m）が東西一列に並ぶ。アルチン山脈の北西にはタリム、トゥルファン各盆地が、チーリエン山脈の北側にはゴビ砂漠が広がる。このように、EPに対するIPの北上圧はヒマラヤ山脈だけでなく、チベット以北の山脈と盆地・砂漠の交互並列地形構造・形状を誕生させたのだ。

西部山岳高地にはもう一つ特色がある。地質学的特徴だ。チベット高原北縁より北は地質学上、安定大陸（先カンブリア時代および中・古生代以降、大きな地殻変動がなく安定している地域）に分類される。この古い時代に形成された山岳は一般にせいぜい二〇〇〇m級で、山容は比較的なだらかと言われてきた。激しい造山運動、地殻変動を終え、その後浸食され続けてきたからだ。だが実際には三〇〇〇m以上の険しい山脈ばかりなのだ。その理由は、IPの北方圧があまりに強烈で、チベット北部より北の安定大陸の山々を再度隆起させたからだ。この意味で、これらの山脈は「復活型山脈」、「復活変動帯」とも呼ばれている。

チベット高原の特徴についても二つふれておきたい。第一に、先ほどIPがEPの下に押し込まれたと述べた。このことは、チベット高原の地殻が通常の大陸地殻の二枚分、七〇㎞を超える厚さになっていることを意味する。だから富士山よりも高いのに広大な高原になっているのだ。第二に、高原には断層によってできた内陸湖（流入河川はあっても流出河川のない湖。大陸内部乾燥地帯に見られ、アラル海など塩湖となることが多い）が数百も存在する。これ自体一つの地

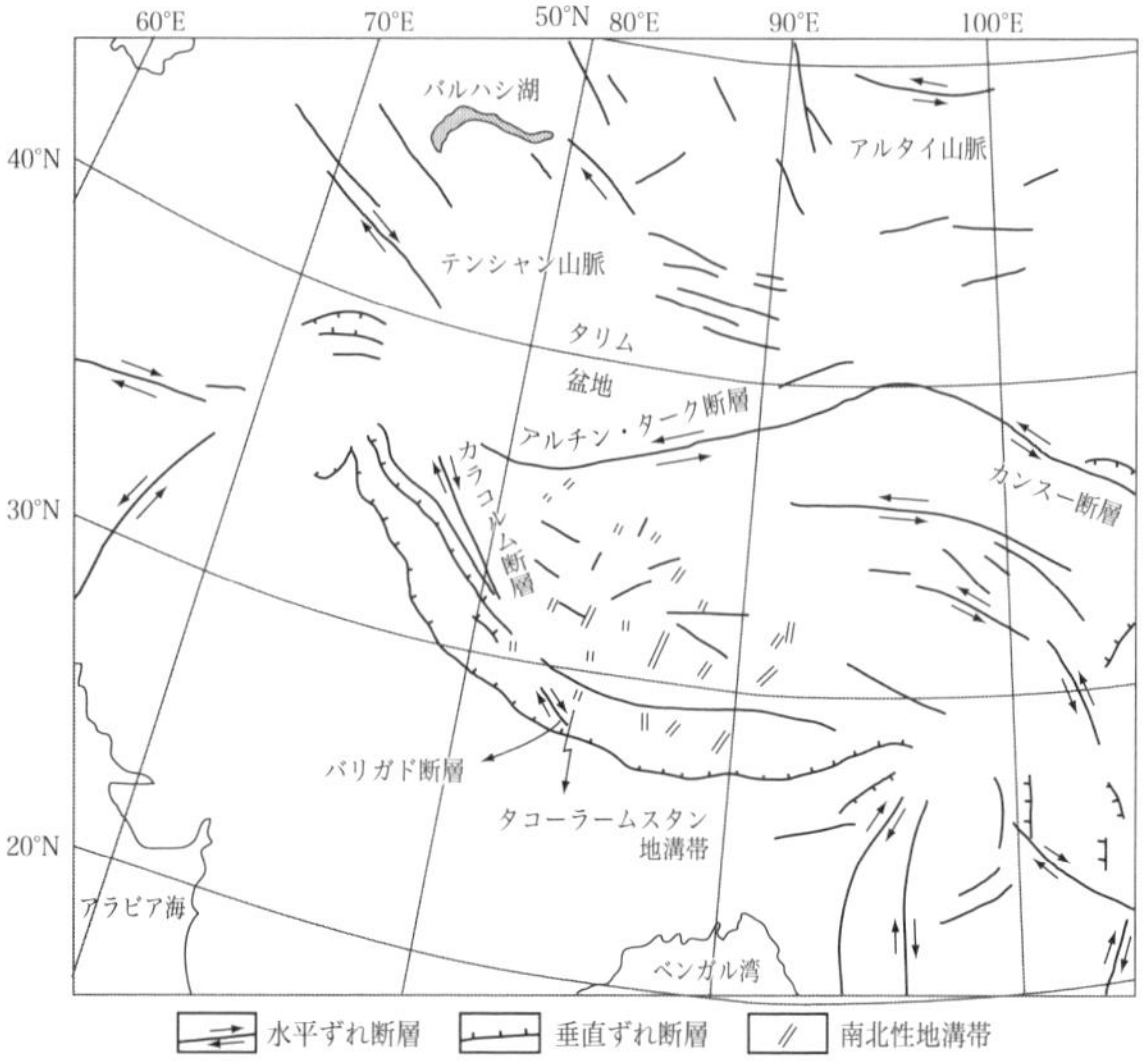

図２　チベット高原および周辺地域の活断層と南北性地溝帯
（出典）在田一則『ヒマラヤはなぜ高い』青木書店、1998年、111。

形的特色なのだが、高原には東西方向に長い内陸湖のほか、南北方向に長い湖も多数見られる。この南北方向の湖は、地殻に対して東西方向の引張力が働いてできた二つの南北性断層間の陥没地である地溝帯に形成された地溝湖（広義の断層湖）だ［図２］。

東西方向の引張力は、ＩＰとＥＰの南北間圧縮力から発生する応力であり、実際、高原を東向きに挟んでいるアルチン・ターク断層とカラコルム断層の引張力の矢印で確認できる［図２］。この東方に押し出す力は激烈だったので、地殻は「四川（省）と雲南（省）（共にチベット高原の東側に隣接）の西部にかけて急速にねじ曲げられて数本の大断層によって切られ、高原面は分断、破壊された」[4]。結果、高原を東西に走る諸山脈は南北に向きを変え、その屈曲部から並行する複数の褶曲山脈となって南のミャンマー国境地帯まで延びることとなった。この山脈群は総称的に「横断山脈」（平均標高三〇〇〇～四〇〇〇ｍ）と呼称され、南北の長さは中国一である[5]。地図上でチベットから東南アジア北西部一帯が「シワっぽく見える」背景にはこうした地殻変動が読み取れるのだ。

次に、西部と東部の間に位置する標高一〇〇〇～二〇〇〇ｍの「中間地域」について、地形と気候を中心に見てみよう。この地域には北から内モンゴル高原（標高六〇〇～一四〇〇ｍ、面積約一一〇万㎢）、黄土高原（標高一〇〇〇～二〇〇〇ｍ、面積四〇万～六四万㎢）、ユンコイ（雲貴）高原（標高一〇〇〇～二〇〇〇m、面積四〇万～五〇万㎢ 名称は雲南省、貴州省にちなむ）と、いずれも日本の国土面積（約三八万㎢）を上回る広大な高原が広がる。黄土高原とユンコイ高原の間には地殻変動で隆起したチンリン（秦嶺）山脈（標高二〇〇〇～三〇〇〇m）と断層沈降型盆地の四川盆地（標高三〇〇～七〇〇m、面積一六万～二〇万㎢）がある［図1］。このように、中間地域も西部地域ほどではないにしても、かなり起伏に富んだ地形が南北に並んでいる。

内モンゴル高原は内モンゴル自治区の大半を占め、モンゴル国との国境に沿って東西に約二〇〇〇㎞のびている。起伏は緩やかで、地形上モンゴル高原の一部を成す。東部は大シンアンリン（大興安嶺）山脈まで大草原が広がり、ステップ気候（BS 記号はケッペンの気候区分を表す。以下同様）のもとで放牧や牧畜が行われている。一方、西部はゴビ砂漠の一部を構成し、砂漠気候（BW）となる。

ユーラシアの東端に位置する内モンゴル高原は基本的に大陸性気候を示す。大西洋の水蒸気を大量に含んだ偏西風もタクラマカン、ゴビ砂漠に達する時点では乾燥風と化してしまう。このため西部は年降水量一五〇㎜以下と、きわめて少ない。これに対し、東部では冬はシベリア、モンゴル高原からの乾燥・寒冷風のためマイナス二五℃前後の酷寒となるが、夏は南東モンスーンの影響で年降水量四〇〇～五〇〇㎜、気温二〇～二五℃の温暖湿潤な大陸性モンスーン気候となる。

中国は世界でも砂漠化現象の最も深刻な国の一つだが、内モンゴル東部草原地域も例外ではない。砂漠化は一九六〇年頃から急速に進み、緑化再生の努力も砂漠化の加速度的拡大になかなか追いつかないのが現状だ。その大きな原因は、草原に後から入植してきた人々の焼畑農法による「無理な開墾」にある。高原の表層土は薄く、柔らかく、砂漠化しやすい。夏季に降水があるものの、基本的に大陸性乾燥・少雨地域なので、耕作放棄地の植生・地味の回復は困難だ。古くから草原に暮らす遊牧民族はこの点を熟知しているからこそ「遊牧」という形で自然環境を守ってきたのだ。[6]

内モンゴル高原の南側、黄河中流域には黄土高原が広がる。万里の長城以南、チンリン山脈以北にほぼ当たる。西方のタクマラカン、ゴビ砂漠から飛来する砂塵が五〇〜八〇mの厚い風積土の黄土層（黄土含有成分：粘土一〇%、シルト（沈泥）八七%、砂三%　水溶性に富み、乾くと硬化・崩壊しやすい）を形成している。黄土層の堆積年代は約二五〇万年前（新第三紀末）からと言われている。陝西省には厚さ二〇〇mに達するところもある。気候的には大陸性気候と不安定なモンスーン気候の影響を受け、年降水量四五〇㎜（その六五%以上が夏季集中、時には集中豪雨）、年平均気温八〜一四℃の冷涼半乾燥地帯だ。夏と冬の寒暖差の激しいこの高原には黄土を利用した穴居「ヤオトン（窑洞）」式住居が昔よく見られた。夏涼しく冬暖かく過ごせるようにと考案した人々の知恵であり、自然環境への順応と言えるだろう。

黄土高原の砂塵はタクマラカンやゴビ砂漠の砂塵とともに中国国内はもとより、強い偏西風に乗って韓国、日本にも飛来する。また近年では内モンゴルや中国東北部からも黄砂が北海道に達している。黄砂被害は中国をはじめ近隣諸国共通の課題だ。自然的要因（大陸性気候に因る乾燥・少雨、偏西風の強風等）は別としても、人為的要因（過耕作・過度の森林伐採等）に因る砂漠化も黄砂被害に直結する。その防止策が急務である。[7]

黄土高原の南側には復活型山脈のチンリン山脈（中生代後期の地殻変動で隆起し、のちヒマラヤ造山運動で再度隆起した）が東西に走り、その東側をホワイ河（淮河）が流れる。この山脈・河川ラインは年降水量一〇〇〇㎜の線とほぼ一致し、「チンリン・ホワイ河線」（秦嶺・淮河線）として知られる。一〇〇〇㎜未満の北側では温暖冬季少雨気候（Cw）が、さらにその北では亜寒帯冬季少雨気候（Dw）が見られ、小麦中心の畑作農業が行われてきた。一方、降水量一〇〇〇㎜以上の南側では温暖湿潤気候（Cfa）のもとで米作中心稲作農業が展開してきた。気候という自然条件の差異が異なる穀物生産農業を展開・定着させたのである。なお、このチンリン山脈は中国の二大河川である黄河と長江（揚子江）を中流域で分け、北側の黄河水系と南側の長江水系の分水嶺ともなっている。

チンリン山脈の南西、チベット高原の東側に断層沈降型盆地、四川盆地が広がる。四方を二〇〇〇〜五〇〇〇mの褶曲山脈と高原で囲まれ、盆地内は標高三〇〇〜七〇〇mとかなり低地である。盆地はEPと揚子江プレートの変動帯に当たり、地殻はチベット側から大きな圧縮力を受けている。特に盆地西側には活断層が多く、地震多発地帯となっている。年平均降水量が一〇〇〇㎜以上で季節による雨量・乾湿差が大きく、温暖冬季少雨気候（Cw）を示す。夏の高温多湿と土壌の肥沃さから盆地内では米の二期作、三期作も可能で、大穀倉地帯となっている。

四川盆地の南側、横断山脈の東側には石灰岩の溶食・浸食によりできた広大なカルスト地形のユンコイ高原が広がる。緯度は台湾よりわずかに高い二六度前後で、気候は亜熱帯モンスーン気候に近い温暖湿潤気候（Cfa）を示すが、西部地域だけは冬季乾燥のため温暖冬季少雨気候（Cw）となる。溶食が進んだカルスト大地には陥没穴の結合を経て形成された多数の山間盆地が存在する。水系上、ユンコイ高原は北側を流れ下る長江水系と南側のチュー川（珠江）水系の分水嶺を成し、流れ下る多数の川がカルスト地形を浸食し、深い峡谷を刻んでいる。チュー川支流のリ（漓江）の桂林付近では「岩溶峰林」（カルスト地形による塔状の峰）と呼ばれる美しい風景が眼前に広がる。

では、第三の地域、東部平原地帯を見てみよう。東部平原は丘陵地帯（標高二〇〇〜一〇〇〇m）と平野部（標高二〇〇m以下）から構成され、伝統的に長江、黄河、チュー川の三河川流域を中心に地理的に区分される。北から順に⑴東北、⑵華北、⑶華中、⑷華南である。(8)

「東北」は国内で最も広いトンペイ（東北）平原を大シンアンリン山脈、チャンパイ（長白）山脈（北朝鮮との国境山脈）、小シンアンリン（小興安嶺）山脈で西、東、北を囲む形となっている。他地域が温帯気候であるのに対し、唯一亜寒帯（冷帯）

気候に属する。亜寒帯気候ではあるが、大陸性の乾燥気候に加え、冬の寒さが特に厳しいことから亜寒帯冬季少雨気候（Dw）となっている。この気候はシベリア東部レナ川以東とともに、世界でもユーラシア大陸東北部にだけ見られる気候である。

「華北」は黄河とホワイ河の沖積作用によってできた華北平原を中心とする地域を指す。西の黄土高原から運ばれ堆積した黄土が昔から土壌を肥沃にしてきた。反面、長い過去には運搬された大量の黄土が原因で大雨の際、川の決壊や流路変更が度々起こった。気候は年降水量一〇〇〇㎜線のホワイ河を南限とする地域なので温暖冬季少雨気候（Cw）となる。だが、北京周辺だけは近年乾燥化の影響を受け、ステップ気候（BS）となっている。

ホワイ河以南の平野部及び長江中下流平原一帯がいわゆる「華中」に相当する。年降水量一〇〇〇㎜以上の温暖かつ湿潤な地域なので、温暖湿潤気候（Cfa）、すなわち東北・北海道を除く日本の気候と同じだ。ただし、同緯度で年降水量一〇〇〇㎜以上であっても西の四川省辺りは夏季、冬季の降水量差が大きく、温暖冬季少雨気候（Cw）となる。

緯度二五度付近を東西に走る褶曲山脈、ナンリン山脈（南嶺）が西のユンコイ高原とともに長江水系とチュー川水系の分水嶺を形成し、東部平原地帯において「華中」と「華南」の境界となる。「華南」は香港―マカオ間を流れ南シナ海に注ぐチュー川流域がその中心となり、河口には海のように広い珠江デルタ（三角州）が発達している。だが、全体的に華南には丘陵地帯が多く、カルスト地形も広東、広西二省にまたがり、山間部には谷底平野も発達している。緯度的にはほぼ台湾以南に当たるので、亜熱帯気候のもと米の二期作、三期作が行われている。

最後に、森林植生のつながり、「グリーンベルト」についてふれておこう。シベリア東部から中国東部、東南アジア、オーストラリア東部まで森林地帯が途切れることなくつながっている。このグリーンベルトは世界でも唯一、東アジアだけに存在している。(9) 地球上の他の地域では緯度二〇〜三〇度付近の亜熱帯高圧帯には乾燥した風が下降し（赤道

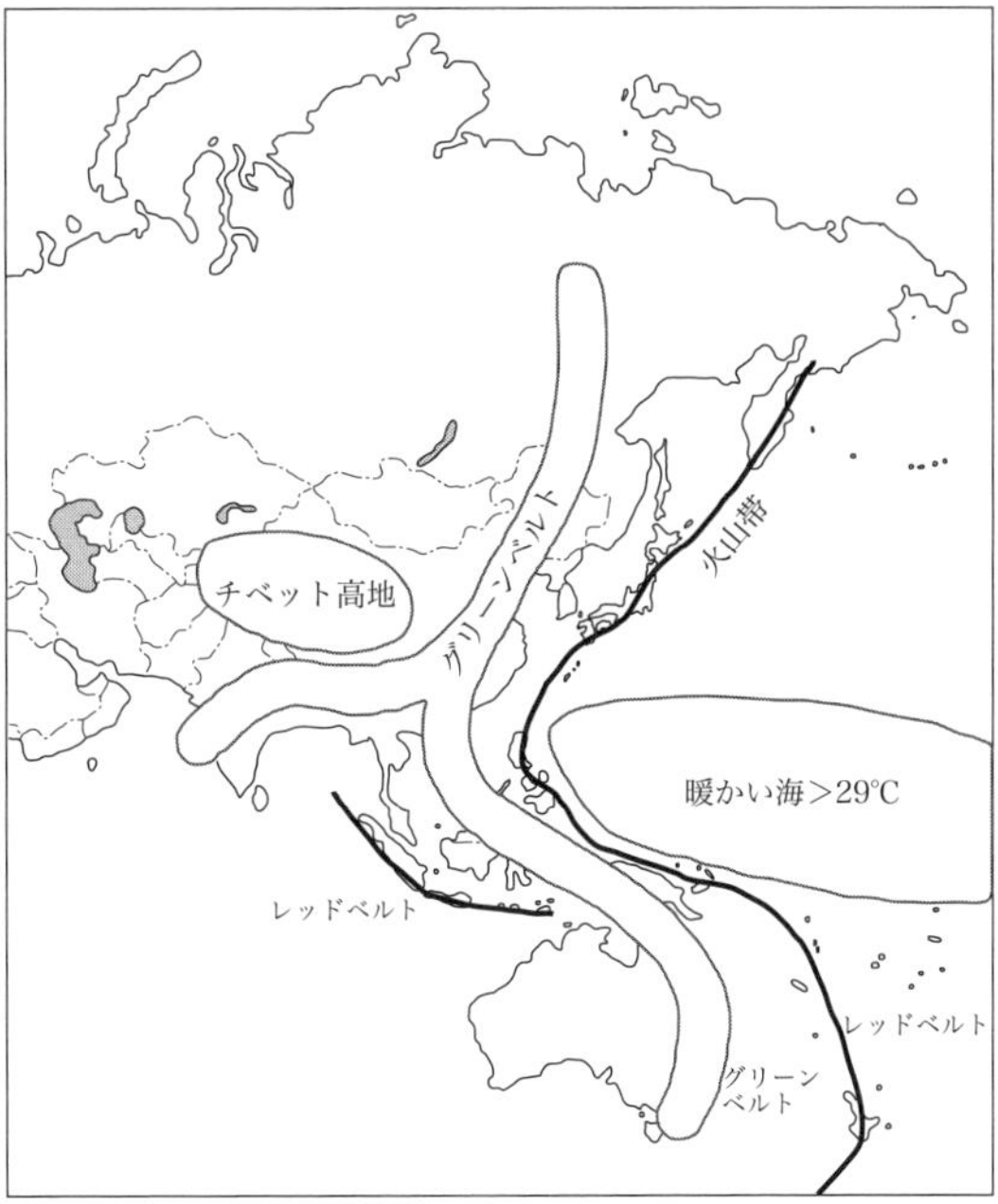

図3　グリーンベルト
（出典）井上民二、和田英太郎編『生物多様性とその保全』岩波書店、1998 年、19。一部修正。

付近を起点とし、低緯度地域を循環する大気の流れ、「ハドレー循環」による）、砂漠や半乾燥ステップ地帯が広がっている。だが、東アジアだけは例外なのだ。

グリーンベルトを形成する東アジアの地域的特性を成す要因は、主に⑴湿潤なアジアモンスーンがもたらす豊富な水、⑵世界一高い海水温（約二九℃）域のインドネシア東部海域からアジアモンスーンに供給される水蒸気、⑶環太平洋変動帯の火山活動から得られる栄養塩（ミネラル）類などだ［図3］。実際、北緯二〇～三〇度付近の華中から華南にかけては常緑広葉樹林（亜熱帯）が発達し、ほぼ同緯度の北アフリカの砂漠地帯などとは鮮明な対比を成している。グリーンベルト形成に果たす湿潤なアジアモンスーンの決定的重要性は指摘しておかなければならない。

二、ヒマラヤ山脈とアジアモンスーン

インド亜大陸とチベット高原の境界にそびえ立つ大褶曲山脈ヒマラヤ。[10] 標高八〇〇〇mを超える山を十四座、

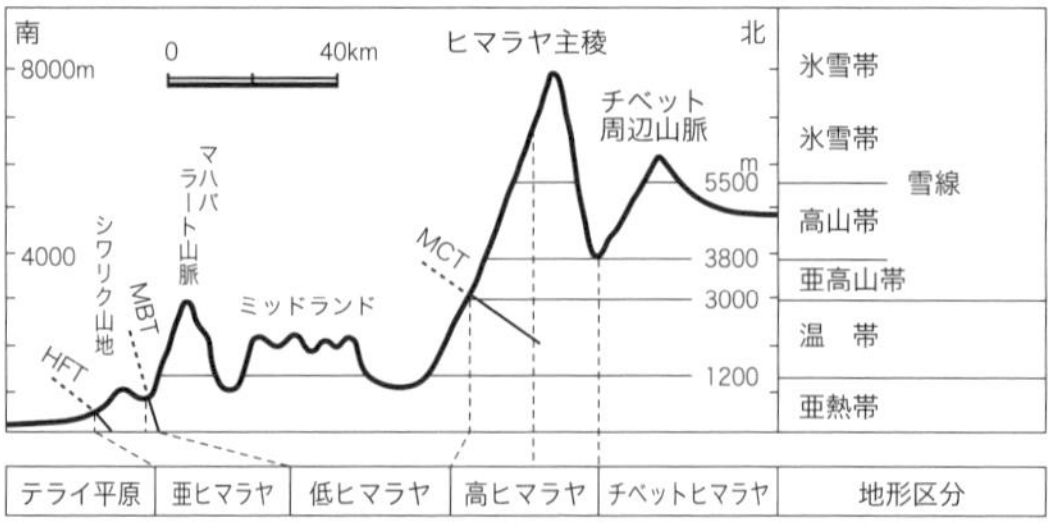

図４　ヒマラヤの断面図　MCT：主中央平衡上断層、MBT：主境界衝上断層、HFT：ヒマラヤ前縁衝上断層
（出典）木崎甲子郎『ヒマラヤはどこから来たか』中公新書、1994 年、23。一部修正

七〇〇〇m以上の山となると九十座もかかえている。世界の他の大陸には七〇〇〇m以上の山は存在しない。東西約二四〇〇km、南北の幅は二〇〇～三〇〇km、ほぼ日本列島が入る大きさだ。ヒマラヤ山脈をはじめとする縁辺山脈の標高は群を抜いている。

一体、ヒマラヤ山脈の地形はどうなっているのだろうか。実は、ヒマラヤ山脈は一列の山なみではない。並列する四帯の弧状山脈・山地の複合体だ。［図４］はヒマラヤの南北断図である。北側から⑴チベット・ヒマラヤ帯、⑵高ヒマラヤ帯、⑶低ヒマラヤ帯、⑷亜ヒマラヤ帯に大別される。一番北には三〇〇〇～五五〇〇mのチベット周辺山脈が高原の南縁を走る。最初に隆起した山脈だ。次に七〇〇〇～八〇〇〇m級のヒマラヤ主稜山脈が連なる。さらにその前方には二列の山脈・山地、すなわち標高二〇〇〇m前後のミッドランドと三〇〇〇m級のマハバラート山脈から成る低ヒマラヤ帯がある。そして最南端には亜ヒマラヤ帯と呼ばれる一五〇〇m以下のシワリク山地が位置する。このシワリク山地は今なお隆起している。

ヒマラヤには大断層が三列山脈に並行して走っている。全長二〇〇〇km以上だ。図の略記号ＭＣＴ、ＭＢＴ、ＨＦＴがそれで、ヒマラヤが隆起する際に生じた断層だ。ＩＰがＥＰに加えた激しい横圧で北側の地層が南側に衝《つ》き上げられてできた「衝上《しょうじょう》断層」だ。この断層運動がヒマラヤの隆起に重要な役割を果たしたのである。

さてここで一つ、プレート同士の衝突から形成されたユーラシアの地形を俯瞰《ふかん》してみよう。面白い点に気がつく。大陸間衝突によって山脈ができる場合、山脈の手前と後ろに低地と高原が形成されるのだ。ヒマラヤの例では、衝突境界手前のインド側にガンジス低地が、ヒマラヤの背後にはＩＰが大陸を押し上げた結果、チベット高原が広がった。こうして「低地―高山（山脈）―高原」[11]という一組の地形が形成された訳だ。ユーラシアにはほかにも「インダス低地―ヒンズークシ山脈、ベルチスタン山系―パミール高原」、その西方に「メソポタミア低地―ザグロス山脈―イラン高原」などが見られる。また、トルコ南縁のトロス山脈、その背後のアナトリア高原もプレート（アラビアプレート）の北方圧が影響している。

話をヒマラヤにもどし、水資源供給に果たすヒマラヤの役割とその問題点を考えてみたい。ヒマラヤ・チベット山塊を中心とするアジア中央高地からは十本の大河が流れ下り、世界人口約八十億人のおよそ六割を占めるアジアの人々に貴重な水資源を供給し、その生活を支えている。ヒマラヤ、カラコルム山脈からはインダス川（三一八〇㎞）、ガンジス川（二五〇〇㎞）、ブラマプトラ川（二九五〇㎞）が南流し、アラビア海やベンガル湾に注ぐ。チベット高原の青海省にどちらも水源をもつ黄河（五四六四㎞）と長江（六三八〇㎞）は東流し、渤海と東シナ海に注ぐ。さらに、ヒマラヤ南端やチベット高原東部から南東方向に流れてインドシナ半島平野部を貫流するエーヤワディー川（イラワジ川二一七〇㎞）、サルウィン川（タンルイン川二八一五㎞）、メコン川（四四二五㎞）は東南アジアを代表する大河で、水田稲作農業に利用されている。以上、いずれも二〇〇〇㎞を超える文字通りの大河（日本の最長河川信濃川は三六七㎞）である。

ヒマラヤ山脈の年間降水量のおよそ八割は六～九月にインド洋から吹き寄せるモンスーンによるものだ。降水は山脈高所では雨ではなく雪の形をとる。標高五二〇〇～五五〇〇ｍ地帯では「モンスーンの最盛期でも気温は〇℃以下なので、降水は一〇〇％氷河を涵養する」[12]。氷河はゆっくりと谷を移動し、下流部で川となり、やがて大河となって海にもどる。こうした一連の水循環の中でヒマラヤ山系は水資源を氷河・氷雪の形で閉じ込めておく天然貯蔵庫として重要な役割を果たす。

ところで、ヒマラヤ北西部山岳地域のパミール高原、ヒンズークシ山脈、キルギス山岳地帯からも大河が流れ出ている。アムダリア川（二五七四㎞）とシルダリア川（二二一二㎞）だ。これら両河川は先に述べた大河とは逆の西方へ流れ、カラクーム砂漠、クジルクーム砂漠、トゥラン低地など中央アジア乾燥・半乾燥地域を通過し、ともにアラル海に注ぐ。砂漠とはいえ、緯度四〇〜四二度の高緯度かつ大西洋からほど遠い内陸砂漠だ。年降水量七〇〜一七〇㎜、気温は夏季二六〜二九℃だが、冬季はマイナス九〜〇℃と寒い。この乾燥地帯をおよそ一〇〇〇㎞も流れる両河川は、かつては流域農民の灌漑用に大いに利用された。だが、過剰取水を続けた代償は大きかった。内陸湖アラル海の水量は激減し、湖面積は十分の一に縮小、塩湖と化した。湖底から舞い上がる砂塵は自然環境の破壊にとどまらず、近隣住民に健康被害を出している。水資源はかけがえのない自然の恵みだが、利用法を誤ると危機的状況をつくり出す。

それはヒマラヤにおいても同様だ。氷河衰退、つまり氷河の融解現象が一九五〇年代以降目立ってきた。地球温暖化が原因だ。氷河融解が進むと、その末端部に「モレーン」（氷河に削り取られた岩屑が堆積した丘）という高さ五〇〜一五〇ｍの天然ダム堰堤ができ、その内側に氷河湖が形成される。氷河融解とともに湖の水位が上がり、ついには「氷河湖決壊洪水」に至る。洪水は特に一九六〇年頃から顕著になってきた。現在ネパールやブータンにはこうした氷河湖がそれぞれ二千三百以上あるが、ネパールでは決壊洪水が「三年に一度以上の高い頻度で」発生しているという(13)。

二〇二二年、パキスタンで起こった氷河湖決壊洪水を伴う大洪水はまだ我々の記憶に新しい。国土の三分の一が水没する大惨事に至ったが、同国の気候変動相は「通常の三倍の氷河湖決壊洪水が発生した」と発表した。

さて、雲や降水など様々な気象現象を引き起こすのが対流圏だが、その上部に達するほど高く突き出た巨大な壁がヒマラヤ・チベット山塊だ。この山塊とモンスーンとの関係を次に見ていこう。モンスーンとは夏季と冬季で風向が反転する卓越風のことだ。モンスーンは世界の様々な地域に見られるが、最も大規模に現れるのがインド亜大陸以東であることから「アジアモンスーン」(Asian Monsoon) とも呼ばれる。モンスーンというと、とかくインドを局所的かつ南北方向に吹く風と見なされがちだが、実際には南アジア、東南アジア、東アジア東部にかけ、東西広範囲に吹く。東アジアに見られる梅雨もモンスーンと深く係わっている。インドから東南アジアにかけて吹く高温多湿なモンスーンは南東風となって梅雨前線を生み出し、東南アジアや中国南東部、日本に大量の雨をもたらす。

アジアモンスーンの駆動的エネルギーとなっているのはヒマラヤ・チベット山塊とインド洋上の熱エネルギーが生み出す気圧差だ。夏季には海洋よりも強く熱せられた大陸上で上昇気流が発生し、低気圧が形成され、そこに向かって海洋から湿った空気が流れ込む。夏のモンスーンだ。冬季には海洋よりも強く冷却された大陸上で下降気流が発生し、高気圧が形成され、そこから海洋に向かって冷たい乾燥した空気が吹き出す。冬の季節風だ。海と陸との季節的温度差から生まれる大気循環システム、これがモンスーンだ。

では、なぜモンスーン気候がアジア大陸において最も卓越するのか。理由は二つ考えられる。一つは、夏季に北のアジア大陸と南のインド洋が陸海の非対称的配置を成し、大きな気圧勾配をつくり出すことだ［図5］。もう一つは、ヒマラヤ・チベット山塊が南西からの湿った気流を急上昇させ、積乱雲をつくり出すが、その際放出される凝結熱が大気をいっそう暖め、南西モンスーン気流を強化するからだ。この結果、山塊の南側に大量のモンスーン降雨がもたらされ、北側に水蒸気を失った乾燥気流がチベット高原、タリム盆地、中央アジアへと吹き、乾燥・半乾燥地域を誕生させることとなった。

この夏季モンスーン低気圧の形成・強化の裏返しが冬季シベリア高気圧の形成・強化だ。やはりヒマラヤ・チベット山塊の障壁的効果は大きい。冬季にはアジア大陸中央部にシベリア高気圧という強い寒気の、乾燥した、密度が大の重い高気圧が発達する。南アジア方面にはこの高気圧から北東モンスーンが吹くが、ヒマラヤ山脈が障壁となり寒

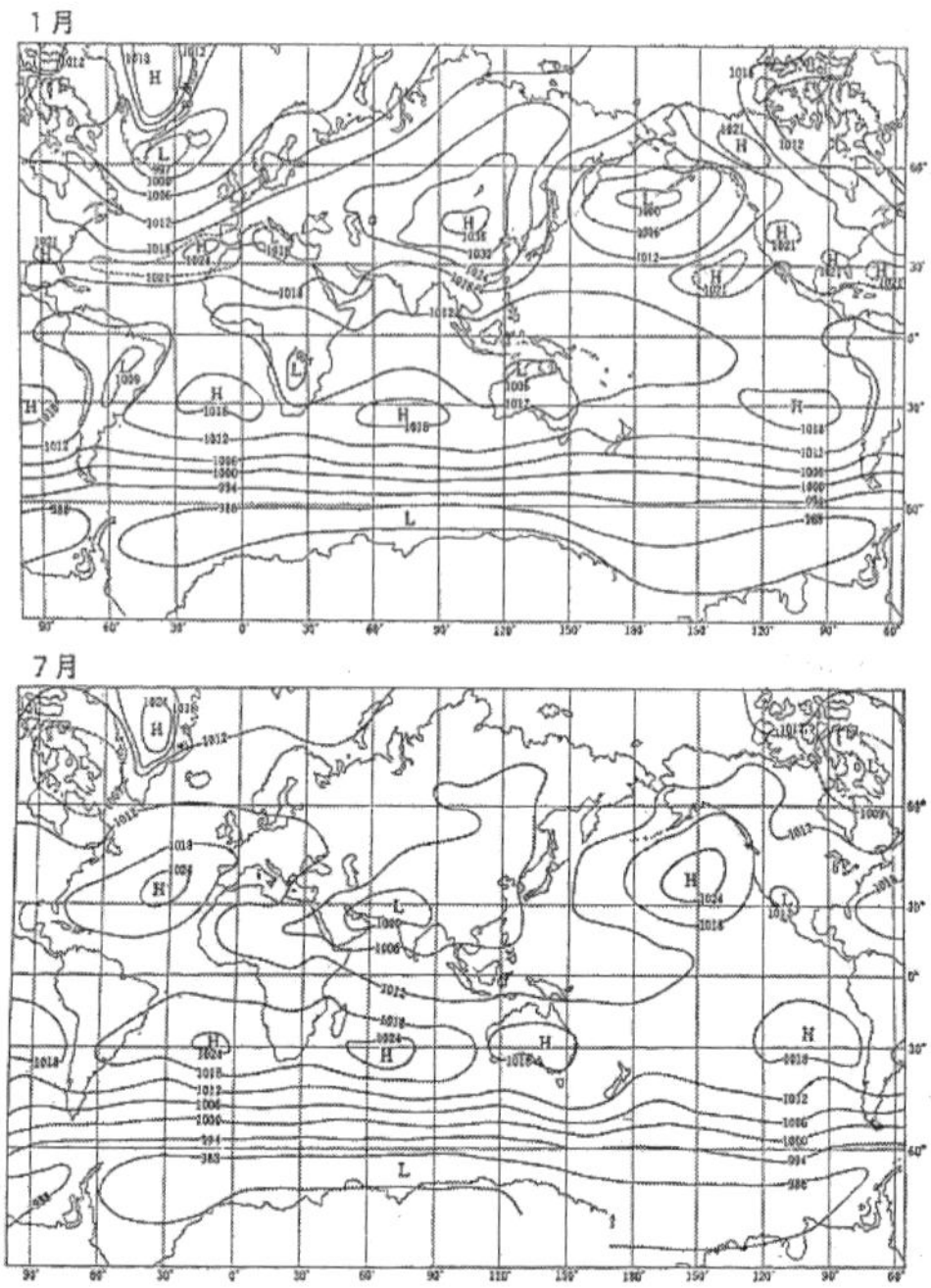

図5　冬（1月）、夏（7月）の世界気圧分布
（出所）理科年表

気は弱まる。また、この高気圧から吹き出す西風ないし北西風のモンスーンは中国南東部や日本へ向かう。このモンスーンは大陸性で乾燥しているが、日本到達前に日本海の水蒸気を吸収し、湿度の高い季節風となって日本海側に雪を降らせる。続いてこのモンスーンは北東の季節風となって東南アジアへと向かい、冬の雨をもたらす。

　以上のことから、ヒマラヤ・チベット山塊は夏季、冬季の季節風の流れに大きく作用し、その影響は周辺山岳地帯にとどまらずユーラシア広範に及ぶことがわかる。こうしてヒマラヤ・チベット山塊はユーラシアに、(1)乾燥アジア（西南部から内陸部、すなわちアラビア半島から中央アジア、タリム盆地、モンゴルに至る地域）と(2)モンスーンアジア（東アジア、東南アジア、南アジア）をつくり出しているのである。[14]

　最後に東南アジアに目を向けてみよう。東南アジアはよく大陸部と島嶼部に分けて扱われる。前者はインドシナ半島を指し、後者はインドネシア、フィリピンなど多数の島々から構成される地域を指す。ここでは両地域の中間に位置するマレー半島を北部と南部に分け、北部を大陸部に、南部を島嶼部に含めることにする。それは気候区分に因る。

東南アジアは全体として最寒月平均気温が一八℃以上であり、気候帯は熱帯に属する。しかも全域がモンスーン地域に属し、気候はモンスーンによって特徴づけられる。これが東南アジアの気候の全体的特徴だ。一般に大陸部は雨季・乾季が明瞭なサバナ気候（Aw）と弱い乾季が見られる熱帯モンスーン気候（Am）に分けられる。だが、いずれにしても基本的には半島部はモンスーンの影響を強く受ける地域なのである。

インド洋を起源とする夏の南西モンスーン気流は直接・間接的に東南アジアにやってくる。間接的というのは、ヒマラヤ障壁にはね返され、東南アジア方面に向かう気流もあるからだ。このモンスーンの影響でインドとミャンマーの国境地帯を縦断する褶曲山脈パトカイ-アラカン山脈（標高二〇〇〇～三〇〇〇m）の西側は年降水量三〇〇〇～四〇〇〇㎜の多雨地帯となる。一方、半島部の山脈・山地の東側では降水量が急減する。しかし、冬の北東モンスーンが卓越しはじめると、東部地域の降水量は増加する。

一方、島嶼部の気候は、年中高温多雨な熱帯雨林気候（Af）が支配的だが、やはりモンスーンの影響は大である。例えば、多くの島々から成る島嶼国家フィリピンの年平均降水量は約二五〇〇㎜と多いが、島々の西岸部では七～八月の南西モンスーン期に集中し、一二～三月の北東モンスーン期は乾季となる。東岸部はその逆だ。インドネシアも島嶼国家だが、年降水量二〇〇〇㎜を超える地域が広く分布している。降水を気流との関係で捉えると、国土の多くは南半球なので西風の卓越する一～二月に降水量が多く、七～八月には東よりの熱帯東風が卓越し、乾季となり降水が少ない。地域差で見ると、西部のスマトラ、ジャワ、カリマンタン（ボルネオ）島で年平均降水量二〇〇〇～三〇〇〇㎜と多く、東部の小スンダ列島は一〇〇〇㎜未満と少ない。西高東低である。

モンスーンの影響を恒常的に受ける東南アジアにあっては、災害はほとんど不可避的である。ベトナム・メコンデルタ地帯は米の二期・三期作で世界的にも知られているが、毎年インド洋で発生する大型熱帯低気圧サイクロンの襲来により、高潮・洪水・暴風などの災害で甚大な被害を被っている。また、自然災害多発地域としてよく知られているのがベトナムだ。全長三二六〇㎞の長い海岸線を有する沿岸部は南シナ海に発生する台風や激しい海岸浸食により、これまで何度も大打撃を受けてきた。とりわけ海岸浸食は深刻で、ある調査によると、海岸の砂浜が八年間に二四〇ｍも消滅したという。海水温の上昇、水の膨張、海面上昇という連鎖的現象が特に台風襲来時に高波となって沿岸部を侵食するのだ。

インド洋で発生する水平方向数千㎞に及ぶ巨大な積乱雲群ＭＪＯ（Madden Julian Oscillation マッデン・ジュリアン振動）が近年多発している異常気象の極端化現象との関連で注目されている。自然現象が重なり合うことで大規模災害が発生すると一般に考えられているが、そうした現象の鍵を握っている一つがＭＪＯだ。ＭＪＯは数十日かけて赤道を東回りに一周する。赤道付近は通常東風（貿易風）なので、ＭＪＯと激しく衝突し、上昇気流、雲が発生し、通過する熱帯域に豪雨災害をもたらす。風の衝突から渦ができ、次々と横並びに台風もできる。さらに、エルニーニョ状態の海水温の高い海域で水蒸気が大量発生しているところにＭＪＯが移動してくると、ＭＪＯはこの水蒸気を一挙に巻き上げ、その結果爆発的に発達した雲は渦を巻き、強大な台風が発生する。ＭＪＯがエルニーニョと重なり合う「大気と海の変動」で大規模災害を引き起こすのだ。[15]

植生についても若干述べておこう。雨季・乾季の別がある大陸部では雨季に繁り、乾季に落葉する「雨緑林」（アジア季節風帯に多いことから「モンスーン林」とも）が多いが、島嶼部の熱帯雨林気候地域には熱帯雨林が広がる。植物は光合成で育つので、気温が高く降水量が多いほど光合成を行いやすく、成長が盛んになる。従って、植生は赤道から極地まで広がっているが、その種類・密度・高さが一番なのは熱帯雨林だ。しかも、世界の熱帯雨林三大地域――東南アジア、アフリカ、中央・南アメリカ――の中で、同一面積当たり「樹木種数」が最大なのが東南アジアだ。このことから、モンスーンアジアは世界で最も生物多様性の高い地域と言える。

三、ロシアの永久凍土とタイガ

中国、モンゴル、中央アジア諸国の北側には世界最大の国土を有するロシア連邦が広がっている。日本の国土面積の約四十五倍だ。北極を中心に東西九〇〇〇㎞を超える大きな弧を描いている。国土のほぼ全域が北緯四〇度（中国の北京、日本の秋田県男鹿半島とほぼ同緯度）以北で亜寒帯に属し、最北の北極海沿岸が寒帯に属するという非常に厳しい気候条件下にある。

厳寒の自然環境にあるロシアだけに、地球上の他の地域に暮らす人々の生活空間とはまるで異質な、しかも規模の点で他に類を見ない自然が広がっている。その代表的なものが永久凍土とタイガ（針葉樹林）だ。この二つは一見関係のない別個のもののように見えるが、実はそうではない。

先ずは永久凍土から見ていこう。「永久凍土」（permafrost）とは、二年以上にわたり温度が〇℃以下を保っている土壌・地盤を指す。永久凍土は世界の陸地の一四％を占め、シベリア、アラスカ、カナダ北部などに広く分布するが、中国の大シンアンリン山脈やモンゴル北部、またチベット高原にも見られる。だが、シベリアの永久凍土はその面積において突出している。地球上の永久凍土の約五〇％、ロシア国土の五六％を占めている。中国の国土とほぼ同じ面積なのだ。

［図６］はロシアの永久凍土の分布を示している。ウラル山脈の東側、つまりシベリア（極東ロシアを含めた広義のシベリア）にほとんど分布している。だが、凍土の分布範囲や厚さは一様ではない。西側よりも東側に広範囲に分布し、厚さは北に厚く、南に薄いという偏りが見られる。

図6　シベリアの永久凍土分布
（出所）Permafrost regions in the Soviet Union (Washington, D.C.: Central Intelligence Agency, 1984)　一部加筆修正

凍土は地中深くまで形成されるので、今日的気候条件とは必ずしも一致しない。地表の温度変化がすぐに地中深部にまで伝わらないからだ。凍土が最も厚い所は一〇〇〇mを超えるが、一〇〇〇m凍るには実に数十万年を要するとの試算もある。地中の凍土を厚くするには気の遠くなる時間を要する。例えば地表面の年平均温度が〇℃の場合、「それをマイナス三度にすると、永久凍土の深さは二〇〇mまで達するが、そのためにはマイナス三度を千年から二万年のあいだ一定に保っておく必要がある」という。地表面温度の低下と凍土の熱伝導率の違いによる[16]。従って、永久凍土の形成は地表面温度が何度低下し、その状態がどれほど継続するかということに大きく影響される。

永久凍土は北極海沿岸部から南に一〇〇〇～二八〇〇kmの幅で東西約五〇〇〇kmにわたって分布する。このうち最北の北極海沿岸地域は「ツンドラ（凍原）」と呼ばれる低温多湿な草原地帯となっている。寒帯ツンドラ気候（ET）が支配し、夏季でも月平均気温が一〇℃未満と低温のため樹木は育たない。植生は凍土表層部が融解、湿地化する短い夏季にコケ類、地衣類が生育するだけだ。これらはトナカイのエサとなる。極北遊牧民はトナカイの遊牧・飼養の営みをはるか昔から続けている。

ツンドラ帯では年間降水量が二〇〇〜三〇〇㎜と、砂漠気候（一般に年降水量二五〇㎜未満）でもおかしくない少なさだ。だが実際には高湿度なのだ。その理由は、気温が低いために年降水量が年蒸発量を上回り、常に大気が飽和状態にあることと、永久凍土は不透水層なので、凍土表層部が夏季に融解しても滞水状態を保っていることによる。

ツンドラ帯の南側には樹高二〜三ｍの低い樹木の疎林、いわゆる「森林ツンドラ」が東西に帯状に長くのびている。この地帯は北のツンドラと南のタイガに挟まれ、両植生環境が変化を見せる接点にあたり、生態学でいうところの「移行（地）帯」（ecotone）だ。南北幅は所により異なり、二〇〜四〇〇㎞に及ぶ。もちろん地下は永久凍土だ。

さて、この森林ツンドラの南側、温帯林の北側に広がるのが世界最大の針葉樹林「タイガ」帯だ。北緯五〇〜七〇度に分布し、面積は日本の約十九倍にも及ぶ。タイガ帯の北限付近が森林限界となる。したがって、タイガ帯は森林が成立するギリギリのところまで分布し、しかもその足もとには永久凍土が全面的に覆っているのである。

タイガ帯は亜寒帯気候に属し、基本的に冷涼多湿だが、国土のほぼ中央を流れる大河エニセイ川（約五五〇〇㎞）を境にして東西で降水量・気温・植生にかなり明瞭な違いが見られる。年降水量は西側が四〇〇〜五〇〇㎜であるのに対して東側は三〇〇㎜にも満たない。原因は主に偏西風にある。大西洋の水蒸気を大量に含んだ気流はエニセイ川を超えると急激に乾燥する。偏西風の影響は気温差にも表れる。エニセイ川の東側、特にレナ川以東ともなると年較差が大きく、夏に三〇℃を超え、冬にマイナス三〇℃を下回ることさえある。他方、西側の年較差はそれほどではない。夏の平均気温は一七〜二五℃である。端的には、西シベリアの湿潤気候、東シベリアの乾燥気候と言えよう。

気候上の差異は植生にも明確に表れる。西シベリアでは常緑針葉樹（エゾマツ・トウヒ・モミなど）、東シベリアでは落葉針葉樹（ダフリアカラマツが主体）の原生林がそれぞれ卓越する。生物多様性に富む熱帯雨林のように分け入るのもしばしば困難な林相とは異なり、どちらも樹間は一〜一・五ｍ空いていて歩きやすい。西シベリアは東シベリアに比べて降水量が多く、夏の気温もさほど上がらないので、地面からの蒸発量が抑えられ、地表はコケでおおわれる。沼沢地も非常に多い。常緑樹が鬱蒼と茂り、林内は暗い。ゆえに、ここでは「陰樹」タイガが形成される。これに対して、東シベリアは降水量が少なく乾燥し、落葉樹ダフリアカラマツが主体である。これは樹高が高い割には球果が小さく、枝は細く枝数も少ない樹種だ。そこで森は比較的いつも明るく「陽樹」タイガを形成する。外観上このような違いが見られるタイガ帯だが、熱帯林とは異なり、異樹種との「場所取り競争」（他樹種より成長が早い、病気にかかりにくい等）に勝ち残り[17]、単一樹種で構成されることが多い。

このタイガ帯の土壌は永久凍土とはいえ、年中地表面まで凍結している訳ではない。「活動層」と呼ばれる地表から一～二mまでの凍土上部層は夏に融け冬には凍結する融解層だ。その下は不透水層なので、夏の活動層は巨大なスポンジのように帯水状態を保つ。降水も同様に活動層に蓄えられる。もともと降水量の少ないタイガ帯の樹木がこのわずかな水分を最大限利用しない手はない。地下深くまで伸び切れない木の根は厚みのない活動層を横へ横へと這っていく。凍土表層部の帯水層はこうして針葉樹林にとって大切な涵養源となる。樹間が広く空いているのは樹木同士の共存のための生活空間の棲み分けと言える。一方、永久凍土の側も樹木から恩恵を受けている。夏季に葉を茂らせ、直射日光が凍土表層部の温度を上げて融解することから守っている。このようにタイガと永久凍土は共存・共生の関係にある。しかし、両者の関係は決して安定的なものではなく、動態的均衡状態にあり、外部要因によって傷つきやすく、壊れやすい。

今、この共生環境を打ち壊すような不可逆的地表変動が進行している。後氷期（約一万年前～現在）における地球温暖化、落雷・人為的火災、過放牧による踏み荒らし、過度の伐採等、様々な自然・人為的要因によりタイガ帯に裸地ができている。裸地が受ける日射量は樹木が茂っている場合よりも当然増加し、夏季には含氷層融解が深くまで達する。結果、地面は陥没し、草原・沼地・湖などの凹地「アラス」(alas)が形成される。深さ六〜一〇m、面積は裸地となった規模により様々だ。凹地に貯留した水が蒸発すると塩類が表層に集積し、樹木の生育は不可能となる。タイガの生態系を破壊するこうしたアラスが乾燥地域の東シベリアを中心に増えている。アラスの増加はタイガの縮小につながる。このことは、世界中で排出される二酸化炭素の多くを吸収し、酸素を放出しているタイガの地球規模的役割が衰えてしまうことを意味する。

凍土の融解が近年思いもよらぬ恐ろしい事態を引き起こした。二〇一六年、シベリア北西部ヤマル半島において融解した永久凍土の中からトナカイの死骸が見つかったが、そこで生き延びていた病原体が遊牧民に感染したのだ。感染力の強い炭疽菌によるものと判明したが、少年一人が死亡、約一〇〇人が入院、二三〇〇頭を超えるトナカイが死んだ。凍土融解がもたらす未知のウィルスの放出・拡散に脅威を感じざるを得ない。

おわりに

一九六〇年代末以降プレートテクトニクス論によって地球表層の岩石圏の様々な運動が研究されるようになり、ユーラシアの自然地形も広域的かつ地殻構造も含めて立体的に捉えられるようになった。この結果、ヒマラヤ・チベット山塊やその周縁の山岳・盆地・砂漠等の形成過程、またその地形的特徴が明らかとなった。ヒマラヤ・チベットを中心とするアジア中央高地は単なる巨大な山塊ではない。ユーラシア地域全体の気候にも大きな影響を及ぼしている。ヒマラヤ・チベット山塊はアジアモンスーンがもたらす膨大な量の降水を氷河の形でたくわえ、世界総人口の六割を占めるアジアの人々に水資源を提供している。モンスーンがもたらす豊かな雨は、東南アジアの生業で圧倒的に重要な稲作農業に最適な環境条件をつくり出すとともに、東アジアに世界で唯一、緑の森林地帯「グリーンベルト」を現出させている。

一方、水資源が厳寒のシベリアでは永久凍土の形で存在する。世界最大の針葉樹林「タイガ」はこの永久凍土の活動層に貯留された水分を最大限利用することで、厳しい植生環境の中でも北方ユーラシアに広大な森林生態系を維持し続けてきた。

ところが、二〇世紀に入ると、ユーラシアの自然環境は気候変動の脅威にさらされることとなった。氷河湖決壊洪水、乾燥地域の砂漠化、モンスーン地域の海岸浸食、永久凍土の融解等々、その進行は、地球が「自然」をつくり上げてきた長い歴史からすれば、「一夜にして」完全消滅するほどの速さなのだ。しかも、それらを元の姿に戻すのは現代科学の粋を以ってしても不可能だと言われている。時間的スケールが違いすぎるのだ。ならば、地球がつくり出した「自然」といかに向き合えばよいか、答は自ずと明らかだろう。

［注］

(1) ここで扱う「ユーラシア」とは地形学上の「ユーラシア大陸」ではない。ユーラシア大陸からヨーロッパ州を除いた地域、具体的には、ロシア（ウラル山脈以東）、中国、中央アジア諸国（ウズベキスタン、カザフスタン、キルギス、タジキスタン、トルクメニスタンの五か国）、インド、パキスタン、イラン、モンゴル、および東南アジア諸国などである。

(2) プレートとは地球表面をおおう厚さ約一〇〇㎞の十数枚の固い岩石層のことで、地殻とその直下のマントル最上部から成る。今日、地球の地殻や内部構造は「大陸移動説」（一九一二年）から発展した「プレートテクトニクス論」（一九六〇年代末以降）によって説明され、地球科学分野の重要な理論を構成している。

(3) 中国大陸の地形区分に関しては、標高や形態・形状面からとらえ、「西部地域」の盆地や砂漠を「中間地域」に組み入れる分類法も見られるが、ここでは西部の地形構造に大きな影響を与えたプレート運動をより重視し、盆地・砂漠も「西部地域」に含めて区分した。『中国森林』編集委員会『中国森林』第一巻（一九九七）／松丸道雄ほか編『中国史 一』（世界歴史大系）山川出版社、二〇〇三年、三～四頁参照。

（4）藤田和夫編著『アジアの変動帯——ヒマラヤと日本海溝の間』海文堂、一九八四年、二七、三五頁。引用内の［ ］、（ ）および傍点は執筆者による。

（5）横断山脈は東西六列の山脈で構成され、その間に多数の大河が深い峡谷を刻んでいる。後述する東南アジアの主要河川、エーヤワディー川、サルウィン川、メコン川なども上流部の雲南・チベット東部地域においてＥＰ、ＩＰ両プレート衝突の影響で幅一〇〇㎞の範囲に絞られ、東流から南流へと流路が変わり、インドシナ半島を南流する結果となった。矢野暢、高谷好一編『東南アジアの自然』（講座 東南アジア学２）弘文堂、一九九〇年、二六頁。

（6）烏力吉図「内モンゴル高原における砂漠化の一要因——経済史の観点から」新潟大学大学院『現代社会文化研究』、二〇〇二年、二一五—二一六頁。

（7）甲斐憲次「黄砂」『東北アジア』（朝倉世界地理講座２）朝倉書店、二〇〇九年所収、七一—九〇頁。

（8）各地域に属する省は以下の通り。「東北」には黒竜江省、吉林省、遼寧省、「華北」には河北省、河南省、山東省、山西省、「華中」には湖南省、湖北省、江西省、江蘇省、浙江省、安徽省、「華南」には広東省、海南省、広西チクン族自治区、福建省などが属する。

（9）井上民二、和田英太郎編『生物多様性とその保全』（岩波講座 地球環境学５）岩波書店、一九九八年、一八—二三、一三三—一五九頁。

（10）ここでいうヒマラヤ山脈とは西隣りのカラコルム山脈も含めた広義的山脈である。

（11）深尾良夫『地震・プレート・陸と海』岩波書店、一九八五年、岩波ジュニア新書、二二一頁。引用の（ ）内表記は執筆者による。

（12）安成哲三、藤井理行『ヒマラヤの気候と氷河——大気圏と雪氷圏の相互作用』東京堂出版、一九八三年、一八二頁。

（13）山田知充「ネパールの氷河湖決壊洪水」『雪氷』六二巻二号、二〇〇〇年、一四一頁。

（14）パキスタンは地理的区分上、南アジアに属する。だが、気候的には国土の大半が乾燥気候である。したがって、一般には「乾燥アジア」に入るが、本文に記したようにモンスーンの影響も受ける。ちなみにインダス川流域（上流山岳地域も含めて）は少雨乾燥地域である。およそこの河川ラインとタリム盆地、ゴビ砂漠を結ぶ線の西側（盆地・砂漠を含めて）を乾燥アジアと考えてよい。

（15）高須賀大輔・神山翼・三浦裕亮・末松環、"MJO Initiation Triggered by Amplification of Upper-troposheric Dry Mixed Rossby-gravity Waves," Geophysical Research Letters 48, (October, 2021), pp. 11／ＮＨＫスペシャル 巨大災害 MEGA DISATER II 日本に迫る脅威　第一集「極端化する気象——海と大気の大変動」二〇一五年。

（16）木下誠一『永久凍土』古今書院、一九八〇年、一二九頁／福田正巳『極東シベリア』岩波新書、一九九六年、一五頁。

（17）Jacob Usinowicz, Chia-Hao Chang-Yang, Yu-Yun Chen, James S. Clark ほか、「季節性と樹種同士の場所取り競争が鍵だった——緯度による種多様性の変化を説明する新理論を提示」Nature (September, 2017) オンライン掲載

〔参考文献〕

藤田和夫編著『アジアの変動帯――ヒマラヤと日本海溝の間』海文堂、一九八四年。

在田一則『ヒマラヤはなぜ高い』青木書店、一九八八年。

木崎甲子郎『ヒマラヤはどこから来たか――貝と岩が語る造山運動』中公新書、一九九四年。

井上民二、和田英太郎編『生物多様性とその保全』（岩波講座　地球環境学5）岩波書店、一九九八年。

春山成子、藤巻正己、野間晴雄編『東南アジア』（朝倉世界地理講座3）朝倉書店、二〇〇九年。

矢野　暢、高谷好一編『東南アジアの自然』（講座　東南アジア学2）弘文堂、一九九〇年。

福田正己『極北シベリア』岩波新書、一九九六年。

木下誠一『永久凍土』古今書院、一九八〇年。

斉藤晨二『ツンドラとタイガの世界――シベリアの自然と原始文化』地人書房、一九八五年。

『NATIONAL GEOGRAPHIC, 北極』（日本語版）二〇一九年。

貝塚爽平編『世界の地形』東京大学出版会、一九九七年。

貝塚爽平『発達史地形学』東京大学出版会、一九九八年。

第二部　東アジアの地域

第五章　アジアにおける仏教美術の地域的特性

片岡　直樹

はじめに

仏教はブッダ（仏陀）を開祖として紀元前四～五世紀、今から二千五百年以上前のインドでおこり、世界中に広まった宗教である。紀元後一世紀にキリストの教えに基づいて成立したキリスト教と、七世紀にマホメット（ムハンマド）によって開かれたイスラム教とともに世界三大宗教の一つとしても知られている。

仏教の経典によれば、ブッダはシャカ族の王シュッドーダナ（浄飯王《じょうぼんのう》）と妃《きさき》のマーヤー（摩耶夫人《まやぶにん》）との間に王子として生まれた。本名をガウタマ＝シッダールタ（喬答摩、瞿曇＝悉達多、悉達、悉陀）という。生没年については諸説あるが、入滅《にゅうめつ》（ブッダが亡くなること）の時期を紀元前四八六年頃または紀元前三八三年頃とするのが有力である。

「ブッダ」の語は、もともと古代インドの言語であるサンスクリット（梵語《ぼんご》）で「悟りを開いた人」「真理を悟った人」

という意味の言葉であり、これをその人の通称としても用いるようになったのである。あるいは「シャカ」(釈迦)という名のほうが皆さんにはなじみがあるかもしれない。「シャカ」は本来その国の王族の部族名であったのを、その人の名としても用いるようになったものだ。当時のインドはいくつかの王国に分かれており、シャカ族の王国はインドの東北部にあり、王城は今のネパールの領域内のルンビニーという場所にあったが、その国の名は知られていない。

なお、ブッダを「仏陀」、シャカを「釈迦」などと表記するのは、サンスクリットの言葉を中国語の漢字に置き換えて翻訳(漢訳)したものだ。こうした翻訳はサンスクリットと中国語の両方に通じたインド・西域《さいいき》・中国の僧らによってなされた。日本に仏教の経典や仏像がはじめて伝えられたのは今から千五百年近く前、六世紀の飛鳥《あすか》時代のことだが、当時の日本人にはサンスクリットを理解する人はいなかったから、日本人は古くから漢訳つまり漢文で書かれた経典によって仏教を理解してきたのである。

以下では、仏教によって生み出された美術、すなわち仏教美術のアジアにおける地域的特性について、インド・中国・韓国・東南アジア・日本の地域別に述べていくことにしよう。なお、東南アジアにはいくつかの国があるが、ここではその代表としてタイの仏像を取り上げることにする。

一、インド

1．ブッダの象徴表現

仏像には今日《こんにち》たくさんの種類があることが知られているが、もともとは釈迦(仏陀)の肖像彫刻や肖像画としてつくられた。時代が経《た》つにつれてさまざまな種類の仏像がつくられるようになったのだ。

仏教の祖国であるインドにおいても古くから多くの仏像がつくられたが、釈迦の在世時《ざいせじ》（生きていた期間）はもちろん、その入滅後も、長い間にわたって仏像はつくられなかった。こういうと皆さんは意外に感じるかもしれないが、昔のインドの人々はあまりにも偉大な釈迦の姿を一般の人間と同じ姿にあらわすのをためらったと考えられている。

仏像がつくられなかった数百年間のことを「無仏像時代」と呼ぶが、無仏像時代には仏教美術がつくられなかったのかというと、そうではなくて、その間にも仏教美術の作品はつくられており、そこには釈迦の存在もあらわされていた。釈迦を人間の姿であらわせなかったのだとすれば、当時の人々はいったいどのようにしてその存在をあらわしていたのだろうか？　それは「仏陀の象徴表現」と呼ばれるシンボルマークによってあらわされていたのである。

［図1］を見てほしい。この作品は紀元後二～三世紀のインドのレリーフ（浮彫《うきぼり》）だが、ここには傘蓋《さんがい》・台座・仏足《ぶっそく》跡《せき》・三宝標《さんぼうひょう》（三宝章《さんぼうしょう》）といった象徴表現があらわされている。

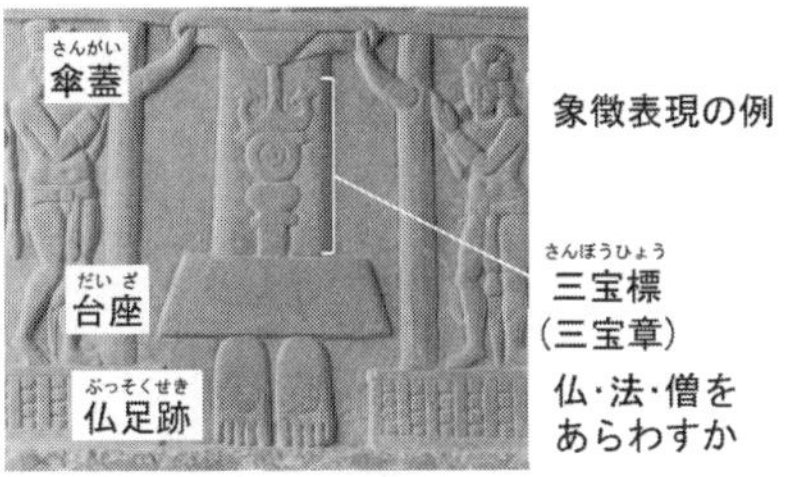

図1　象徴表現の例　2～3世紀　アマラーヴァティー考古博物館

暑い国であるインドでは貴人（身分の高い人）が外出する際、召し使いが長い柄《え》の傘を差しかけてつくった日陰の下を歩かせたのだが、この傘（傘蓋）が転じて釈迦のシンボルマークとなった。つまり、これはたんなる傘の図ではなくて、「釈迦がそこにいる」ことをあらわしているわけだ。釈迦が説法《せっぽう》のときに使った台座や、釈迦の足跡もまた「釈迦がそこにいる」ことをあらわす象徴表現である。

もう一つの三宝標は何のかたちをあらわしたものか、いまひとつよくわかっていないのだが、仏教で最も大切な三つの要素である「仏法僧《ぶっぽうそう》」をあらわしているのではないかといわれている。「仏」は釈迦（仏陀）その人を、「法」は仏陀の教えを、「僧」はその教えを後世に伝える僧を、それぞれ指しているのだという。この三宝標もまた釈迦の存在を示す象徴表現の一種だ。

つまり［図1］の作品は、仏陀の象徴表現である傘蓋・台座・仏足跡・三宝標の合わせ技で釈迦の存在をあらわしているわけで、両脇の二人の人物はいずれも中央にいる釈迦に対して合掌礼拝《がっしょうらいはい》しているということになる。

このほか仏陀の象徴表現には菩提樹《ぼだいじゅ》（釈迦が悟りを開いた際、その下に座っていた木）や法輪《ほうりん》と呼ばれる車輪のかたち（釈迦の教えがインド全体に広まる様子を車輪にたとえたもの）などがあるが、以上のような象徴表現はインドの無仏像時代に用いられたものであり、まずはインドにおける初期の仏教美術の特徴ということができるだろう。

2．ガンダーラ仏

この世で最初の仏像はガンダーラでつくられた。紀元前一世紀の末頃のことである。ガンダーラという地名は皆さんも聞いたことがあるだろう。現在のパキスタン北西部、当時のインド文化圏の最も西側にあたる地域である。

［図2］と［図3］はガンダーラ仏の典型的な作品だ。どちらもきれいな波状《ウエーヴ・ヘア》の頭髪を束ねて結い上げ、鼻は高く、鼻筋《はなすじ》が通っていて、眼が少し落ち窪んだ彫りの深い顔立ちをしている。こうした顔立ちはインド人のものではなくヨー

図2　仏坐像　2世紀　石造　ペシャーワル博物館

図3　菩薩立像　1～3世紀　石造　ギメ東洋美術館

ロッパ人の特徴だが、インドでつくられた仏像なのに、なぜヨーロッパ人の顔につくられているのだろうか？　それは次の人物と深い関わりがある。

アレクサンドロスⅢ世、いわゆるアレクサンドロス大王（紀元前三五六〜紀元前三二三年）は、エーゲ海に面するバルカン半島に位置するマケドニアの王で、二〇歳で即位。三三歳で没するまでのわずかな期間にギリシアを支配し、シリア・エジプト・ペルシアを次々と征服して大帝国を築き上げた。本国のマケドニアからペルシアを経てインドに至った進軍は「アレクサンドロスの東征《とうせい》」と呼ばれている。

アレクサンドロスの軍隊はインド西部に攻め入った後《のち》、バビロン（現在のイラク中部にあった古代都市）に引き返したので、インドは征服されなかったが、インドの西側には多くのギリシア人が住みついた。アレクサンドロスは支配した領域の各地に自らの名を冠した植民都市アレクサンドリアを建設して商工業の発展を促進したため、それぞれのアレクサンドリアには多くのギリシア人が移住したのだ。

それぞれのアレクサンドリアにおいては各地の文化とギリシアの文化が融合した「ヘレニズム文化」が生み出されたわけだが、その結果、インドの西側にあたるガンダーラ地方では画期的な彫刻作品が誕生した。それが最初の仏像であるガンダーラ仏である。つまり、ガンダーラ仏はギリシア人によってつくられたため、ヨーロッパ人の姿にあらわされているのだ。

ギリシア人とインド人とでは考え方がまるで違っていた。前にも述べたようにインド人は偉大な仏陀の姿をふつうの人間と同じ姿にあらわすのをためらったのだが、ギリシア人は古い昔から彼らの神々を人間の姿としてつくってきた。今も数多くのこされているギリシア神話の神々をあらわした石造彫刻がそのことを示している。ガンダーラ地方に住みついたギリシア人たちは仏陀を異国の神と捉え、自分たちの神と同様に人間の姿であらわしたのである。

図4　仏坐像　2世紀　石造　マトゥラー博物館

3. マトゥラー仏

ガンダーラ仏の誕生から少し遅れて、紀元後二世紀にはインド中央部のマトゥラーにおいても仏像がつくられるようになった。［図4］はその典《てん》型的《けいてき》な例だが、その表情は明るく、ガンダーラ仏の彫りの深い哲学的といってもよい顔立ちとはかなり異なる。

仏像がまとっている衣も、先に見たガンダーラ仏がざっくりとした厚手の衣を身に着けているのに対して、マトゥラー仏は非常に薄い衣を身体にぴったりと密着させて着ている。この像の左乳首（向かって右の乳首）や臍《へそ》のかたちが衣を通してくっきりと見えていることでそれがわかる。

このような違いは作者の違いによるものだ。つまり、ガンダーラ仏がギリシア人によってつくられたのに対して、マトゥラー仏は暑い地方に住むインド人によってつくられたので、衣は薄く、またギリシア人ほど彫りの深い顔立ちにはつくられていないわけだ。

二、中　国

1. 初期の仏像

インドと中国は陸続きであるとはいえ、インドから中国に仏教が伝わったのは意外と遅く、紀元前一世紀のことであったと考えられている。中国における仏像の制作はこれよりさらに遅れ、紀元後三〜四世紀になってからだ。

長江《ちょうこう》（揚子江《ようすこう》）の中流域からは魂瓶《こんぴん》（または神亭壺《しんていこ》）と呼ばれる壺状の陶器や円形の銅鏡が複数発見されており、いずれも表面に仏像のようなかたちがあらわされているが、それらは仏教伝来以前から中国にあった神仙思想の神々と同一視されてつくられたものと見られ、かたちも判然《はんぜん》としない。

中国における本格的な仏像はガンダーラ仏の摸倣《もほう》から始まったと考えられている。［図5］は中国の陝西省《せんせいしょう》で出土したと伝えられる金銅仏《こんどうぶつ》（銅製で表面に金メッキを施《ほどこ》した仏像）だが、口髭《くちひげ》をはやし、首飾りと胸飾りをかけ、両足にサンダルをはいている点などは［図3］のガンダーラ仏と共通している。また、右腕にかかった条帛《じょうはく》（仏像が身にまとう長い布）が身体の前面でU字形を描き、また上昇して左肩、ついで左腕にかかってから下がる形式や、腰裳《こしも》（下半身に巻きつけた布）の裾《すそ》の形状などもよく似ている。

このように中国の仏像はガンダーラ仏の形式を踏襲《とうしゅう》することによって始まったが、やがて中国風の像がつくられるようになる。［図6］は河北省で出土したと伝えられる四世紀前半の像だが、その面相は彫りの深いガンダーラ仏の顔立ちとは違って平板で、中国人の顔つきになっていることがわかる。胸から腹、脚部にかけては規則的にU字形を連ねた衣文《えもん》（仏像の衣の表面に寄った皺《しわ》の線）が見られるが、これはガンダーラ仏に見られたような写実的な衣の表現とは異なり、それが形式化されていることを示している。四世紀から五世紀にかけての中国では、このように中国風に

図5　菩薩立像　3～4世紀　銅造　藤井有鄰館

図6　仏坐像　後趙・建武4年（338）銘　銅造　サンフランシスコ・アジア美術館

アレンジされた小型の仏像が数多くつくられた。

2. 唐時代の仏像

南北朝時代（四三九～五八九年）の中国では、［図7］のように面長《おもなが》の顔で、なで肩の、華奢《きゃしゃ》なタイプの仏像が多くつくられたが、時代が降《くだ》るにつれて徐々《じょじょ》に肉付きが増していった。［図8］は北斉《ほくせい》（五五〇～五七七年）の仏像で、全体にはまだスリムさが残っているものの、胸のあたりはふっくらとして、顔にもふくよかさが感じられる。こうした期間を経《へ》て、隋《ずい》が久々の統一王朝をうちたて、それに続く唐の時代（六一八～九〇七年）になると、中国ではこれまでになかった絢爛《けんらん》豪華な仏教文化の華が咲き誇ることになる。

［図9］は初唐期の作例。顔は球形を思わせるような丸顔で、両肩は張って丸みを帯び、手の甲や膝頭の肉付きも豊かで、南北朝時代の［図7］の仏像より肥満した、どっしりとした感じになっていることがわかる。

一方、［図10］の像は、やはり初唐期につくられた敦煌莫高窟《とんこうばっこうくつ》の菩薩立像《ぼさつりゅうぞう》だが、この像では頭部・上半身・下半身の各中軸線の角度をそれぞれ異なる向きにしていることで、身体をくねらせたような、なまめかしい姿態をつくり出している。この像が「東洋のミューズ」（女神）といわれるゆえんである。このようなポーズを三屈法（三曲法、トリヴァンガ）というが、それはインドの仏像の影響を受けたものだ。

唐の時代には、仏教の母国を訪ねてインド（天竺《てんじく》）に赴き、中国に多くの経典をもたらした玄奘三蔵《げんじょうさんぞう》――この僧は十六世紀の明《みん》の小説『西遊記《さいゆうき》』で孫悟空《そんごくう》のお師匠《ししょう》さんである三蔵法師のモデルとなったことでも有名――をはじめ、中国とインドを往還《おうかん》した多くの人々がインドや西域《さいいき》の文物を中国に持ち込んだことで、一大インド・西域ブームが巻き起こった。唐の都・長安（今の西安）の酒場に集まった人々は、異国情緒あふれる音楽や踊り子たちの舞を楽しみながら、西域からもたらされた夜光杯《やこうはい》（夜にも光るという白玉製の杯《さかずき》）で葡萄酒《ぶどうしゅ》を飲んでいたのだ。新しい仏像の様式もまた、そうした流れにのって中国にやってきたのである。

3．唐様式の伝播《でんぱ》

唐の仏像様式は古代の日本や朝鮮の仏像にも多大な影響を与えた。奈良・薬師寺金堂《こんどう》の薬師三尊像は七二〇年頃完成した天平《てんぴょう》時代初期の仏像を代表する優作である。中尊《ちゅうそん》の薬師如来坐像［図11］の造形を見ると、身体各部の比率（プ

図7　仏坐像　北魏・正光5年（523）　石造　龍門石窟賓陽中洞

図8　仏立像　北斉・6世紀後半　石造　根津美術館

図9　仏坐像　唐・貞観13年(639)銘　石造　藤井有鄰館

図10　菩薩立像　8世紀前半　塑造　敦煌莫高窟45窟

図 11　薬師如来坐像　720 年頃　銅造　奈良・薬師寺金堂

図 12　日光菩薩立像　720 年頃　銅造　奈良・薬師寺金堂

ロポーション）や顔部の肉付けの表現などが、先に見た初唐期の仏像［図9］とよく似ていることがわかる。薬師寺像はそうした唐の仏像様式をさらに一歩推し進め、単なるふくよかさにとどまらない引き締まった体軀《たいく》に完璧なまでの写実表現をあわせ持った造形の高みに達しているという点で、極めて優れた芸術作品ということができる。

薬師如来像の両脇侍《わきじ》である日光菩薩像［図12］と月光《がっこう》菩薩像にも中尊の薬師像と同様、高い芸術性を見てとることができる。また、両菩薩像の三屈法の表現は遠くインドに源を発し、唐を経由することで日本にもたらされたものである。このような国際性の豊かさは、高いレベルの写実表現とともに、日本の天平美術の大きな特徴となっている。

三、韓　国

1．初期の仏像

中国から朝鮮半島（韓半島）に仏教が伝わったのは朝鮮の三国時代（四世紀〜六六八年）のことだ。当時の朝鮮半島は、半島のほぼ北半分と現在の中国領の一部を広く支配していた高句麗《こうくり》と、半島の南半分のうちの西側を支配していた百済《くだら》、東側を支配していた新羅《しらぎ》の三国が鼎立《ていりつ》しており、この三国には四世紀後半から五世紀にかけて段階的に仏教が伝わった。

古代朝鮮の仏像も、日本と同様、中国の仏像様式の強い影響を受けてつくられた。銘文によって確かな制作年代がわかる仏像で現存最古の作例は高句麗でつくられた四世紀半《なか》ば頃の小金銅仏だが、その様式は南北朝時代の中国仏に通じるものがある。その後六六八年に新羅が半島を統一すると、都の慶州を中心に朝鮮の仏教文化の黄金時代が到来することになる。

2. 石窟庵の仏像

［図13］は韓国・慶州市の西郊にある吐含山《とがんさん》に建てられた石窟庵《せっくつあん》の本尊である。新羅の宰相《さいしょう》（総理大臣）であった金大城は、吐含山の西側に建てた仏国寺と一対をなす仏教施設として石仏寺をつくった。七五一年のことである。この石仏寺を現代では一般に石窟庵と呼んでいる。

図13　仏坐像　統一新羅・751年　石造　韓国・石窟庵

石窟庵は、中国などに見られる岩山に洞窟を穿《うが》つ石窟とは異なり、石を積み上げてドーム状の主室と通路をつくった建造物である。内部には中央に本尊の仏坐像が置かれており、周囲の壁面には多くの種類の仏像を浮彫《うきぼり》（レリーフ）であらわした何枚ものパネル状の石板が、本尊像を取り巻くように嵌《は》め込まれている。これらの像は、日本人の誰もが奈良の大仏（東大寺盧舎那仏《るしゃなぶつ》像）や興福寺《こうふくじ》の阿修羅《あしゅら》像を知っているように、韓国の人なら知ら

図14　十一面観音立像　統一新羅・751年　石造　韓国・石窟庵

ぬ人がないほど著名な仏像であり、統一新羅時代のみならず朝鮮の仏教美術を代表する秀作である。

本尊の仏坐像の尊名については、これを阿弥陀仏《あみだぶつ》とする説、盧舎那仏とする説、両者の性格をあわせ持った仏とする説などがあって定まらないが、その堂々たる体躯《たいく》は奈良・薬師寺の薬師如来像に通じるものがあり、その造形が盛唐期の美術様式を受け継ぐものであることは明らかである。また、本尊の真後ろに嵌め込まれた石板に彫られた十一面観音像も美しい仏像として知られている［図14］。この像は直立像で、いわゆる三屈法のポーズをとってはいないが、ふっくらとした胸と下半身をつなぐ腰部を細くあらわす抑揚に富んだ女性的な姿態は、やはり薬師寺の日光・月光菩薩像に相通《あいつう》じるものがある。

なお、朝鮮半島（韓半島）では良質の花崗岩《かこうがん》を産するため、古来この花崗岩を使って多くの仏像や建造物がつくられた。日本では御影石《みかげいし》とも呼ばれる石材である。石窟庵の諸仏も表面の微細な粒がキラキラと輝く、まことに美しい純白の花崗岩でつくられている。現存する古い仏塔もみな花崗岩製の石塔で、このことは朝鮮の仏像や建造物の大きな特徴となっている。

もちろん古代朝鮮においても中国や日本のように金銅仏や木彫仏、塑像《そぞう》（木心に塑土を盛り上げてつくった仏像）、乾《かん》漆仏《しつぶつ》（麻布を多量の漆を使って貼り重ねてつくった仏像）などが多数つくられ、寺院では多くの木造の堂宇《どうう》が建てられたが、それらのほとんどは長い歴史の中で失われてしまった。度重《たびかさ》なる戦乱（豊臣秀吉による出兵を含む）によって焼かれてしまったものも多くあるのは極めて遺憾《いかん》なことである。

中国においては皇帝自らが指示した仏教弾圧が幾度も繰り返され、また二〇世紀に入ってからも、いわゆる文化大革命のさなかに仏像の破壊が行われたこともあって、やはりかつてつくられたほとんどの仏像が失われてしまったが、中国では多くの石窟寺院がつくられたため、そこに破壊を免れた石仏や塑像がのこったのである。大規模な石窟寺院がつくられなかった韓国ではのこされた古い仏像はきわめて乏しく、そうした意味でも石窟庵の諸像はたいへん貴重な作例となっている。

このほか朝鮮においては七世紀から八世紀にかけて半跏思惟《はんかしゆい》像と呼ばれる弥勒《みろく》菩薩像が数多くつくられている。この種の像は、椅子《いす》に腰かけて右脚を上げて組み、左脚は下におろし、上半身をやや前かがみにして思惟する姿をあらわした菩薩像で、飛鳥時代以降の日本へも何体かの像が運ばれ（京都・広隆寺像など）、日本においてもまた同形の像がつくられた（奈良・中宮寺像など）。弥勒菩薩を半跏思惟像としてつくるのは朝鮮、特に新羅の特有の思想に基づくものだが、時間の関係から今回の講義では取り上げなかった。

四、東南アジア（タイ）

1．七～九世紀の仏像

東南アジアの諸国ではインドにおける宗教がヒンドゥー教に移り変わっても、なお篤《あつ》く仏教が信仰されている。ミャンマー（ビルマ）・タイ・カンボジア・ベトナム・インドネシアといった国々には多くの仏像や仏教遺跡が残されているが、章の冒頭でも述べたとおり、ここではタイの仏像を取り上げることにする。

［図15―1］と［図16―1］は、どちらも七～九世紀につくられた仏像である。この時代は中国では唐時代にあたる。両像ともウェストをキュッと細く絞ったなまめかしい姿態《したい》につくられていて、中国の唐代の仏像がそうであったよう

図15-1　仏立像　7～8世紀　石造　バンコク国立博物館

図16-1　仏立像　7～9世紀　石造　バンコク国立博物館

図15-2　同　頭部

図16-2　同　頭部

にインドの仏像様式を汲《く》んだものであることがわかる。また、衣を通して両脚のかたちがくっきりとわかるのは薄い着衣をまとっているからで、これもインドや西域の仏像の表現を引き継いだ、それらの地域と同様に暑い東南アジアならではの造形といえるだろう。

さて、これらの像の顔の表現に目を向けると、そこには中国や日本の仏像にはない特徴があることに気づく「図15—2・図16—2」。その一つは左右の眉《まゆ》が眉間《みけん》でほぼくっつきそうになっている点だ。この両像の眉はそれでもわずかに離れているが、完全にくっついているものも多くつくられている。この点はやはりインドの仏像の影響と言ってよいだろう。インドにも眉がくっついて一本の曲線状になっている例があるからだ。

もう一つの特徴は分厚い唇である。上唇も下唇もともに厚くつくられ、全体に前に突き出しているような感じだ。さらに、両眼が左右に離れ、視線を下に落として、上瞼《うわまぶた》が大きくふくらんでグリッとした眼球の存在を強調的にあらわしている点も独特だ。こうした特徴は東南アジアに暮らす人々の身体的特徴が仏像に反映されたものといえる。ともにインドの仏像様式を根底に置きながら、中国では中国人によって中国人風の仏像がつくられたのと同様に、東南アジアでは東南アジア風の仏像がつくられたわけである。

2. 黄金色の仏像

一方、タイの仏像で見逃せないのが黄金色の仏坐像である。ワット・プラ・シーラタナ・マハタートの仏坐像［図17］は一三五七年頃につくられた金銅仏で、タイでは「最も美しい仏像」として多くの信仰を集め、絶大な人気を誇っている。まさに眩《まぶ》しいほどの黄金色に輝く仏像だが、金銅仏であるから純金でできているわけではなく、銅でつくられた仏像の表面に金メッキ（鍍金《ときん》）を施《ほどこ》しているのだ。

図17　仏坐像　1357年頃　銅造　タイ・ワット・プラ・シーラタナ・マハタート

金メッキを施した金銅仏や金箔を押した木彫仏は日本にもたくさんの作例があるが、ここまで金ピカの像はほとんど類を見ない。制作当初は金色《こんじき》に仕上げられた仏像でも長い年月のうちに剝《は》がれ落ちてしまうが、日本では何百年も前の古い仏像を近現代になってからまた金ピカに戻すということは通常あり得ない。

［図17］の仏像は一三五七年につくられたというのだから、十四世紀の中頃。日本では鎌倉時代が終わって少し経った頃の仏像なので、かなり昔のものということになるが、この像が金ピカなのはなぜなのか？　それは、

金色がこすれて薄くなるとメッキを何度もやり直しているからだ。現在の金メッキも新しいものなのだ。このタイプの仏像をタイの人々は「最も美しい仏像」と感じているわけで、そのような認識は他の東南アジアの国々でも共通するものといえるようである。

そうしたわけで、タイでは他にも金ピカの仏像が、古いものから新しいものまで、たくさん祀《まつ》られている。たとえば、ワット・ムアンの仏坐像は二十一世紀になってつくられた新しい仏像で、高さが九三mもある巨大な像だが、やはり金ピカで、多くの観光客を集めている。

図18　盧舎那仏坐像　元禄5年（1692）　銅造　像高14.7m　東大寺大仏殿

図19　阿弥陀如来立像　平成5年（1993）　銅造　総高120m　茨城県牛久市

巨大な仏像ならば日本にもある。奈良・東大寺の大仏殿に安置されている盧舎那仏《るしゃなぶつ》像［図18］、いわゆる「奈良の大仏」である。東大寺の大仏は鎮護国家（仏教の力で国を護《まも》ること）を目指した聖武《しょうむ》天皇によって天平勝宝四年（七五二）に完成したが、平安時代末期の一一八〇年と戦国時代の一五六七年の二度にわたって戦禍《せんか》で焼亡し、そのつど復興がなされたものの、現在の像は江戸時代の元禄五年（一六九二）に完成した三代目の像だ。像高は一四・七m。先ほどのタイの仏像の大きさには及ばないが、はるかに見上げるほど大きな像だ。修学旅行などで実物を見たことがある人なら体験がよみがえってくることだろう。この像もやはり最初につくられたときには金色《こんじき》に輝いていたのだが、現在の大仏にメッキはなされていない。

奈良の大仏とならんで有名な「鎌倉の大仏」、正式には鎌倉・高徳院の阿弥陀如来像は、像高一一・四m。鎌倉時代の寛元元年（一二四三）の像だが、やはり金ピカにはされていない。現代の像としては、世界最大の立像《りゅうぞう》としてギネスブックに認定された茨城県牛久《うしく》市の阿弥陀如来像（牛久大仏）は像高一〇〇m、台座部分をあわせた総高は一二〇mという巨仏だが、これも金ピカにはされていない［図19］。日本人の美意識では黄金色の仏像は必ずしも美しいものではないのである。

五、日　本

1．修復されない仏像

日本人の美意識について考える手がかりとして、奈良市内にある二つの仏像を見てみることにしよう。六世紀の半ばごろに古代朝鮮の百済から仏教文化が伝えられたとき、日本の中心は奈良県の飛鳥《あすか》地方にあったが、和銅四年（七一〇）に今の奈良市内につくられた平城《へいじょうきょう》京に都《みやこ》が遷《うつ》る。飛鳥・奈良は日本文化のふるさとであり、日本美術の原点なのだ。

まず取り上げるのは有名な興福寺の阿修羅《あしゅら》像である（図20―1）。聖武天皇の皇后である光明《こうみょう》皇后によって建てられた同寺の今は亡《な》き西金堂《さいこんどう》の群像のうちの一体として天平六年（七三四）につくられた。この像は、つくられた当初は全身に彩色《さいしき》が施されていたのだが、五百年も経つうちにかなり剝落《はくらく》してしまったようで、中世に修復がなされた形跡があるものの、それ以降は数百年間にわたって表面の彩色が損なわれたまま現在に至っている。

その表情はどこか愁《うれ》いを秘めたようにも見え［図20―2］、「天平の美少年」などと呼ばれて多くの人々に愛されて

図20-1　阿修羅立像　天平6年（734）　乾漆造　奈良・興福寺国宝館（旧西金堂）

図20-2　同　頭部

図21　阿修羅立像　美術院による復元　昭和60年（1985）

いるが、じつは阿修羅は美少年などではなく、もともとは仏教以前のインドにおける戦闘を好む神であり、それが釈迦に帰順《きじゅん》することによって仏法の守護神となったものだ。三つの顔に六本の腕を持った異形《いぎょう》の姿につくられているのは、阿修羅がもとは古いインドの神だったからだ。

そうした阿修羅の性質を表現するため、天平時代の阿修羅像は［図21］のように真っ赤な色付けがなされ、黒々とした口髭が描き込まれていたと推定されている。この像はかすかに残っている当初の彩色をもとに美術院（国宝・重要文化財などの文化財の修復や修理技術者の養成をする公益法人）によって復元されたものだ。

阿修羅像はファンクラブが設立されているほど人気の仏像だが、もしこのような「美少年」とは似ても似つかぬ姿に直されていたとすれば、「阿修羅が好き」という人はこれほどまでに多かっただろうか？ それは絶対にありえないと思う。なぜなら復元された阿修羅像は現代日本人の美意識に合わないからだ。

取り上げるもう一つの像は、同じ興福寺の仏像だが、阿修羅像とは安置されているお堂もつくられた時代も異なる。同寺の北円堂に安置されている寄木造《よせぎづくり》の弥勒仏《みろくぶつ》像で、鎌倉時代の建永二年（一二〇七）に有名な運慶《うんけい》の一門の仏師たちによってつくられたものだ［図22］。この像も制作当初は全身に金箔が押されていたのだが、長い歳月のうちにかな

図22　弥勒仏坐像　建暦2年（1212）　木造　奈良・興福寺北円堂

りの部分が剝《は》がれ落ち、現在もまだらな状態のままになっている（光背は後補）。

もし過去の日本人が東南アジアの人々のように金ピカの仏像を良しとしていたならば、この像はとくにあの有名な運慶の一門の仏師による作品だけに、早々《そうそう》に金箔が押され直されていてもよさそうなものだが、そうなってはいない。この像は、阿修羅像と同じように、いわば破損した仏像ということになるが、そうした仏像が多くの日本人の心を捉《とら》えて放《はな》さないのである。

これと同じことは仏像のみならず日本の古建築についても言える。奈良・薬師寺にはもともと金堂の南に東・西二基の三重塔が建てられていた。そのうち東塔は天平二年（七三〇）に建てられたものが今ものこっているが、西塔は早くに失われ、昭和五十六年（一九八三）に再建《さいこん》された。このとき西塔は天平当初の彩色を復元して建てられたため、壁は真っ白に仕上げられ、そこに嵌め込まれた連子窓《れんじまど》は緑色、木材は朱色に塗られ、取り付けられた金具にはすべて金メッキが施されるという、コントラストも鮮やかな建築としてよみがえったが、一方の東塔はこれらの彩色がまったく失われた姿のままのこされているのだ。

日本人は派手《はで》やかな色がすべて失われ、風化した木材の地肌がゴツゴツと露出したような古建築にも美を感じるのである。

2. 日本人の美意識

礼拝《らいはい》の対象であった仏像を日本人が美術作品として鑑賞するようになったのは近代を迎えてからといわれる。であるので、明治時代より前の日本には前節でお話ししたような美意識の観点から仏像について述べた書物はない。そこで、ここでは文学作品の力を借りて日本人の美意識に迫ってみることにしよう。

古来、日本人が仏像や寺院建築をつくる際、手本としたのは中国のそれであったから、仏像も建築も最初にそれをつくるときには、いつの時代でも中国を規範として表面を金色や極彩色《ごくさいしき》で仕上げてきたわけである。しかしながら、日本人の美意識は平安時代後期あたりから変化していったといわれている。「滅びの美」などという言葉はその一端をあらわすものだが、さらに中世の日本人の美意識をあらわす言葉として、「さび」「わび」がある。「さび」は「寂」で、古びていて物静かな趣《おもむき》のあること。「わび」は「侘」で、閑寂《かんじゃく》・質素のなかの枯淡《こたん》の趣、つまり物静かで落ち着いていて、飾らないものに深い趣を感じることをいう。

そうした中世の日本人の美意識をよくあらわしているといわれるものに、自らも選者の一人であった藤原定家《ふじわらのていか》（一一六二〜一二四一年）が『新古今和歌集《しんこきんわかしゅう》』に収めたつぎの短歌がある。

見渡せば　花も紅葉《もみじ》も　なかりけり　浦の苫屋《とまや》の　秋の夕暮れ

（訳）あたりを見渡せば、美しい春の花も秋の紅葉もここにはない。
ただ海辺の粗末な漁師小屋だけがみえる、秋の夕暮れよ。

留学生や、日本人でも若い人たちにはこうした境地《きょうち》を理解するのは難しいことかもしれないが、この和歌に詠《よ》まれているような、うら寂《さび》しい風景の中にも、当時の日本人はある種の美を感じていたわけであり、そうした美意識は現代の日本人にも受け継がれているのだ。

したがって、最初につくったときには華麗で派手やかな表面仕上げをした仏像や建物がのちに損なわれたとしても、日本人はむやみにそれを元通りにすることはしない。日本人特有の美意識をもってそれらを慈《いつく》しみ、いまも愛しつづけているのである。

むすびにかえて

上記のような内容の講義を終了後、当日の計八十一人の受講者を対象として①・②のアンケートを実施し、以下のような結果を得た。受講者の内訳は、日本人学生…六十二人、モンゴル国籍学生…二人、ベトナム国籍学生…五人、中国籍学生…七人、日本人聴講生（平均年齢七〇歳前後）…五人、となっている。

①インド・中国・タイ・日本の仏像のうち、あなたがいちばん好きなのはどれですか？　一つだけ選んでください。

②タイと日本の仏像ではどちらが好きですか？　一つだけ選んでください。

最後にこの結果を踏まえてわずかばかりの考察を加えてみることにしよう。

・モンゴル国籍の学生はわずか二人ではあるが、①では全員がインドの仏像を選び、選択肢がタイと日本の二つになると全員が日本の仏像を選んだ。

・①でも②でもベトナム国籍の学生五人のうち一人は日本を選んだが、四人は同じ東南アジアのタイを選んだ。

・①でベトナム国籍の学生の八割が同じ東南アジアのタイの仏像を選んだのに対して、中国籍の学生は七人のう

①インド・中国・タイ・日本の仏像のうち、あなたがいちばん好きなのはどれですか？
一つだけ選んでください。

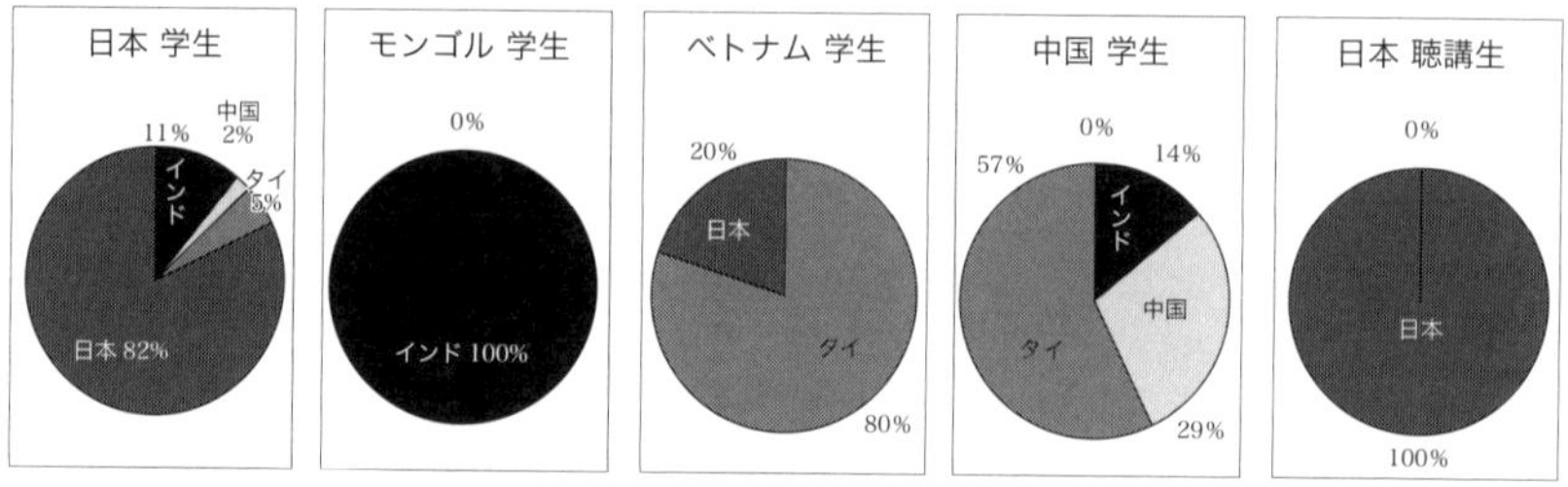

②タイと日本の仏像ではどちらが好きですか？　一つだけ選んでください。

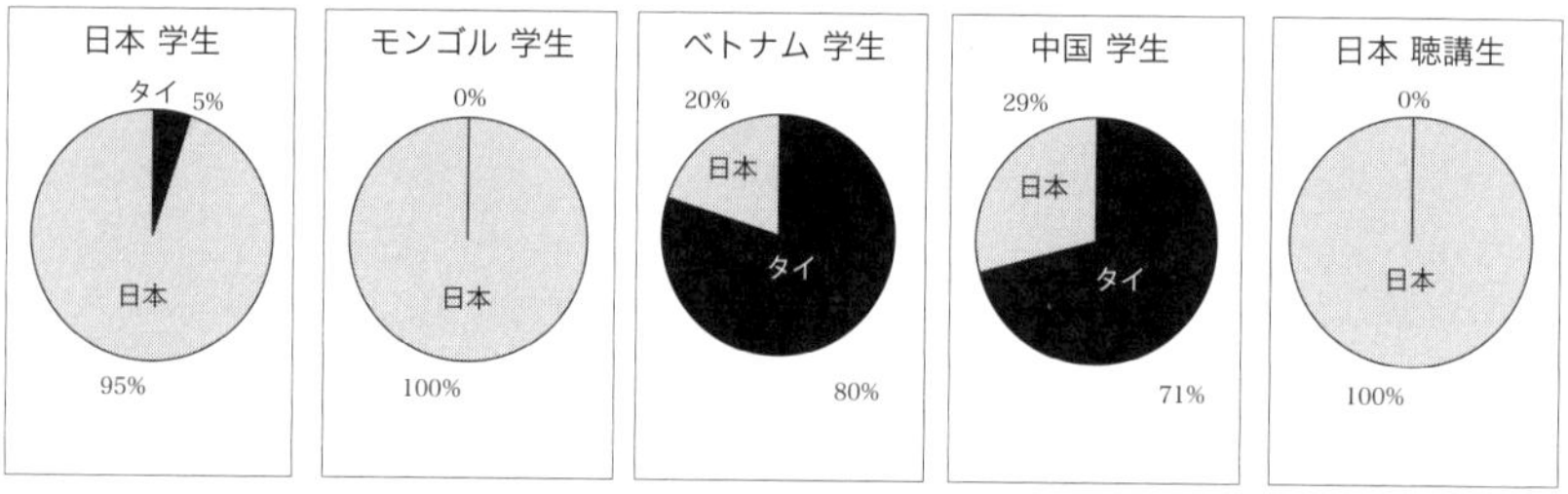

ち二人しか中国の仏像を選ばなかった（中国籍学生の中に複数の民族の学生が含まれていることと関係するか？）。

・中国籍の学生は日本の仏像を好まない傾向にあるように見える。七人のうち、①では四人がタイ、二人が中国、一人がインドと回答し、日本を選んだ学生は〇であった。②の二択になると五人がタイを選び、タイの仏像を好まない二人が（しかたなく？）日本を選んでいる。

・日本人の高齢の聴講生は①でも②でも五人全員が日本の仏像を選んだ。

・これに対して若い日本人学生では微妙に意見が分かれた。①でも②でも大半の学生は日本の仏像を選んではいるが、①では六十二人のうち七人がインド、三人がタイ、一人が中国を選び、②では三人が日本の仏像よりもタイの仏像が好きと回答した（若い人の価値観の多様性のあらわれと捉えるべきか？）。

このアンケートでは、日本人学生以外はたいへん人数が少なく、中国籍留学生の中にはモンゴルを含む複数の民族の学生が含まれていることも想定されるため、とうてい正確なデータとはいえないものだが、それでも上記のような興味深い結果が得られた。

［参考文献］

竹内順一監修『すぐわかる東洋の美術』東京美術、二〇一二年。
前田耕作監修『カラー版 東洋美術史』美術出版社、二〇〇〇年。
水野敬三郎監修『カラー版 日本仏像史』美術出版社、二〇〇一年。
辻　惟雄監修『カラー版 日本美術史』美術出版社、一九九一年。

第六章　中央アジアと東アジアの関係

——その過去と現在

キム・ゲルマン

※文中の（　）は原注、〔　〕は訳注を示す。

一、地理および文明は地域や国の歴史に影響を与える

世界のさまざまな地域や国に住む人々やその社会は、地理的環境と密接に関係している。このような自然の状況を研究対象とするのが地理的決定論である。チャールズ・ルイ・モンテスキューは著書『法の精神』の中で地理的決定論の概念を最も一貫して発展させた。現在、地理的決定論の考え方は人間社会の領域編成を研究する社会地理学に広く用いられている。最近の地政学は、国家の外交政策や国際関係が国（地域）の地理的位置によって決定される政治・経済・軍事的相互関係システムに依存していることを分析している。

・人類文明の第一段階では、中国、インド、エジプト、メソポタミアの大河が国の発展に決定的な役割を果たした。
・第二段階―地中海―では、人々は海を手に入れ、ヨーロッパ、アジア、アフリカの大陸から大陸へと移動した。
・第三の海洋段階はアメリカ大陸の発見およびその活発な展開から始まり、すべての文明が地球的規模で統合された。

アジア大陸は地理的に六つの小地域に分けられる。すなわち、中央アジア、東アジア、北アジア、南アジア、東南アジア、西アジアである。アジアは最大の領土を持ち、最も人口の多い大陸で、資源も豊かであることから、世界最古の文明がいくつか存在する。しかし、アジアの多くの国々や民族は互いに遠く離れており、その文化、言語、宗教、精神性などは実に多様である。

中央アジア

中央アジアは、西はカスピ海から東は中国西部まで、南はアフガニスタン、イランから北はロシアまで広がっている。この地域は、カザフスタン、キルギスタン、タジキスタン、トルクメニスタン、ウズベキスタンの五つの旧ソビエト連邦共和国で構成され、国名の末尾に「土地」を意味するペルシャ語の接尾辞「-stan」が付いている〔表1〕。

イスラム教以前からイスラム教初期にかけて（～一〇〇〇年頃）、中央アジアにはイラン系民族が圧倒的多数住んでいたが、チュルク系民族の進出により、同地域はカザフ人、ウズベク人、タタール人、トルクメン人、キルギス人、ウイグル人にとって郷里となった。タジキスタンを除いて、イラン語はチュルク語に取って代わられた。古代の時代、中央アジアはヨーロッパと極東を結ぶシルクロードの交易路と密接に結びついていた。

十九世紀半ばから中央アジアはロシア人によって植民地化され、ロシア帝国、その後はソビエト連邦に編入されたため、ロシア人をはじめとするスラブ系民族がこの地域に移住してきた。スターリン時代には多くの民族が主にカザフスタンやウズベキスタンなどの中央アジアに追放された。第二次世界大戦の戦中から戦後にかけて、建設、工業化のため、また広大なステップの開拓・耕作のため、ソビエト連邦の他の地域から何百万人もの人々が送り込まれた。ソ連崩壊前の時代に中央アジアは多くの非先住民にとって郷里となった。二〇一九年現在、中央アジアは五カ国で約七千二百万人の人口を擁している。カザフスタン（人口千九百万人）、キルギスタン（七百万人）、タジキスタン（千万人）、トルクメニスタン（六百万人）、ウズベキスタン（三千五百万人）である。

表１　中央アジアおよび東アジアの概要

中央アジアの概要

面積	4,003,451 平方キロメートル（1,545,741 平方マイル）
人口	72,960,000 人（2019 年）（第 16 位）
人口密度	17.43 人 / 平方キロメートル（6.73 人 / 平方マイル）
GDP（購買力平価）	1.0 兆ドル（2019 年）
GDP（名目）	3,000 億ドル（2019 年）
一人当たり GDP	4,000 ドル（2019 年、名目値）
地域住民の呼称	中央アジア人
国名	カザフスタン、キルギスタン、タジキスタン、トルクメニスタン、ウズベキスタン
言語	カザフ語、キルギス語、タジク語、トルクメン語、ウズベク語
共通語	ロシア語

東アジアの概要

面積	1,184 万平方キロメートル（457 万平方マイル）
人口	16 億人（2020 年）
人口密度	141.9 人 / 平方キロメートル（54.8 人 / 平方マイル）
GDP（購買力平価）	40 兆ドル（2022 年）
GD（名目）	28 兆ドル（2022 年）
一人当たり GDP	17,500 ドル（名目値）
地域住民の呼称	東アジア人
国名	中国、日本、モンゴル国、北朝鮮、韓国、台湾
言語	中国語、日本語、韓国語、モンゴル語、チベット語、その他

東アジア

東アジアは、中国、日本、モンゴル国、北朝鮮、韓国、台湾を含むアジアの東部地域を指す〔表1〕。北はシベリアとロシア極東、南は東南アジア、南西は南アジア、西は中央アジアに隣接し、東は太平洋に面している。香港とマカオは高度な自治権を有しているが、中国の主権下にある。日本、台湾、韓国、中国本土、香港、マカオは最も繁栄している世界最大の経済圏の一つである。

東アジアにおいて中国文明は最も古い最強の文明の一つであり、他の国々は何世紀にもわたって中国の政治的・文化的影響力の及ぶ範囲にあった。東アジアの宗教、人口について見ると、主な宗教には仏教、儒教、道教、シャーマニズム、民間信仰などがある。人口は、漢民族、日本人、韓国人、モンゴル人、そして七十六の少数民族や先住民族などから構成され、総人口は約十七億人で、世界人口の二〇%を上回る。そして、この地域には数十もの世界的な大都市が存在する。

二、ユーラシア諸国を結ぶ古代シルクロードと新シルクロード

「フロー集積」モデルによると、内陸アジア高地にある古代シルクロード遺跡の七五%近くが古代中央アジアの遊牧民が家畜の群れを夏の主要な牧草地に移動させるために使用した可能性の高い経路（図中黒線）であることがわかった〔図1〕。この研究成果は二〇一七年三月、ワシントン大学芸術科学学部のマイケル・フラチェッティ人類学准教授により発表されたもので、古代シルクロードに関するステレオタイプを支持するものであった。

そもそも、シルクロードはただ一つの経路なのである。ドイツの地理学者で旅行家でもあったフェルディナンド・フォン・リヒトホーフェンはその名を「ザイデンシュトラッセ」（Seidenstrasse）〔英語の silk road「シルクロード」を意味するドイツ語〕と初めて命名した。だが、一八七七年には「ザイデンシュトラーセン」（Seidenstrassen）〔Seidenstrasse の複数形。英語の silk routes〕と呼ぶのが正しいと述べた。この経路は、中国、インド、ペルシャ、地中海の各文明を結ぶ、遊牧民によって確立された交易路（trading routes）の中で最も有名なもので、これらの文明間に物資と思想を伝えた。伝統

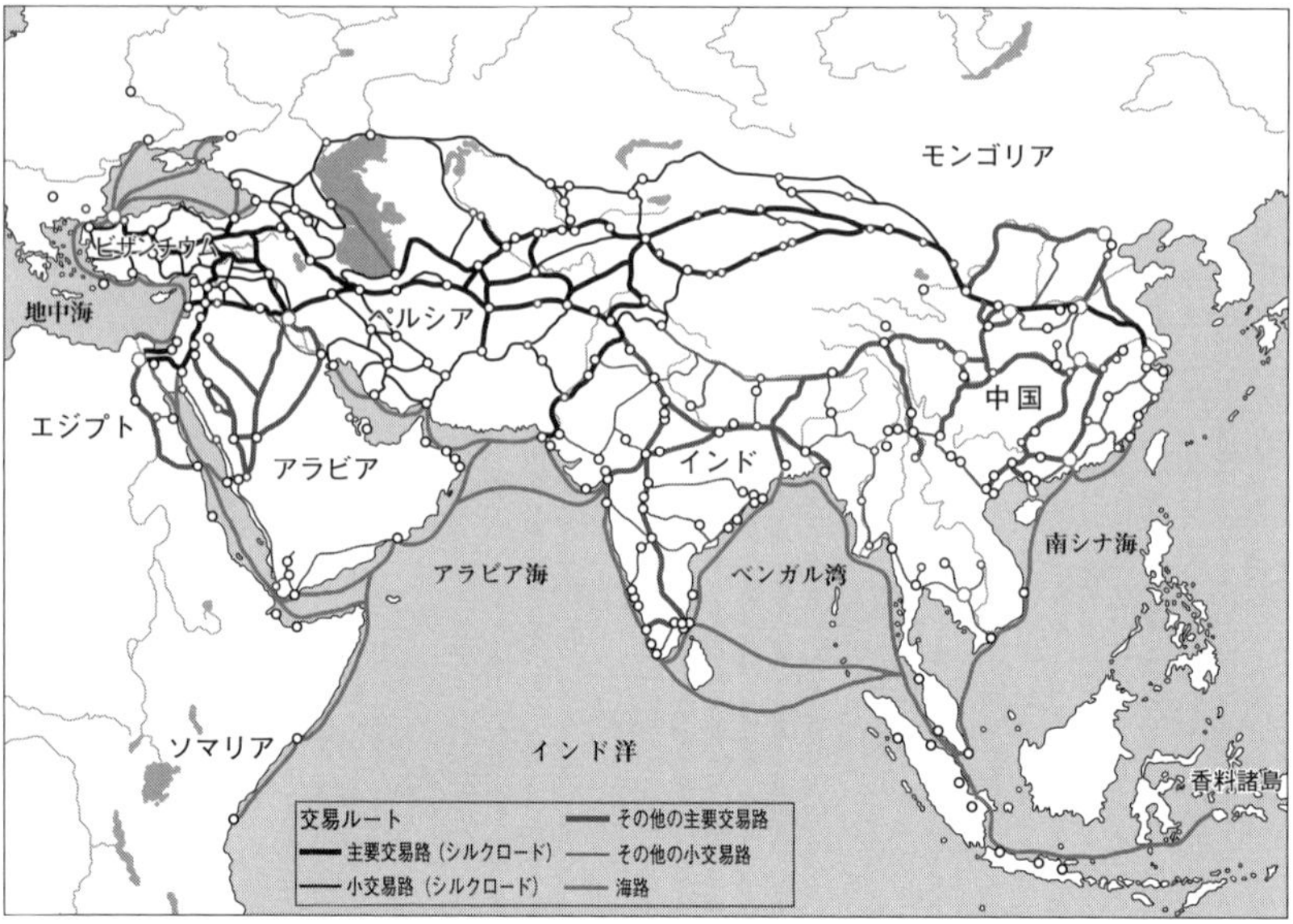

図１　シルクロード

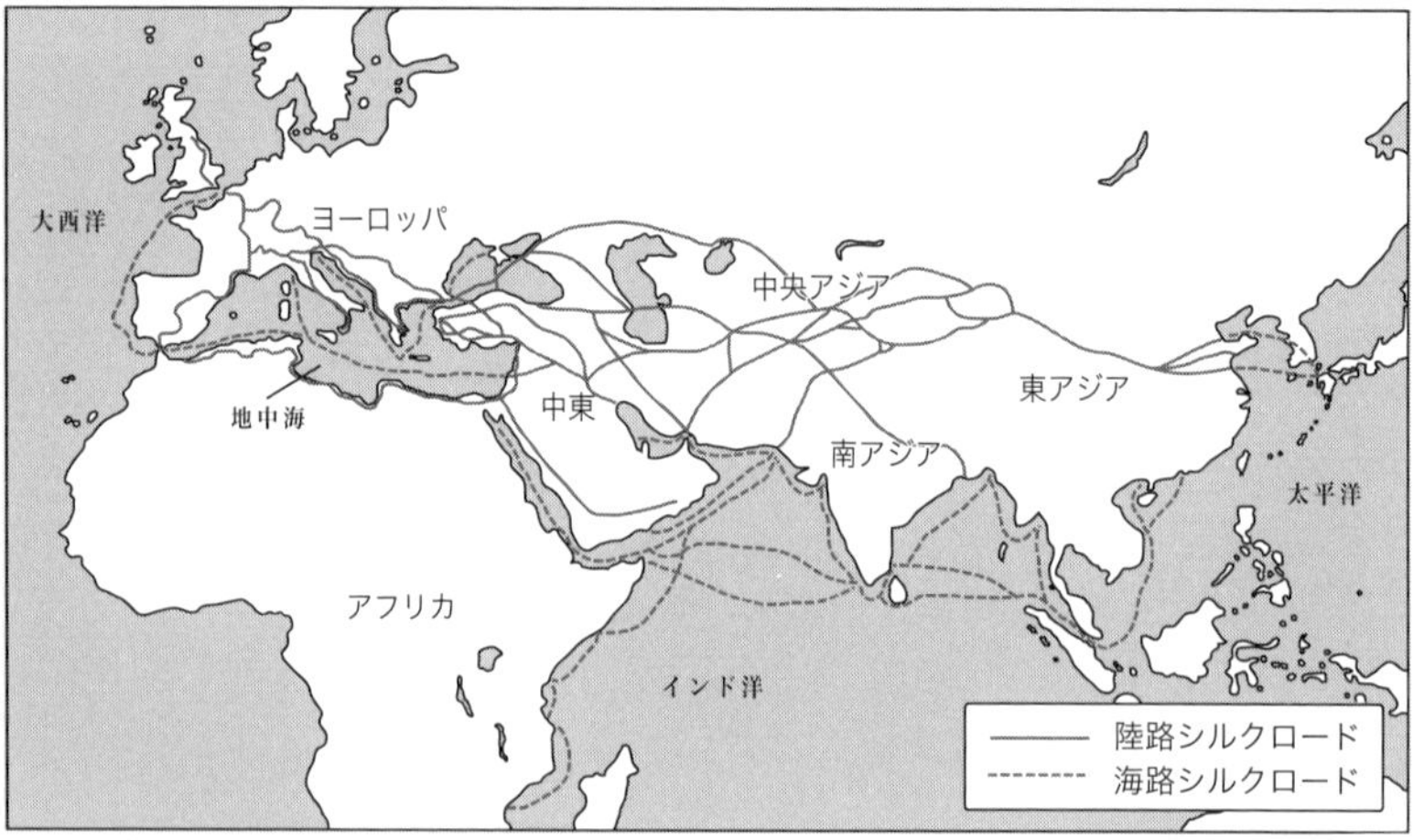

図２　古代シルクロード主要ルート

的なシルクロードの図には、韓国、日本への経路は含まれていない。

近年、七世紀末に古代朝鮮国家であった統一新羅の都、慶州がシルクロードとつながっていたことがわかった。さらに、新羅が中国を経由して中央アジアと交易を行っていたこと、また考古学的調査から、新羅統治時代に中央アジアの人々が朝鮮半島を訪れていたことも立証された。一方、中央アジアでの調査結果からも、新羅の人々が中央アジアに到達していたことが裏付けられている。

日本の古都奈良は沿岸都市大阪を経由して海上シルクロードとつながっていた。奈良は商品取引や文化交流の一種拠点の役割を果たしており、日本人、中国人、韓国人の相互交流の場となっていた〔図2〕。

三、中央アジアと東アジアの関係――その古代から現代までの諸要因

互いに離れたアジアの二地域間の近現代における関係と協力は、何よりもまずソビエト連邦の崩壊と社会主義諸国の東側ブロック解体に伴う幾つかの要因によって引き起こされた〔図3〕。この崩壊により、国名の末尾に「スタン」が付く五つの主権独立国家が新たに創設された。

「スタン」が付くこれら五カ国すべてが三十年にわたる国家主権のもとで独自の発展を遂げ、やがて古いソビエトとの類似性は失われていった。五カ国はいずれも外交、国際関係を追求しようとした。「スタン」五カ国はかつてロシアと強い関係を維持し、今日でも関係を維持している。しかしその一方で、大国や経済先進国（中国、米国、インド、韓国、日本など）にも依存しているのが現状である。

中央アジアの役割は次のような状況理由により、「新グレート・ゲーム」（the New Great Game）〔旧ソビエト連邦領だった

中央アジア諸国のパイプライン建設を通して石油・天然ガスの長期的安定供給を獲得しようとする中国・ドイツ・インド・日本・ロシア・韓国・イギリス・アメリカ間の競争関係を指す〕において増大した。

1. 大陸全体の安全保障と安定のためにユーラシアの中心に位置する中央アジアの地理的重要性
2. 中央アジア各国がユーラシアの勢力均衡に及ぼす影響

図３　ソビエト社会主義共和国連邦および東欧圏諸国

3. 膨大な炭化水素資源の保有
4. ユーラシアの輸送回廊が交差する地理的位置および幅広い輸送・通信網の存在
㈠イランを経由してペルシャ湾へ、㈡アフガニスタンとパキスタンを経由してインド洋へ、㈢中国を経由してアジア太平洋地域へ
5. 九月十一日〔二〇〇一年九月十一日、アメリカ同時多発テロ事件発生、ワールドトレードセンター崩壊〕以降、中央アジアが「テロとの戦い」において国際勢力、特にアメリカの標的になったこと。

豊富な資源を有する中央アジア地域は、新旧を問わずあらゆる列強から注目されている。「スタン」五カ国は鉱物資源その他様々な資源を大量に保有している。

カザフスタン

ウラン、クロム、鉛の埋蔵量は世界第二位。石油・ガスの埋蔵量は第十一位。石油埋蔵量は二十七億トン超。マンガンの埋蔵量は世界第三位。銅の埋蔵量は世界第五位

トルクメニスタン

天然ガス埋蔵量は二十一兆㎥で世界第二位。石油埋蔵量は約七億トン。計り知れない可能性を秘めた水力発電

キルギスタン

ウラン、石炭、金、アクチニウムの埋蔵量大

タジキスタン

有望な未開発水力発電の存在

アルミニウム埋蔵資源の存在

1．中央アジアへの列強の関与

中央アジアは、ロシア、中国、アメリカ、ヨーロッパ連合、インドが大きな役割を果たす競争の場となった。

（1）中央アジアへのロシアの関与

ロシアは中央アジアに強く関与している。ロシアは歴史的にこの地に勢力圏を形成したが、そのことは実証的にも証明されている。この地域におけるロシア軍の駐留はタジク内戦を除いて、政治的示威のようなものだ。中央アジア諸国におけるロシアの経済的存在感は、ソビエト時代のインフラを基盤とするものであり、今日、地域の巨大プロジェクトに対するロシアの巨額投資は不足している。中央アジアにおけるロシアの大きな存在感と中央アジアからの移民は政治的影響力として機能する。ロシア・メディアはロシア語圏の人々に影響を与え、国際関係や外交政策に関する

世論形成を行っている。

ロシアは中央アジアに安全保障と安定を与えるために、引き続き中心的役割を果たしている。様々な二国間条約により、トルクメニスタンを除くすべての国はロシアの緊密な同盟国である。カザフスタン、キルギスタン、タジキスタンはロシアが主導する集団安全保障条約（ＣＳＴＯ）に加盟している。カザフスタンとキルギスタンはユーラシア経済連合（ＥＡＥＵ）のメンバーでもある。

（2）中央アジアへの中国の関与

二〇二二年一月二十五日、中国の習近平国家主席は、中国と中央アジア諸国の国交樹立三十周年を記念して中央アジアの五人の首脳を招聘した。彼は中国と中央アジア地域間の貿易目標を二〇三〇年までに七百億米ドルに引き上げることを発表した。これは、中国がこの地域への関与を強めていることの明確な表れと解される。

二〇〇〇年代以前の中国にとって中央アジアは戦略的優先順位が比較的低かった。「一帯一路構想」（The Belt and Road Initiative）は、十年程前に習近平国家主席がアスタナを訪問した際に立ち上げたものだった。最近、中国が中央アジアで最大の経済的利益を得ているのは、主にその巨大プロジェクト一帯一路構想によるものである。中央アジア諸国にとって中国は海外直接投資〔Foreign Direct Investment〕で第一位である。中国の中央アジアへの急速な関与は同地域を世界貿易の新たな拠点とすることに寄与している。

（3）中央アジアへのアメリカの関与

中央アジアに対するアメリカの関与については、以下の基本的特徴をおさえておく必要がある。
・同盟国や友好国を通じて中央アジアに関わる。
・安全保障レベルには至っていない。つまり、安全を確約するほど強くは関与していない。地勢があまりに閉ざされており、投資するにはリスクが高すぎる。とはいえ、無視・放置しておくには重要すぎる。

・ロシアに比べてこの地域に対する認識醸成が大きく遅れている。

・ロシアと中国を排除した地域統合の欠如がアメリカの野心を阻んでいる。

・アメリカ陣営にはこの地域に対するアメリカの利権を喚起しようする動きがあるようだが、中央アジアは他地域に比べて魅力がないか、あっても乏しい。

・アメリカは少なくとも政治的には友好的な国々の〔対中央アジア〕関与を中国やロシアよりも支持する可能性がある。

（4）中央アジアへのインドの関与

中央アジアに対するインドの戦略的な政治的・経済的関与は、次の四つの構造的な観点から決定される。すなわち、(1)アフガニスタンの治安状況が中央アジアに及ぼす悪影響、(2)相対的に弱体化したロシア、特にその対中央アジア政策、(3)中央アジアにおける中国の影響力の増大はこの地域の安全保障と安定に対する脅威であるとの認識、(4)この地域における西側諸国の関心の低下、などである。

以上のような観点から、インドにとっての主要な地政学的利益は五つ挙げられる。すなわち、(1)地理文化的な枠組みにおいて、中央アジアとの地政学的関与を強化すること、(2)中央アジア諸国と協力して急進主義、過激派、麻薬取引と戦うこと、(3)インドと中央アジアとの接続性を戦略化すること、(4)中国の優位性に対してバランスを取ること、(5)中央アジア地域における協力的な地政学的アプローチを打ち出すこと、などである。

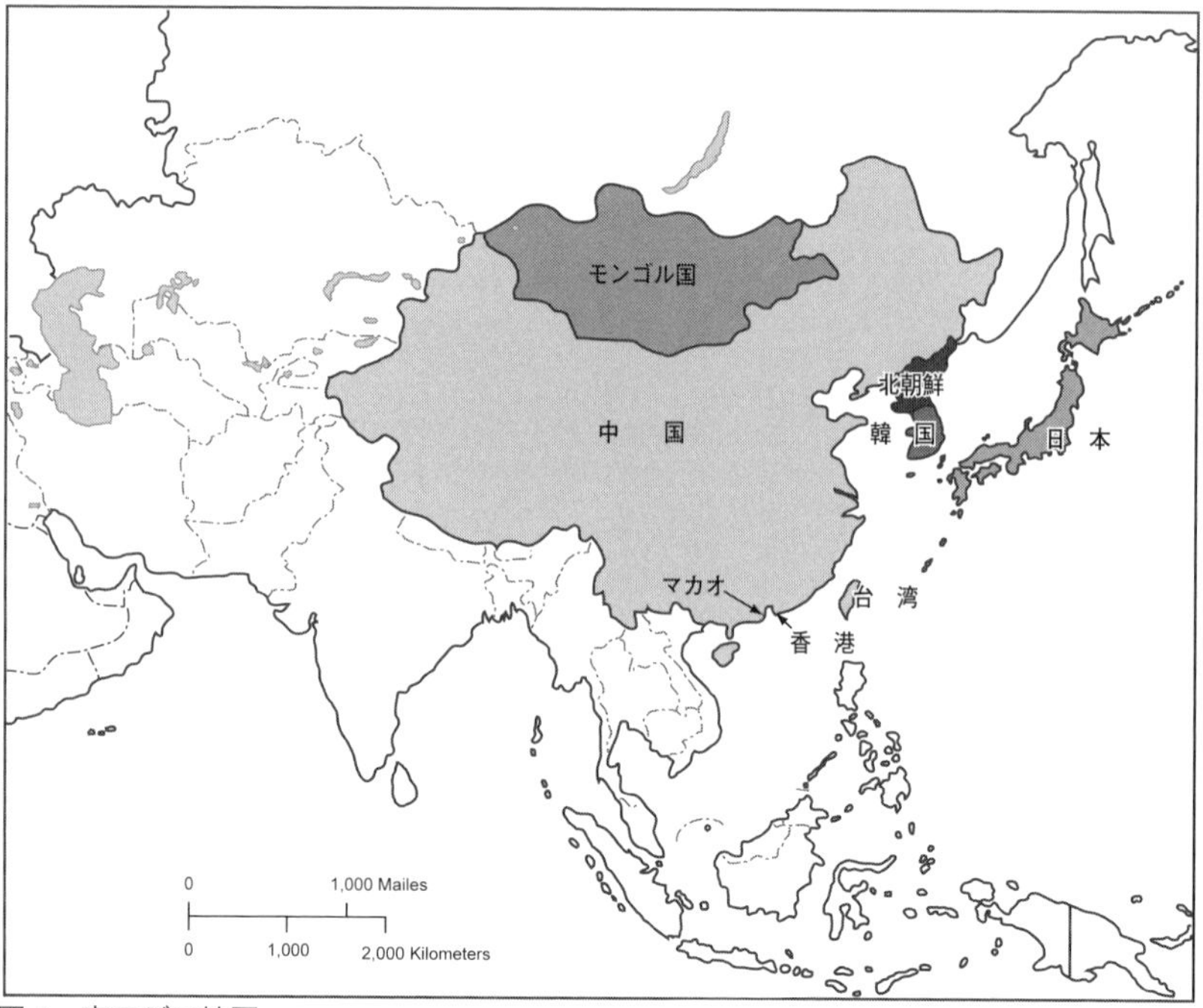

図４　東アジア地図

２．中央アジアへのマイナープレーヤーの関与

中央アジアの新グレート・ゲームに参加するのは、イラン、パキスタン、トルコ、ドイツ、イギリス、フランス、日本、韓国など、ヨーロッパ、アジアの有力国である。

二〇一九年、ＥＵは新たな中央アジア戦略を採択した。この戦略は地域協力に対する前向きな姿勢の進展を基礎としており、すべてのヨーロッパ諸国にとってこの地域の戦略的重要性が高まっていることを強調するものである。ＥＵ全体と各加盟国は相互利益のための関係構築を目指しているが、二国間・多国間協力には各々利害関係が見られる。

アジア諸国はヨーロッパのように統合されておらず、アジア大陸はいくつか分散する中核的地域に分かれている。中央アジア諸国の認識では、東アジアは二つの特徴的な地域から構成されている。東南アジアと北東アジアである。東アジアのこれら二地域と中央アジア諸国との関係は不均衡である。

（1）東南アジア

中央アジア地域では東南アジアのことはあまり知られて

いない。東南アジアの面積は約四百五十万平方キロメートルで、これはアジアの一〇・五％、地球総面積の三％に相当する。人口は六億四千百万人を上回り、世界総人口の約八・五％を占める。文化的、民族的に多様であり、様々な民族集団により数百もの言語が話されている。

この地域の十カ国は経済・政治・軍事・教育・文化的統合のために設立された地域協力機構ＡＳＥＡＮの加盟国である。「東南アジア」という用語は、一八三九年にアメリカの牧師ハワード・マルコムによって初めて使用された。東南アジアの最も一般的な定義では十一カ国が含まれ、一般に「本土」地域と「島嶼」地域に分けられる。本土（ミャンマー、タイ、ラオス、カンボジア、ベトナム）は、実際にはアジア大陸の延長上にある。

イスラム教徒は本土のすべての国で見かけるが、その人口が最も多いのはタイ南部とミャンマー西部（アラカン）である。また、ベトナム中部やカンボジアのチャム族もイスラム教徒である。

（２）北東アジア

「北東アジア」は、Northeast Asia, North East Asia, Northeastern Asia などの用語（すべて同義語）で表現され、アジアの小地域、すなわち太平洋に隣接する北東部の大陸部と島嶼部を指す。この地域には東アジアの中核的な国々が含まれる。北東アジアという用語は一九三〇年代にアメリカの歴史家で政治学者でもあるロバート・カーナーによって広められた。カーナーの定義では、「北東アジア」にはモンゴル高原、中国の東北平原、朝鮮半島、および西のレナ川から東の太平洋まで広がるロシア極東の山岳地帯が含まれていた。

北東アジアの定義は、それが議論される文脈によって異なるが、一般には、中国、ロシア、日本、モンゴル、北朝鮮、韓国を含む地域を北東アジアと呼んでいる。ロシアはその国益と政策が特に中国、日本、韓国と相互に影響しあうため、しばしばこの地域の議論の対象となる。また、黄海、オホーツク海、東海（日本海）、東シナ海などもこの地域の議論の対象となる。

東アジアは、地理的にも地政学的にも中国、日本、韓国、モンゴル、そして香港、マカオ、台湾を含む地域である〔図4〕。北東アジア地域は古代中国、古代朝鮮、古代日本、モンゴル帝国など、様々な古代文明発祥の地であった。何千年にもわたり、中国は北東アジアや東アジアに大きな影響を与え、この地域の主要な文明として、近隣諸国に大きな威信と影響力を及ぼしてきた。

四、中央アジアと日本の今日的関係

国交樹立以来、北東アジア（ＮＥＡ）の主要国である日本と韓国は、ＪＩＣＡやＫＯＩＣＡを通じた政府開発援助の枠組みの中で、インフラ整備や様々な開発協力の重要なパートナーおよび援助・支援者となるためにこの地域に目を向けてきた。ＮＥＡの両国が以下の事項の重要な提供者となってきたことは明白である。

・技術および専門的知識
・資本投資（インフラ、公共サービス、文化教育、医療）
・外交イニシアチブの支援
・文化的影響（Ｋ‐ポップ、マンガなど）

1．日本と中央アジア諸国との国交樹立および協力関係

ソビエト連邦が崩壊し、国家主権とクレムリンからの独立を獲得して以来、カザフスタン、キルギスタン、タジキ

スタン、トルクメニスタン、ウズベキスタンの中央アジア諸共和国は政治、経済、社会文化面で独自の発展を遂げてきた。日本は初期の段階から外交政策と国際協力という新たな領域に関与してきた。専門家の中には、日本はこの地域に対する知識が不足しており、中央アジア諸国の外交官、政治家、ビジネスマンとのコンタクトの経験も不足していると指摘する人もいる。ロシア、アメリカ、インドなど他の国々との協力関係の構築のしかたは東京のお手本にはなりにくかった。

現在、日本は地域外交から脱却し、中央アジアとの実利主義的なビジネス展開に確実に移行してきているように見える。この地域の戦略的重要性は、首相をはじめとする日本のすべての公式見解で言及され、中央アジア諸国と締結されたすべての二国間外交文書に明記されている。当初からカザフスタンとウズベキスタンが日本にとって主要なパートナーであることは理解できる。

中央アジアとの関係初期においては、日本は政府開発援助（ＯＤＡ）の主要な援助・支援国だった。二〇〇〇年代に入ると、日本のＯＤＡ削減や中央アジアの財政状態の改善により、この優位性は薄れていった。日本のソフトパワー〔国家が有する軍事力・経済力などの対外的強制力によらず、社会の持つ文化・価値観などを背景に他国から理解・信頼・共感を得て国際社会で発揮される影響力〕はこの地域では一貫して強力であり、東京に対する現地の態度は非常に前向きである。だがその反面、商業取引に直結するような状況を創出することが困難となっている。また、中央アジアのニーズもＯＤＡから直接投資へとシフトしてきており、韓国などの競合国とは異なり、日本が対応するのはより困難な状況になっている。

2．カザフスタンに対する日本の取り組み

日本は一九九一年十二月二十八日、カザフスタン共和国の独立を承認した。一九九二年一月二十六日、両国間に国交が樹立した。在カザフスタン日本国大使館は一九九三年一月にアルマティに開設された（二〇〇五年一月からはヌルスルタンに開設されている）。一方、一九九六年二月、東京にカザフスタン大使館が開設された。二〇二一年五月以降の駐日カザフスタン大使はサブル・イェシンベコフ氏であり、二〇二一年四月以降の駐カザフスタン日本国大使は山田淳氏である。

一九九四年四月六日〜九日、カザフスタン共和国のヌルスルタン・ナザルバエフ大統領が初来日し、両国間の条約・協定の相互承認に関する覚書が交わされた。

一九九九年十二月五日〜八日にかけてのカザフスタン共和国ナザルバエフ大統領の二回目の訪問中に、友好・提携・協力に関する共同声明が発表された。

二〇〇六年八月二十八日〜二十九日にかけて、日本の小泉総理大臣はカザフスタン共和国を訪問し、友好・提携・協力のさらなる発展に関する共同声明に署名した。

二〇〇八年六月十八日〜二十二日にかけて行われたカザフスタン共和国ナザルバエフ大統領の第三回訪日により、両国関係は新たな局面を迎えた。天皇陛下に拝謁した際、カザフスタン共和国大統領に国家最高位の勲章「大勲位菊花大綬章」が授与された。明仁天皇もカザフスタン共和国の最高勲章である「アルティン・キラン勲章」を授与された。

二〇一五年十月二十六日〜二十八日に安倍晋三総理大臣はカザフスタンを訪問した際、カザフスタンと日本の戦略的パートナーシップの深化と拡大に関する共同声明に署名した。

二〇一六年十一月六日〜九日にかけて行われたカザフスタン共和国のN・ナザルバエフ大統領の第四回訪日の主な

成果は、共同声明「アジア繁栄の時代における戦略的パートナーシップの拡大について」の調印であった。

二〇一九年十月二十一日～二十三日、カザフスタンのN・ナザルバエフ大統領が天皇陛下の即位式に参列するために五度目の来日を果たした。

二〇〇四年、カザフスタン議会上院議員は日本との協力関係を発展させるためのグループを結成した。二〇〇五年、カザフスタン議会のマジリス議長以下、議員たちも同様のグループを結成した。日本カザフスタン友好議員連盟が一九九四年に設立された。現在、連盟の会長は元日本政府事務総長の河村建夫氏である。二〇一九年三月二十五日～二十七日、G・イシンバエワ副議長を団長とするカザフスタン国会マジリス代表団が来日した。二〇一九年九月二十三日～二十四日、日本のカザフスタン友好議員連盟河村会長がヌルスルタンを訪問し、第四回ユーラシア諸国議会議長会議に参加した。

カザフスタンと日本は、世界的検討課題の中でも特に今日的問題に関して同様の立場をとっている。日本は八月二十九日を「核実験反対国際デー」とする国連総会決議を共同提案した唯一の先進国となった。二〇一五年～二〇一七年、カザフスタンと日本は第九回CTBT〔包括的核実験禁止条約〕発効促進会議の共同議長を務めた。二〇一五年十月二十七日、アスタナにおいて、カザフスタンのヌルスルタン・ナザルバエフ大統領と日本の安倍晋三首相はCTBTに関する共同声明に署名した。二〇一六年四月一日、ワシントンにおいてカザフスタンと日本は「CTBTに関する第二次共同声明」を採択した。

経済協力開発機構（OECD）は中央アジア諸国をODA受給国リストに含めた。

中央アジア諸国に対して日本のODAが公式に宣言した主要目標は次の通りである。⑴民主化と市場経済への移行に必要な技術専門家の育成とその体制強化、⑵交通・通信分野を中心としたインフラ整備、⑶医療・教育支援、⑷環

表2　日本の対カザフスタン ODA 支援額　（純支出額、単位：百万ドル）

年	融資	助成	技術協力	総額
1999	47.64	8.66	11.15	67.45
2000	63.79	9.00	10.54	83.33
2001	24.57	5.80	13.55	43.93
2002	20.11	0.92	9.10	30.13
2003	120.76	4.89	10.62	136.27
2004	116.32	5.58	8.86	130.76
2005	59.97	1.09	5.10	66.17
2006	19.40	0.94	4.53	24.87
計	581.66	45.24	110.12	737.03

（出所）OECD/DAC 外務省ウェブサイト

境保護など。

二〇〇〇年の日本の対カザフスタンＯＤＡは八千三百三十万ドルで、翌年には四千三百九十万ドルとほぼ二分の一になった。二〇〇三年および二〇〇四年の日本からカザフスタンへのＯＤＡは一億三千万ドルを超えていたが、二〇〇六年には二千四百九十万ドルにまで激減した〔表2〕。日本からカザフスタンへのＯＤＡ資金のこうした増減には幾つかの理由がある。二〇〇六年以降、カザフスタンはＯＤＡプログラムの受給国リストから除外された。

一九九〇年から二〇〇〇年前半にかけて、日本はカザフスタンに鉄道建設の近代化、セミパラチンスクのイルティッシュ川に架かる橋梁の建設、アスタナのメトロポリタン空港の改築、カザフスタン西部の道路や高速道路の修復などのために多くの借款を供与した。また、日本はカザフスタンの大学に対して主に東洋研究の学部・学科に日本語トレーニング教室を設置するための機器や道具を供与した。日本の電子機器の一部は医療機関や文化施設に提供された。さらに、日本で研修を受けるためにやって来る公務員、ビジネスマン、学生などの訪問に係わる費用も日本側が負担した。

日本政府はカザフスタンの経済発展の前提条件に関する調査・研究に投資し、また財政援助拡大の際には国際機関とも連携・協力している。

カザフスタンは産業を発展させるために投資を必要としていた。当時、石油会社や加工工場は危機的状況にあった。このことが天然資源開発分野において日本＝カザフスタン協力関係の進展を遅らせた。

日本政府はＦＤＩと共にゆっくりと、一歩一歩関わり、いかなるリスク、金銭的損失をも避け、将来の経済的利益を見据えたかったのだろう。東京にとって重要なのは、安定した政治外交関係の構築であった。一方、カザフスタン側は、眼前の経済的利益をより重視し、日本との関係が大きな配当をもたらすことを期待した。

3．ウズベキスタンに対する日本の取り組み

一九九一年、日本はウズベキスタン共和国の独立を承認した。一九九二年一月二十六日、ウズベキスタン共和国と日本との間に国交が結ばれた。一九九三年一月に日本大使館がタシケントに、一九九六年二月にウズベキスタン共和国大使館が東京に開設された。

過去三十年以上にわたり、二国間協力の法的基盤を構築する数多くの公式文書が両国間で交わされてきた。ウズベキスタンと日本の経済協力の指針となる主な文書には、「友好、戦略的パートナーシップ、および協力に関する宣言」、共同宣言「ウズベキスタンにおける経済協力の発展と経済改革に対する支援について」（二〇〇二年）、協定「投資の自由化・相互保護・奨励について」（二〇〇九年）、「戦略的パートナーシップの深化と拡大について」（二〇一五年）などがある。

当初、ウズベキスタンは日本政府の「政府開発援助（ＯＤＡ）」（円借款とも呼ばれる）に参加していた。このプログラムは、開発途上国に対して長期低金利で返済義務のある特定融資を行うものである。現在まで、円借款によりウズベキスタンに提供された資金総額は、二〇一五年に充当された二億二千百万ドル（二百六十八億七千二百万円）を含めて約二十億

ドル（二千七百六十六億三千万円）となっている。

独立行政法人の国際協力機構（ＪＩＣＡ）、日本貿易振興機構（ＪＥＴＲＯ）の地域拠点事務所を通じて、一九九三年から二〇〇四年まで約三百人の日本人専門家が経済、通信、観光、交通インフラ、製糸業、海外投資の分野で働いていた。

一九九四年五月、タシケントに「ウズベク―日本経済協力委員会」が、東京に「日本―ウズベク経済協力委員会」が設立された。ウズベキスタン―日本経済協力委員会は、約三十の日本の大企業、一般企業、銀行を結集している。これまでに合同委員会が八回開催され、両国の産業界、金融機関、起業家間の直接的連携を発展させることについて議論が交わされた。

ウズベキスタン政府によると、日本との相互貿易取引高は二〇一四年の一億八千九百五十万ドルから二〇一五年の二億五千三百四十万ドルへと二五％増加した。比較するために、二〇一三年と二〇一二年の二国間貿易取引高を見ると、それぞれ合計二億千五百万ドルと二億千四百七十万ドルだった。ウズベキスタンと日本の貿易取引高は、二〇一五年のカザフスタンと日本の貿易取引高十四億ドルよりははるかに低いが、二〇一五年末までにトルクメニスタンと日本の貿易取引高二千七百万ドルをはるかに上回っている点は注目すべきである。基本的にウズベキスタンは日本に鉱物や化学製品を輸出し、自動車や通信機器を輸入している。

二〇一九年まで日本がウズベキスタン経済関連に投資した総財政資金は十九億ドルと推定される。この額に米ドルが迫っている。ウズベキスタンに対してさらに一億六千万米ドルが支給されることになっているからだ。米ドルは、主に教育や保健医療など人道的支援の形で提供された。日本の投資は、燃料、エネルギー、輸送、通信、軽工業、人材育成、その他の経済部門、特に共和国の通信システム開発、タシケントの鉄道車両の近代化、サマルカンド、ブハラ、ウルゲンチの空港開発などに向けられた。

日本の国際協力銀行の譲許的融資により、製油所の改修、ブハラ地域の製油所建設、フェルガナ製油所の近代化、シュルタン・ガス化学コンビナートの建設、繊維工業の発展などに資金が向けられた。これら国内資源関連のほかにも、日本の投資はグザール―ボイスン―クムクルガン鉄道の建設にも関与している。

日本とウズベキスタンの協力分野のひとつに研修がある。これまでにウズベキスタンの数多くの省庁から約八百名が日本で研修を受け、九十八名の若手専門家が日本の主要大学で修士課程を修了した。二〇〇〇年からは日本国際協力センター後援のもと、ウズベキスタンから二十名の学部生が二年間日本に留学している。二〇〇一年にはタシケントに「ウズベキスタン―日本人材開発センター」が設立された。現在までに千五百名を超える人たちが同センターのビジネス、日本語、コンピューターのコースを修了している。

タシケントには一九九九年から「ウズベク―日本センター」があり、日本側は鉄道輸送、石油・ガス、エネルギー、鉱業、自動車産業、電気通信、エレクトロニクス、繊維産業、観光などの分野のプロジェクトに投資を続けている。

また、ウズベキスタンとＪＩＣＡは同国の鉄道インフラにおいても積極的な協力関係にある。エネルギー分野におけるウズベク―日本の協力事業の一例として、ウズベクエネルゴ社と東北電力株式会社による五千七百万ドルに上るタシケント火力発電所近代化プロジェクトが挙げられる。二〇〇六年九月にはウズベクのウラン開発への出資を目的とした日本―ウズベク政府間協定が結ばれた。

両国の文化的関係も発展を見せている。特に、国立東京芸術大学とウズベキスタンとの共同によるタシケントでの国際文化キャラバンサライ（Caravanserai: 隊商宿）〔かつて東洋の国々に見られた隊商のための宿泊施設。広い前庭があり、隊商に様々な設備・道具を提供できる態勢が整えられていた〕の立ち上げ、展示会、プレゼンテーション、映画祭、全国音楽・ダンスグループのコンサート、日本文化の日などが一九九六年以来、定期的にウズベキスタンで開催されている。

4．キルギスタンに対する日本の取り組み

キルギス共和国と日本との国交は一九九二年一月二十六日に樹立した。二〇〇三年一月にビシュケクに日本大使館が、二〇〇四年四月、東京に駐日キルギス共和国大使館が設立された。

キルギス共和国首脳（二〇一三年）と日本首脳（二〇一五年）の公式訪問は、二国間関係を新たなレベルのパートナーシップに導くための基礎を築いた。首脳会談が進展する中でキルギスと日本との関係において重要な契機となったのは、二〇一七年三月のキルギス共和国外務大臣E・アブディルダエフの訪日だった。キルギス共和国と日本との外務大臣会談では友好関係の向上を中心テーマとし、両国のさらなる関係強化を目指す共同方針を確認した。同時に、訪問中に約四千六百万米ドル相当の二つのプロジェクトに対する助成金契約も締結された。「ビシュケク—オッシュ間道路の雪崩対策」および「以前、日本側より受領していた道路維持管理用機器の整備作業場の改善」である。

二〇一八年六月二十一日、東京でキルギス共和国外務大臣と日本との間で政治協議が行われた。キルギス側から始まった閣僚協議は、二国間協力の今日的問題について議論し、共同でその精緻化を継続するという当事者の意思を確認する機会となった。

日本はODAの一環として、主にJICAのプロジェクトやプログラムを通じてキルギス共和国に関わってきた。キルギス共和国におけるJICAプログラムは次の通りである。

研修生の受け入れ

一九九三年から今日まで、キルギス共和国の千四百名を超える国民（主に政府関係者）が日本で様々な分野にわたり

研修を受けてきた。たとえば、金融、経営、法学、公衆衛生、税制、生態環境、水・エネルギー資源、農村開発などである。二〇〇九年九月にはＪＩＣＡ同窓会が設立された。

海外協力隊の派遣

ＪＩＣＡ海外協力隊は二つのカテゴリーに分けられる。青年海外協力隊（二十～三十九歳）とシニア海外協力隊（四十～六十九歳）である。現在、キルギス共和国の以下の地域・都市で協力隊員は活動している。チュイ、イシククル、ナリン、ビシュケク市である。彼らは日本語、音楽、体育、コンピュータ技術、作業療法、地域開発など、様々な分野で働いている。二〇〇〇年から二〇一三年四月までに百五十九名の日本人協力隊員がキルギスを訪れた。

技術協力プロジェクト

二〇〇三年四月に「キルギス共和国―日本人材開発センター」（キルギス―日本センター）プロジェクトがスタートした。このプロジェクトは現在、ベトナム、ラオス、モンゴル、ウズベキスタンなど、市場経済移行期のアジア諸国で実施されている。このセンターは、ビジネス、ＩＴ、日本語などの講座を実施し、市場経済への移行を支援する人材育成を行うとともに、国際交流・技術協力を主な目的とする文化間の相互理解を深めるための文化交流の促進を図っている。農業投資政策アドバイザーの派遣も二〇一三年に行われた。

それとは別に、技術協力プロジェクトがいくつか実施された。小規模な一村単位ビジネスの促進、バイオガス技術の普及、道路メンテナンス能力の向上、橋梁・トンネルの維持管理能力の開発、共同森林管理、輸出用野菜種子の生産促進などである。

専門家の派遣

日本からキルギス共和国経済規制省に専門家が長期派遣され、キルギスの産業発展のために政策立案が行われた。

また、数名の専門家がバーコーディング、繊維産業の発展、食品加工のために短期間派遣された。「日本全国雇用サービスセンター」〔外国人向け〕から専門家が招聘され、行政システムにおける人材管理改革のための公共サービス研修が現地で実施された。二〇一〇年には日本の技術・技能の移転を目的として、情報通信技術開発の専門家が派遣された。

開発研究

キルギス共和国ではこれまで三つの開発研究が行われてきた。「キルギス共和国イシク・クル地区総合開発計画に関する研究」（二〇〇三～二〇〇六年）、「キルギス共和国における農業・加工業の効果的経営に関する研究」（二〇〇四～二〇〇七年）、「都市交通改善に関する研究」（二〇一一～二〇一三年）などである。また、二〇〇七年には日本の主要大学で大学院修士号を取得可能にすることを目的とする「人財育成無償資金協力制度」が発足した。

無償資金協力

キルギス共和国に対する日本の支援事業の具体例をいくつか挙げれば、次のとおりである。キルギスの医療改善支援のため、日本政府は医療機器を譲渡した。二〇〇五年にはキルギス共和国国営テレビ・ラジオ放送局の番組制作設備改善のために助成金が授与された。また、二〇〇七年と二〇一一年には道路維持管理のための機器が提供されている。二〇一一年、「チュイ地域の橋梁再建」プロジェクトが完了した。二〇一二年から二〇一三年にかけて「キルギス共和国政府傘下の国家体育スポーツ庁への柔道用具供与」無償資金協力プロジェクトが実施された。

5．タジキスタンに対する日本の取り組み

タジキスタン共和国と日本との国交は一九九二年二月二日に樹立した。二〇〇二年一月二十六日、ドゥシャンベに在タジキスタン日本大使館、二〇〇七年十一月二十八日には日本にタジキスタン共和国大使館が開設された。現在の駐日タジキスタン共和国大使はミゾシャリフ・ジャロロフであり、駐タジキスタン日本大使は相木《あいき》俊弘《としひろ》である。両国の国交は、二国間の協力発展のための基礎となった。

二国間関係において重要な役割を果たしたのは、二〇一八年十月三日～五日にかけてタジキスタン大統領が日本を公式訪問したこと、および二〇一五年十月二十四日に安倍晋三首相がタジキスタンを公式訪問したことであった。殊に、協力を表明する重要な機会となったのは、二〇一九年五月十六～十七日にドゥシャンベで開催された「中央アジアと日本の対話」と「第七回中央アジアと日本の外相会議」の場であった。

国際協力機構（ＪＩＣＡ）のタジキスタン事務所は二〇〇六年に設立され、教育分野での二国間協力の強化を推進してきた。二〇〇九年にはタジキスタンから計二千二百名を超える専門家が日本において様々な研修に参加した。日本は、国際関係、法律、経済、経営分野などの教育を通じてタジキスタンの若手専門家たちの人材育成支援無償事業（ＪＤＳ）を開始した。輸送部門での二国間協力は一九九九年から始まっている。タジキスタンの遠隔地における給水システムの整備にも日本は貢献し、さらにエネルギー分野においても協力事業がドゥシャンベの変電所改善プロジェクトを通じて実現した。

6．トルクメニスタンに対する日本の取り組み

二〇二二年は日本とトルクメニスタンの国交樹立三十周年にあたるが、両国の関係や協力については双方からの情報は比較的少ない。

二〇一三年九月十一日から東京を公式訪問していたトルクメニスタンのグルバングリ・ベルディムハメドフ大統領と安倍晋三首相の会談・交渉の後、メディアは、日本がトルクメニスタンとの密接な関係構築に関心を寄せているこ

とを報じた。ベルディムハメドフによれば、日本はトルクメニスタンにとって最も重要で信頼できるパートナーの一つなのである。

トルクメニスタンと日本は、様々な分野で協力し合うことに関心を持っている。日本政府は、日本の高度な技術力とトルクメニスタンの豊かな天然資源は相互補完的なものであると考えている。

トルクメニスタンは、これまで石油化学、ガス処理、電気技術、その他の産業分野における共同投資プロジェクトへの日本企業の参加の可能性を検討してきた。日本国際協力銀行（ＪＢＩＣ）の代表とも交渉を重ねてきた。現在、トルクメニスタンはこのＪＢＩＣの商業借款制度を利用して数多くのプロジェクトを実施している。

二〇二一年七月二十二日、セルダール・ベルディムハメドフ大統領代行を団長とするトルクメニスタン代表団が東京を訪問した。菅義偉首相との会談において、両者は貿易・経済および文化・人道両分野におけるパートナーシップへの意欲を表明した。

五、カザフスタンと韓国の関係における韓国人ディアスポラの影響力

グローバル化が進む一方の現代社会において、国家のパワーと影響力はその天然資源、先端技術、軍事力だけでなく、ディアスポラ（Diaspora）〔自発的または強制的に故地から離散・移住した状態ないしはその民族集団を指す〕を含む人口動態と人的ポテンシャルによっても決定される。ディアスポラは、国際関係におけるその役割と機能がここ数十年の間にあらゆる方面から注目されるようになり、政治家、学者、ジャーナリストの間で議論や研究のテーマとなっている。以下においては、ディアスポラが母国と歴史的な祖国との関係において果たす役割について検討する。

カザフスタン共和国は多民族国家であり、そのすべての市民が国の国民を形成している。カザフスタンの十大民族の中には、憲法によって平等な権利と責任を享受している韓国人がいる。

「大草原」(the Great Steppe) と朝鮮半島の結びつきが古代から存在していたことは、今ではよく知られている。そのことは、古代の考古学的文化の類似性、チュルク語と朝鮮語（韓国語）のアルタイ祖語の近似性、カザフスタンと朝鮮（韓国）のシャーマニズム信仰、そして人類学的親族関係によっても確認されている。何世紀にもわたって東西を結んだシルクロードは、古代朝鮮半島と現代のカザフスタン領土を天帝 (Celestial Empire)〔「中国」の古称〕の領土を経て結びつけていた。シルクロードの隊商の流れが止まった時、これら古代の絆は断ち切られたが、世界史の新しい時代にまた復活した。カザフスタンと大韓民国の間に国交が樹立してから三十年が経過した。両国間に協力関係が確立した当初から、カザフスタンの韓国人は経済、文化、科学など生活の様々な分野で両国関係の発展に積極的に関わっていった。カザフスタンと韓国の関係における戦略的パートナーシップの新たな段階は、両国の関係を強化・拡大する必要性を指し示しており、そのことから何よりもまず文化的領域において韓国人ディアスポラが果たす役割の必要性が高まっている。

カザフスタンと韓国の首脳会談では、常に韓国系の人々の問題が取り上げられてきた。韓国は十年ほど前から在外韓国人に関して明確な意図のもとに政策を推し進めるようになった。この目的のために一九九七年に政府の特別財団である「韓国在外同胞財団」(Overseas Korean Foundation) が設立され、韓国外務省の後援のもとに運営されている。二〇〇五年十二月、韓国政府はＣＩＳ諸国〔旧ソビエト連邦の構成共和国で結成された国家連合の独立国家協同体 Commonwealth of Independent States の略称。二〇一八年時点での正式加盟国は九カ国〕に居住する韓国系の人々を支援するプログラムを採択した。

両国間の国交樹立以来、在カザフスタン韓国人は経済、文化、教育、科学など生活の様々な分野で二国間関係の発展に積極的に関わってきた。一九九一年、韓国人ディアスポラがかなりの規模で存在していることから、アルマトイに「韓国教育センター」が開設された。現在、同センターは韓国人ディアスポラおよび同市に居住する他の人々の生活に非常に重要な役割を果たしている。何千人もの学生、何百人もの教師がこのセンターの語学講座を受講している。教育活動と並行して同センターは韓国の民族芸術の振興、大韓民国の歴史と文化に関する知識の提供をはじめ、様々な文化イベントの開催なども行っている。この教育センターは、多くの地方都市、大都市、また韓国人が集住している場所に支部を持っている。

同様の理由により、とはいえそれが唯一の理由ではないが、アスタナに「韓国文化センター」が開設された。ここには韓国文化に興味のある人たちや、韓国映画、Ｋポップの愛好家たちが何百人も集まってくる。このように、韓国系の人々はカザフスタンを母国として住むことを選択したことにより、韓国の教育・文化の重要な政府機関開設の政策決定に貢献したのであり、また両国の相互理解を促進し、両国民の距離を縮めることにも寄与している。

カザフスタンでは過去数年間に韓国側が在カザフスタン韓国人協会（ＡＫＫ）とともに主催するコンサート、展示会、演劇、ファッションショー、その他数々の文化イベントが開催された。ＡＫＫは韓国の文化や芸術を紹介する共和国祭を何度も開催し、何千人もの人々が参加した。韓国大使館と韓国在外同胞財団（ＯＫＦ）は常にこれらの文化イベントをサポートしている。

十五年以上前からカザフスタンのアルマトイその他多くの都市で、ユッケジャン、プルコギ、キンパプ〔海苔巻き〕、チェユクポックム、また地元高麗人には馴染みのない料理などを扱う韓国料理店が現れ始めた。その後、カザフスタンの若者の間ではカラオケサロンが流行した。しばらくすると、地元の韓国人たちは韓国料理の調理法を覚え、カラオケ店を営業するようになった。最近、韓国料理店や娯楽施設の経営者は韓国系の人たちで、彼らはカザフスタンの人々の間にこのようなやり方で韓国の伝統文化や大衆文化を広めている。

カザフスタン共和国と大韓民国の二国間関係は、今日、生活のあらゆる分野での協力や国家間の結びつきを強化・構築する戦略的パートナーシップという新たな段階に入りつつある。こうしたパートナーシップには、人道交流の拡大と深化、教育・文化・芸術・スポーツなどの分野における緊密な協力が含まれる。今こそカザフ人と韓国人の違いについて話すのではなく、何が両者を結びつけ、力を合わせ、絆をより強くするかを話すべき時である。カザフ人と韓国人はもっと知り合い、お互いの考え方、人生観、精神性、民族心理、習慣、伝統に親近感や同胞意識を持つべきである。韓国系の人々は、目に見える時も見えない時も、いつもカザフ人とともにいるのである。

カザフスタンの韓国人ディアスポラは、韓国系の人々がカザフ人やカザフスタンの他の民族と一緒に成長し、お互いを兄弟として認識し合っているので、両国間の仲介者としての役割を果たすことができるし、またそうすべきである。と同時に、歴史的な祖国とその市民は、カザフスタンの韓国系の人々を自分たちの目的を達成するためのディアスポラの使者・媒介者ないしは「弟」としてだけでなく、血縁関係にはあるが、様々な状況と理由のゆえに自分たちとは異なる対等なパートナーとして認識する必要がある。

確かにカザフスタンの韓国人は、カザフスタンと韓国の相互理解、友情、協力の「生きた架け橋」の役割を果たすだけでなく、両国間の人道的・異文化的交流やビジネス関係の重要な一翼を担うために、今後も最善を尽くしていくだろう。

最近、「広報文化外交」(public diplomacy) が韓国の外交政策において最も重要な位置を占めるようになった。それには大使館や総領事館の職員だけでなく、マスメディア、ビジネス、科学、教育、文化・芸術関係者、ＮＧＯの幹部なども関与している。非政府組織の広報文化外交への積極的な関与と、それと並行して情報交換の重要な部分をインターネットに移行することが新たな広報文化外交になってきた。それは異文化間の対話と、異なる国同士の社会間の信頼と協力の雰囲気づくりを指向している。

結論

二十一世紀は、世界最大の面積かつ人口を擁する大陸としてのアジアの世紀であり、国の政治システム、経済状況、文化的慣行、インフラ整備、人々の精神性、宗教などに大きな多様性が見られる。アジアは地理的にだけでなく、政治的、経済的、文化的にも地域に分かれており、ＥＵのような統合機関がない大陸である。

ソビエト連邦崩壊後、新たな主権国家体制の中央アジア諸国は、先ず何よりも経済的に多くの問題に直面した。どの国も先進国からの対外経済援助をきわめて必要とした。アジア大陸のすべての地域、ほとんどの国はポストソビエト中央アジアの新国家建設を目指す国々との関係を築いた。だが、中央アジアとのそうした協力は、新たに国際機関が設立されたり、大陸の既存の国際機関に中央アジア諸国が参加しているにもかかわらず、地域間というよりはむしろ二国間レベルのものであったし、現在もそうなのである。

今日、中央アジアは世界の舞台の主役にはなっていないが、豊富な天然資源、地政学的位置、消費市場を有する地域として他の国々にとって重要な地域となっている。

東南アジアと中央アジアの関係は、様々な理由により初期段階にとどまっている。北東アジアと中央アジアの国々との協力は、両地域の大国の地政学的利益の影響を受けている。韓国と日本にとって、中央アジアは極めて重要なパートナーというわけではないが、両国はより収益性の高い、安全で長期にわたる協力関係を展開しようとしている。

この三十年間、中央アジア諸国と日本は二国間関係と多国間パートナーシップを拡大してきた。日本のＯＤＡ事業は多少の差別化が見られるものの、中央アジアのすべての国に対してかなりの技術とインフラ整備を提供している。日本はこれまで五カ国の経済発展を十億ドル規模で支援し、中央アジアから数千人の専門家と八百名の学生を育成してきた。

韓国は、当初カザフスタンとの協力が中心であったが、最近はウズベキスタンに重点を移し、主導的立場にある。中央アジアの主要国であるカザフスタン、ウズベキスタンと韓国との二国間関係は、近年戦略的パートナーシップの段階に入り、生活のあらゆる分野での協力と国際間連携の強化・構築に至っている。韓国と中央アジア諸国との関係の特殊性には歴史的な祖国と実際の母国との間で仲介的役割を果たす韓国人ディアスポラの存在が認められる。今日、公共政策や「民際外交」（people-to-people diplomacy）に関与するディアスポラのソフトパワーは、国際関係や国際協力において非常に重要である。

［参考文献］

Akiner Sh. Partnership Not Mentorship: Re-appraising the Relationship Between the EU and the Central Asian States, *The China and Eurasia Forum Quarterly* (ISDP, Stockholm) 2010. Vol. 8. No. 4, pp. 17-40.

Christopher Len, "Japan's Central Asian Diplomacy: Motivations, Implications and Prospects for the Region," *The China and Eurasia Forum Quarterly* 3, no. 3 (2005): 127-149.

Clarke M. China's Integration of Xinjiang with Central Asia: Securing a "Silk Road" to Great Power Status, *The China and Eurasia Forum Quarterly* (ISDP, Stockholm) 2008. Vol. 6. No. 2, pp. 89-111.

Dissyukov Almas. Kazakhstan-Japan Cooperation: The Role of Kazakh Diplomatic Institutions in the Formation of Bilateral Political Discourse.『筑波大学地域研究』（二〇一〇）、四十一巻、九一～一一三頁。

Laumulin M. Central Asia in Modern Politics, *Central Asia's Affairs* (Almaty, KazISS). 2010. No 2., pp. 46-57.

Laumulin M.T. Russia and Central Asia: Mutual Strategic Interests, *Central Asia's Affairs* (Almaty, KazISS). 2009. No 3, pp. 9-17.

Len, Chrisopher, Uyama, Tomohiko and Hirose, Tetsuya (eds.) Japan's Silk Road Diplomacy. Paving the Road Ahead. Washington/Stockholm, Central Asia-Caucasus Institute and Silk Road Studies Program, 2008.

Lyailya Nurgaliyeva. Strategic cooperation between Japan and Kazakhstan: a new stage in the strengthening of the strategic Partnership.- US-China *Law Review*, Vol. 12, No. 4, 2015, pp. 364-387.

Martha Brill Olcott, *Central Asia's Second Chance* (Washington, DC: Carnegie Endowment for International Peace, 2005), 79-80.

McGlinchey E. Chaos, *Violence, Dynasty. Politics and Islam in Central Asia*. Pittsburgh (Pa): Pittsburgh University Press, 2011. XIV+216 pp.

Michael Robert Hickok, "The Other End of the Silk Road: Japan's Eurasian Initiative," *Central Asian Survey* 19, 2000, N. 1, pp. 17-39.

Peyrouse S. Business and Trade Relationships between the EU and Central Asia, EUCAM Working Paper No. 1, June 2009. Bruxelles: EUCAM, 2009. – 16 p.

Starr S. F. Rediscovering Central Asia, *The Wilson Quarterly* (The Woodrow Wilson International Center for Scholars.). 2009. Summer.

Starr S.F. *In Defense of Greater Central Asia*. Washington, D.C.: Central Asia-Caucasus Institute & Silk Road Studies Program ? A Joint Transatlantic Research and Policy Center Johns Hopkins University-SAIS, 2008. - 18 p.

Timur Dadabaev. Chinese, Japanese, and Korean Inroads into Central Asia. Comparative Analysis of the Economic Cooperation Roadmaps for Uzbekistan. *Policy Studies* 78 an East-West Center series, 2019.

Timur Dadabaev. The Evolution of Japanese Diplomacy towards Central Asia since the Collapse of the Soviet Union. IFSH (ed.), OSCE Yearbook 2011, Baden-Baden 2012, pp. 441-458.

Uyama Tomohiko, "Japanese Policies in Relation to Kazakhstan: Is There a 'Strategy'?" in *Thinking Strategically: The Major Powers, Kazakhstan, and the Central Asian Nexus*, ed. Robert Legvold (Cambridge, MA: American Academy of Arts and Sciences / MIT Press, 2003), 165-186.

Yuasa, Takeshi, "Japan's Multilateral Approach toward Central Asia" in Akihiro Iwashita (eds.), *Eager Eyes Fixed on Eurasia* 1 (2007), pp.65-84. 北海道大学スラヴ研究センター

Yuasa Takeshi. Central Asia in the Context of Japanese-Russian Relations, *The China and Eurasia Forum Quarterly* (ISDP, Stockholm) 2010. Vol. 8. No. 2, pp. 120-135.

（日本語翻訳：沼岡　努）

第七章　近現代におけるモンゴル世界の多様化

ボルジギン・ブレンサイン

はじめに

「モンゴル」という言葉には「遊牧民」「騎馬民族」「大草原」といったいくつかの決まったイメージがつきまとっており、ときには「モンゴル」と聞くと真っ先に「チンギス・ハーン」を口にする人も少なくない。確かに、モンゴル人は北アジアのステップ地帯で遊牧生活を送ってきた人々であり、「モンゴル人」という民族集団もチンギス・ハーンを抜きに存在しなかったであろう。しかし、チンギス・ハーンが騎馬軍団を率いてユーラシア大陸に跨る世界大帝国―モンゴル帝国をつくったのは十三世紀のことであり、彼の子孫によって維持されてきた政権が滅んでからすでに数百年が経った。政治的な独立状態を失った後のモンゴル人は、ユーラシア各地に分散居住し、清帝国やロシア帝国など複数の政治体に組み込まれていき、それぞれ異なる歴史を歩んできた。その後、万里の長城に近い内モンゴル地域に暮らすモンゴル人は、およそ十九世紀の中頃から中国本土から押し寄せてくる漢人農耕民の入植を受け、急速に定住と農耕化へ移行した。また、ロシア革命の影響によってハルハ・モンゴル（または「外モンゴル」）を含めた内陸アジアに分散居住するモンゴル系遊牧民は二十世紀の初頭頃から社会主義の時代を迎えたが、その流れは中国領に取り込まれた内モンゴルにも波及し、ユーラシア大陸東部の内陸地帯に分散居住するモンゴル人集団はそろって異なる政治的な枠組みの中で近代化と社会主義のイデオーロギが入り混じった複雑な時代を迎えた。さらに、二十世紀の末頃から世界的なグローバル化の波や中国における急激な経済発展によってモンゴル人の暮らしは様変わりした。つまり、二十世紀以降の世界的な激変によって、砂漠とステップの隅々まで悠長に遊牧を行う空間がなくなり、モンゴル人は伝統的な遊牧生活に執着できず、まさに多様化の時代を迎えたのである。しかし、こうした多様化の時代を迎えたにもかかわらず、なぜ「モンゴル」という言葉にある種のステレオタイプともいえる不変なイメージがくっついているのだろうか。本章では、まず今日のモンゴル世界の多様化の状況を概観したうえで、「モンゴル」につきまとうそうしたステレオタイプが形成された背景について考えてみたい。

一、世界各地のモンゴル人

モンゴル人と自称する人々は現在主にモンゴル国、中華人民共和国とロシア連邦の三カ国に分散居住している。独立国家であるモンゴル国の全人口は約三百三十万人だが、その九割はモンゴル系諸部族が占めており、さらにハルハ・モンゴル部族がその八割を占めている。したがって、モンゴル人の間には、モンゴル国のことを「ハルハ・モンゴル」と呼ぶ場合もある。西部のバヤンウルギー県を中心に約十万人のカザフ人が暮らしていることを除けば、モンゴル国はモンゴル人によって構成された国と言うことができよう。

一方、モンゴル国の南隣に位置する中華人民共和国にはモンゴル族（蒙古族）と見なされている人々は約六百二十万人も居住しており、独立国家―モンゴル国の総人口の約二倍に相当する。これら中国領モンゴル族の約六割に相当する四百五十万人が内モンゴル自治区に居住しており、残りの百数十万人のモンゴル族は新疆ウイグル自治区など八つの省や自治区に三つの自治州、八つの自治県などに分散居住している。[1] 具体的には、東北の遼寧省に約

図１　モンゴル人の主な居住地域

六十万人、吉林省に十五万人、黒龍江省には十万人が分布している。これら東北三省のモンゴル族居住地域はもともと清朝時代の内モンゴル東部三盟[2]の一部をなしていたが、開墾と入植によって大部分が県制となって東北三省に編入されており、現在は四つのモンゴル族自治県と大都市―瀋陽や各地の民族郷に分布し、東北三省だけでも少なくとも百万人のモンゴル族が居住している。新疆ウイグル自治区には約四十万人のモンゴル族が居住しており、青海省にも約十万人のモンゴル族人口がいる。甘粛省の粛北モンゴル族自治県のモンゴル族人口は五千人未満だが、県全人口の約三割を占めている。内モンゴル自治区以外の地域に分布しているこれらのモンゴル族自治州、自治県はそれぞれの歴史的状況に基づいて一九五〇年代に設置されたが、唯一河北省の囲場満族モンゴル族自治県のみ「改革開放」政策実施以降の一九八九年に新設された満族との共同自治県である。当県にモンゴル族とされる人々は約五万人おり、そのルーツは清朝時代のモンゴ

ル旗人に遡ると言われるが、詳細はまだよくわかっていない。

ロシア連邦には、ブリヤート共和国とカルムイク共和国という二つのモンゴル系の人々が居住する地域がある。バイカル湖周辺に広がるブリヤート共和国の総人口約百万人のうちブリヤート・モンゴル人は約四割を占めており、ロシア人との混血も進んでいる。ブリヤート・モンゴル人はロシア革命によってモンゴル国や内モンゴル自治区のフルンボイル地域にも一部移住し、ロシア、モンゴルと中国の三カ国に分散居住するデアスボラ民族としても知られている。カスピ海の西北に位置するカルムイク共和国の総人口約三十万人のうち六割をカルムイク・モンゴル人が占めており、彼らのルーツは新疆ウイグル自治区に居住するモンゴル族と同じオールド部族に属する。第二次世界大戦期に「ナチスドイツに協力した」という汚名を受け、数千人規模のカルムイク・モンゴル人がアメリカへ渡って、現在もニュージャージー州を中心に居住している。

このように、ロシア連邦には二つのモンゴル系共和国を中心に約六十万人のモンゴル人が居住しているが、ハルハ・モンゴルを経由して清朝が間接統治していたタンヌ・ウリヤンハイ（唐努烏梁海）の地には現在のトゥヴァ共和国がある。トゥヴァ人はテュルク系の民族だが、清朝時代にモンゴル語とモンゴル文字による行政が敷かれていた関係でトゥヴァ共和国には伝統的なウイグル式モンゴル文字の文化遺産も数多く残されている。なお、二〇二二年二月から始まり現在も続いているロシアによるウクライナ侵攻でたびたび登場するロシアの国防長官セルゲイ・クジュゲトヴィチ・ショイグ（Сергей Кужугетович Шойгу）氏はトゥヴァ人であり、トゥヴァ人やブリヤート・モンゴル人に対する戦争動員は抜きん出て多く、特にブリヤート人の犠牲者が多いといわれている。

二、モンゴル人とは誰のことを指すのか

現代社会では、国籍によってその人が何人であるかを決めるのが慣例となっている。たとえば、外国人が日本の国籍を取得することが「帰化」と呼ばれていることからも日本の市民権を持つことによって「日本人」になったと見なされる。このような考えに基づくと、独立国家―モンゴル国の市民権を持つ人々のみが「モンゴル人」と言われ、中国やロシアの国籍を持つモンゴル人は「ロシア人」もしくは「中国人」と言われることになる。国際的な慣例に従って言えばその通りだが、中国やロシアに暮らすモンゴル人が「中国人」あるいは「ロシア人」だと決めつけられると素直に納得するとは限らない。モンゴル人のような複数の国家に跨って分散居住している人々に対して、その人が持つ国籍によって「モンゴル人」か否かを分別することは難しく、中国やロシアのような多民族国家に属する場合は、国家としての帰属意識と個別民族としてのアイデンティティを分別して認識する必要がある。つまり、中国やロシア領モンゴル人は「モンゴル人」であり、「中国人」や「ロシア人」でもある。この点において中露に居住するほかの少数民族の人々も同様な状況と言える。

中国は漢族と五十五の少数民族を合わせて、五十六の民族によって構成された多民族国家である。モンゴル（蒙古）族もその一つであるが、この場合の「蒙古族」という枠組みはあくまでも中国領内のモンゴル人に限定して使われるものであり、モンゴル国の国民に向かって「モンゴル族」（又は蒙古族）と言うわけにはいかない。なぜなら、それは独立国家―モンゴル国の国民も中国の少数民族であるということを意味し、モンゴル国の主権にも抵触することになるからである。歴史的に言えば、現在のモンゴル国は一九一一年に、当時の清朝から独立し、清朝の正統な後継国と

自認している中国では、モンゴル国は中国から独立したと見る人々は多く、特に大国として台頭する中国に対する警戒心がモンゴル国の国民の間に根強くある。

「モンゴル人」と「モンゴル族」という呼び方の何れにも「落とし穴」があるとするなら、これらのモンゴル人たちをまとめて「モンゴル民族」と呼ぶのはどうだろうか、という考え方もある。「民族」という言葉のもとである英語の Nation には「国家」と「民族」という二つの意味が含まれており、独立国家と多民族国家に分散居住するモンゴル人に対しては、広義と狭義の両面からさらなる混乱をもたらす恐れがある。また、近代的な用語である「民族」という言葉には「一民族一国家」という「民族独立」のニュアンスが強く漂うことから、中国とロシアのような多民族国家では、国家の分裂を防ぐという観点から少数民族の人々の民族意識を極力弱めるという政策がとられてきた。たとえば、ブリヤートは一九二三年に「ブリヤート・モンゴル・ソビエト社会主義自治共和国」となっていたが、一九五八年には「ブリヤート自治ソビエト社会主義共和国」となって、ソ連崩壊後は「ブリヤート共和国」となった。そこには「モンゴル」という名称が消えたのであり、一説によるとそれはブリヤート人たちのモンゴル民族としてのアイデンティティを意図的に薄めるための改称であったと言われている。その効果もあるかもしれないが、現在ブリヤート人には「モンゴル民族」という意識が薄れ、自分たちは「モンゴル人」ではなく、「ブリヤート人」だと強調する人が多い。一方、「民族国家」であるモンゴル国の人々も中国とロシア領内に暮らすモンゴル人たちが自分のことを「モンゴル人」だということに対して複雑な眼差しを持っており、モンゴル人たちがおかれている現実からすれば「モンゴル民族」という用語にあてはまらないモンゴル人が存在することになる。

「モンゴル人」の範囲をさらに広げていう「モンゴル系」という言葉がある。「モンゴル系」となると、広義的にはチンギス・ハーンがつくったモンゴル帝国に遡り、ユーラシア各地に散らばったモンゴル帝国の子孫を指すことになる。例えば、クリミア半島に居住するタタール人やアフガニスタンに暮らすハザル人などがそれにあたる。タタール人のように、彼らの身体にモンゴル帝国時代のモンゴル人の血が流れていたとしてもそれはモンゴル帝国の遠征によって誕生した新しい民族であり、すでにかなり昔からイスラム化している。一方中国では、一九五〇年代に五十六の民族を識別する際に、もともとモンゴル諸部族の一つとされるダウール・モンゴル人を「ダウール／達斡爾」族という個別民族として認定した。逆に、ロシアと隣接する新疆ウイグル自治区北部に居住する一部のトゥヴァ人を「便宜上」モンゴル族として認定した。このように、本来は各民族の「歴史的な事情を考慮」して識別したはずの民族識別作業には「モンゴル系」の要素が考慮されていなかったことがわかる。

上述した複雑な政治的社会的環境の相異によって、各地には伝統的な遊牧業が衰退し、定住し、農耕を営むモンゴル人が増え、近年に至っては都市化ブームにも巻き込まれている。日本の約四倍に相当する広い国土を有するモンゴル国では、全人口の三分の一に相当する百二十万人が首都ウランバートルに居住し、広大ないなかには約百万人のモンゴル人が遊牧している。長い社会主義時代を経験したその遊牧も伝統的とは言えないうえ、民主化以降における市場経済の中でさらなる変化を強いられている。内モンゴルに至っては厳密な意味でいう遊牧は一九七〇年代末までほぼ姿を消し、中国の改革開放政策を背景に、一九八〇年代以降は定住牧畜へ移行して、農業に適する地域では農耕化が進んだ。

こうした状況のもと、本来は広範囲に分散居住していても遊牧文化によって文化的一体性が保たれてきたモンゴル人は、定住文化と農耕文化だけではなく、中国文化やロシア文化など様々な文化体に影響されるようになった。この中で生じた文化的相異は、モンゴル人同士のコミュニケーションの障壁となり、距離感をもたらしている。その一つが、一体だれが「本物のモンゴル人」なのか、という問題である。七十年間にわたってソビエト社会主義圏の一員として過ごしてきたモンゴル国の人々は、すっかりロシアや東ヨーロッパ的な文化に染まり、民主化の頃になると、東アジアの民として長く使ってきたはずの箸すら使えなくなっていた。一方、内モンゴルのモンゴル人に至っては、台所に立つと中華風炒め物をつくるなど、衣食住の隅々まで中国文化に影響されている。人口百二十万人の大都市―ウランバートルには一日中コンピュータで仕事をし、ゲルに生活したことのない若者が大勢いる。つまり、モンゴル世界には「モンゴル＝遊牧」というイメージとかけ離れた多様な文化と生き方があらわれている。こうした多様化が進む中で失われているのはモンゴル人同士を繋いできた唯一の接点―遊牧文化であり、「本物のモンゴル人」という問いには、国境を越えて通じ合う心の接点への強いこだわりがあるに違いない。たとえば、モンゴル国と内モンゴルにはいつも流行る「Bi Malčin Hümün, Bi Ĵinggini Monyol Hümün」（私は牧畜民であり、私は本物のモンゴル人だ）という意味の歌がある。モンゴル人は大草原で牧畜を行うべきと強調するのは、多様化の中で伝統文化が失われていることに対して危機的に感じているからであろう。

万物は変化の中にある。したがって、モンゴル人も多様化するのは当然であり、様々なモンゴル人がいても不思議ではない。それは、日本人は江戸時代でも今でも「日本人」であり、「本物の日本人」か否かを問われることがほとんどないのと同じ道理である。しかし、モンゴル人同士でこの当たり前のことを問いあうのは、中国化の荒波にさらされている内モンゴルは言うまでもなく、独立国家―モンゴルでも遊牧が衰退し、無秩序な都市化と市場化の中で不本意な激変にさらされていることへの抵抗であろう。

三、モンゴル人の農耕化

十九世紀の中頃から内モンゴルとブリヤートはそれぞれ中国とロシアから押し寄せてくる農耕移民の入植にさらされ、遊牧する空間が狭まって定住と農耕化が進んだ。内モンゴルで最も早く漢人の入植にさらされた地域は中心都市―フフホト（呼和浩特）周辺に広がる西トメド地域である。黄河を挟んで山西省と隣接するこの地域は、明末清初から漢人の入植を受け、近代に入る以前から定住して農耕化したうえ、モンゴル語も失って漢語のみを話す「蒙古族」となっている。一方、大興安嶺山脈の東南麓に広がる内モンゴル東部地域は、温暖で湿潤な自然環境によって十九世紀の半ば頃から漢人の入植にさらされ、二十一万平方キロの土地には約三百万人近くの農耕化したモンゴル人が居住している(3)。内モンゴル自治区全体でモンゴル族の人口が全人口の十七％しか占めていない中で、これら東部三盟・市のモンゴル族人口の割合が高いのは定住と農耕化によってモンゴル人が農耕村落を形成して密集していることにほかならない。そういう意味で、世界的に見てもこの地域はウランバートルを除いてモンゴル人が最も密集する地域と言える。

なぜ、広い牧草地に遊牧をしていたモンゴル人がこのような狭い空間でひしめきあって暮らすようになったのか。清朝時代において、外藩モンゴルは万里の長城と「柳条辺墻」によって中国本土や旗地と隔たっていた。しかし、中国本土における人口の増加、度重なる自然災害や外藩モンゴルにおける労働力不足によって、大勢の漢人農民がモンゴル旗に入植し、十九世紀の末頃になると隣接地帯では入植した漢人を管理する州、府、県がつくられた。入植にさらされたモンゴル人は、農耕民とのトラブルを避けて旗内の未開墾地域へ移住していったが、やがて移住する空間が狭まり、定住せざるをえないうえ、牧畜のみに頼った生計も成り立たず、農耕に従事し、半農半牧的な生活形態に移行した。そのよう状況は二十世紀前半期になると益々進んで、農耕モンゴル人による村落が広範囲にわたって形成され、家畜を飼育する空間がなくなって、純農耕民になっていったのである。一方、こうしたモンゴル人の定住と農耕化は入植した漢人コミュニティとの摩擦を生み、蒙漢対立は激化した。一八九一年に、万里の長城に沿ったジョスト盟地域を中心に起きた「金丹道暴動」はその象徴的な出来事であり、すでに農耕化していた大勢のモンゴル人が暴動で殺害され、生き残ったモンゴル人は故郷を追われ、北部の未開墾地域へ避難移住した。内モンゴル東部三盟・市におけるモンゴル人の密集は、このような漢人の入植による地域全体の連鎖的な影響によるものと見ることができる。二十世紀後半になると、内モンゴル東部に密集していた農耕モンゴル人の一部は、人口密度が低く、牧畜がなお盛んに行われていた北部のフルンボイル地域やシリンゴルなど中西部地域へ移住した。それによって、モンゴル人の中では中西部の「牧畜モンゴル人」と東部の「農耕モンゴル人」同士が「内なる他者」となって文化的対立が生じ、なかなか乗り越えられない壁となっている。

図２　農耕化したモンゴル人家庭の壁に飾られている信仰物（撮影：筆者）

　内モンゴル自治区東部の限られた空間にモンゴル国の全人口にも匹敵する規模の農耕モンゴル人村落社会が出現したことは近現代におけるモンゴル世界の多様化の象徴的な出来事と言える。端的に言えば、それは一世紀以上にわたる漢化―中国化の結果であるが、農民の姿に変わったモンゴル人たちがモンゴル語を操る村落社会を形成しているという実態からすれば、モンゴル人の集団的変容であり、多様化の結果と受け止めるべきである。

　しかし、今なお「モンゴル＝遊牧」という固定観念が存在し、モンゴル人のシンボルを牧畜文化から求める中で、農耕モンゴル人村落社会に生きる人々は漢文化とモンゴル文化の間に挟まれた「どっちつかず」的な存在となり、自分たちの現実と「変異」した文化を直視する枠組みすらないまま現在に至っている。

四、モンゴル人の都市化

一般的な認識として、農耕民は都市によって潤うことから都市に近づきたがるが、家畜を放牧する遊牧民は都市を避けがちである。数千年間にわたって、モンゴル高原でいくつもの騎馬遊牧帝国が盛衰したにもかかわらず、長続きした都市は存在しなかった。モンゴル帝国の首都カラコラムのように、当時は世界帝国の中心であったにもかかわらず、帝国滅亡後は再び人影の少ない草原地帯へと戻った。しかし前述したように、モンゴル国の首都ウランバートルは現在百二十万人も居住する大都市となっており、東西は大興安嶺山脈からアルタイ山脈まで、南北はバイカル湖から陰山山脈までの広大なモンゴル高原でまれにみる最大規模の都市となっている。なぜ、都市を避けたがる遊牧民の生活舞台であるモンゴル高原にこれほど大規模な現代都市が出現したのであろうか。

清朝時代に「フリエー」(4)と呼ばれていたウランバートルは、そもそも仏教寺院が集中していたところであり、一七六二年にロシアとの交渉を担当する「庫倫辨事大臣」が置かれたことにより政治と宗教の中心地となった。そのことが中国本土からの行商人──「旅蒙商」を引き寄せ、貿易都市の機能も備わって、外モンゴルにおける政治経済と宗教の中心となった。この時点において、モンゴル高原で過去に存在していた遊牧帝国の都市形成とほぼ類似しているが、その後に続く社会体制がフリエーの都市としての歴史を延長させることとなる。清朝が崩壊する二十世紀初頭は、モンゴル高原にも近代化の波が押し寄せてきた時期であり、一九二一年の社会主義革命の勝利はまさにモンゴルにお

図３　ウランバートルのゲル地区（左奥に見えるのは市中心部）（撮影：広瀬優大）

ける「近代化」の始まりであった。一九二四年のモンゴル人民共和国の設立はソビエトに続く第二の社会主義国家の誕生を意味するものであり、人口わずか百万人しか有しない内陸の遊牧国家が当時としては「最先端」の社会体制を迎えたのである。社会主義モンゴルでは、現代国家が備えるべきあらゆる機能を備えた首都―ウランバートルを建設したほか、遊牧地域でもソビエト式なコルホーズ制度が導入され、定住拠点が次々とつくられて遊牧民の定住を促した。このように、政治、宗教と貿易の機能を備えていた前近代的都市―フリエーが短期間で社会主義国家の首都―ウランバートルに変身し、全国各地からエリートたちが集まって国家運営に携わった。社会主義モンゴルでは、ウランバートル以外にもダルハンやエルデニトなど新興の鉱山都市がつくられ、遊牧国家であるモンゴルに都市住民が形成されていった。

一九九〇年の民主化以降、モンゴル人民共和国はモンゴル国と改称され、議会制民主主義と市場経済が導入された。民主化以降のモンゴルでは、ソビエト社会主義圏からの経済援助はなくなり、経済的混乱に陥ったうえ、社会主義体制下で維持されていた国内体制も市場化のもとで合理化された。その中で起きたのは全国各地から遊牧民が大挙ウランバートルに押し掛けたことである。それまで都市を敬遠していた遊牧民たちは、現金収入を求めてウランバートルに移住するか、もしくは周辺地域に遊牧してくる。ウランバートルの膨張には社会主義時代に形成した遊牧地域の教育体制の崩壊も一因と言えるが、何よりも市場経済のもとで生活を維持するにはかつてないほど現金が必要となり、人口が密集する都市にしか現金をもたらすすべがなかったからである。人口約五十万人程度であったウランバートルは民主化以降の

図４　伝統的なゲルと固定家屋が入り乱れるウランバートル郊外のゲル地区（撮影：筆者）

三十年間に百二十万人にまで膨らみ、周囲には「ゲル・ホロールル」（「ゲル地区」）と呼ばれるダウンタウンが広く展開している。言うまでもなく、急激な人口増加に対してウランバートルの公共インフラは追いつかず、冬季になると石炭を燃やした煙で世界的にも有数のスモーク都市となっており、モンゴルらしい青空がなかなか見えない[5]。また、遊牧民による急激な都市化は様々な社会問題を引き起こしている。広い空間で暮らしてきた遊牧民は、人口密度の高い都市社会で近所付き合いに慣れず、人間関係のトラブルも絶えないうえ、単一的な牧畜業に携わってきたことにより、近代的な大都市で自立し、生計を立てるすべも乏しく、失業率は高い。いずれにしても、ウランバートルの膨張はモンゴル高原で前例のない出来事であり、都市化の先行きがなかなか見通せない。

中国の北部辺境地域に東西四千キロの長さで横たわる内モンゴル自治区は大興安嶺山脈、陰山山脈と賀蘭山脈によって東西と南北に二分されている。山脈の麓地域には東北から嫩江水系、シラムレン河水系と黄河水系という三大水系が流れ、比較的湿潤で温暖な地域となっており、開墾と農耕化が進み、前述した西トメド地域と東部の農耕モンゴル人村落もこうした山脈の麓地域に広がっている。しかし、山脈より西部、北部地域は平均標高千メートル以上の乾燥した高原地帯であり、農耕に適さないことによって現在もなお牧畜が盛んに行われている。中国でよく知られる「シリンゴル（錫林郭勒）大草原」や「フルンボイル（呼倫貝爾）大草原」もこうした山脈の西部もしくは北部に位置し、近年まで内モンゴルは中国最大の牧畜生産基地として位置づけられてきた。しかし、二十一世紀に入ってから加速した中国の急激な経済発展の中、内モンゴル自治区はそれまでの牧畜生産基地から中国の経済発展を支えるエネルギーや資源供給地となっている。中国が「世界の工場」となり、エネルギ需要が高まる中で、いわゆる「内モンゴル大草原」の地下に豊富な石炭が埋もれていることが知られ、大規模な露天炭鉱が次々と拓かれ、にわかに資源バブルの様子を呈していった。この中で、内モンゴル自治区はそれまで全国一位であった山西省を超えて中国最大の石炭生産基地となり、二〇一〇年頃にはＧＤＰも一時期広東省を超える勢いとなった。急激な資源開発は環境問題を引き起こしただけではなく、民族問題にまで発展した。この時期にクローズアップされた中国東部地域における空気汚染―ＰＭ２・５は、内モンゴル自治区や山西省で採掘された石炭による火力発電が主な原因とも言われている。また、二〇一一年五月にシリンゴル盟西ウジュムチン旗で起きた石炭を運ぶトラックによるモンゴル人牧民のひき逃げ事件をきっかけに、全自治区を巻き込んだデモも発生した。

図５　オルドス市ヒヤーバグシ（康巴什）区の高層ビル群（撮影：筆者）

資源開発でえられたマネーは不動産バブルを引き起こし、内モンゴルは都市化ブームに突入した。それを象徴するのは内モンゴル西部のオルドス（鄂爾多斯）市[6]で出現したヒヤーバグシ（康巴什）区である。黄河と沙漠に囲まれたオルドスはもともと牧畜業を中心としてきたモンゴル族の生活舞台であったが、改革開放後の一九八〇年代からカシミア山羊の飼育に成功し、有名な「鄂爾多斯カシミア」ブランドで世界中にその名が知られるようになった。しかし、そのオルドス沙漠の地下には豊富な石炭が埋蔵されていることが知られ、一九九〇年代から採掘し始めたが、急激な経済発展を追い風に進んだ石炭の開発がオルドスの運命を変え、二〇〇〇年にわずか十五億元しかなかったＧＤＰは、二〇〇九年には二千億元にまで膨らみ上がり、わずか九年間で数十倍に増加し、香港を超えて「オルドスの奇跡」とも呼ばれた。まさに、中国の急激な経済発展が少数民族地域にもたらした典型的な資源バブルである。経済規模の膨張に伴って、オルドス市は沙漠の中に百万人が居住できる新興都市ヒヤーバクシ（康巴什）の建設に乗り出し、世界的に有名な建築家たちを集めてインパクトの強い建物と大勢の市民が居住する高層住宅をつくった。それと同時に、加熱する不動産業への投資として民間による金融活動も活発になり、シャドー・バンキングとも呼ばれる民間の貸し借り業が横行して、オルドスは浙江省の温州とともに中国の金融バブルを代表する闇金融の代名詞ともなった。しかし、バブルは長つづきせず、リーマンショックを受け、世界的な需要の低下によって石炭の需要も減り、オルドスの経済は失速した。現在百万人を収容するはずの都市に十万人未満の人口しか住んでおらず、ヒヤーバグシ（康巴什）は中国に数多くある鬼城―ゴースト・タウンの代表格として定着した。

図６　内モンゴル自治区最西端のエジナー旗の牧民ストリート（撮影：筆者）

資源開発ブームはオルドスにとどまらず内モンゴル全域に波及し、中国政府が推進する都市化政策とも重なって各地で不動産開発と都市化が進んだ。特に、人口の少ない地域では、牧畜を行うモンゴル人の多くがいなかの放牧地に家畜と雇い放牧人を残して自分たちは旗政府所在地にマンションを買って居住するようになった。内モンゴルにおけるこのような都市化の波は、二〇〇〇年代初期頃から砂漠化対策として推進した「生態移民」政策や現在も実施されている「禁牧」政策と整合性がとれて、いなかで放牧していた牧畜民の都市への流入は深刻化していた砂漠化防止につながると受け止められているに違いない。一方、都市住民となったモンゴル人はマンモス団地に分散居住し、それまで維持していた共通のコミュニティも持てなくなって、社会基盤や伝統文化が急速に風化している。現在内モンゴル自治区の中心都市―フフホトには人口の一割を占める約二十万人のモンゴル人が居住しており、北京や遼寧省の瀋陽などモンゴル人が比較的多く居住する都市も含めて、各盟・市や旗（県）政府所在地の市街地に居住するモンゴル人は少なくともモンゴル族人口全体の三分の一を占めると推測される。

五、ステレオタイプは如何につくられたのか

以上述べてきたように、モンゴル世界は農耕化と都市化に象徴されるかつてない多様化に見舞われている。しかし、それにもかかわらずなぜ多くの人がなお「モンゴル＝遊牧」というイメージを持っているのだろうか。さらに不可解なのは、ステレオタイプとも言えるこの種の現実離れのモンゴルイメージは、モンゴル人に近い東アジアの人々に多く、その中でも日、中、韓に集中している。

北方民族であるモンゴル人は歴史的にも中国と長く敵対関係にあり、「韃子」や「韃靼」などと差別されてきたが、近代以降弱体化したモンゴルは中国の支配下に置かれ、中国の人々にとっては逆に、開拓する新天地―あこがれの「辺境のユートピア」となった。つまり、政治的な脅威ではなくなったモンゴル人には文化的な「希少価値」が認められ、ある種条件づきの「可愛さ」が見出されたのである。モンゴル国の二倍以上に相当する六百万人余りの中国領モンゴル族がいても、十四億人の中国には政治的脅威とならず、歌と踊りに長けた可愛い少数民族である。筆者の理解では、韓国にもモンゴル好きな人々が多く、その根底に「遊牧」と「大草原」があるほか、自分たちのルーツがモンゴルにあるとする天然的な親近感が存在するに違いない。この点は日本も同様だが、韓国の人々がモンゴルに行けるようになったのも民主化以降であり、モンゴルとの接触はそれほど古くない。

日本では、大相撲の活躍もあってモンゴルに対する親近感は日常的に感じる。しかし、日本とモンゴルの歴史的交流は中国や韓国と異なる側面があり、日本のモンゴル認識には独自のルーツがあるように思われる。鎌倉時代の「蒙古襲来」以降、日本のモンゴル認識は基本的に中国のそれと同じく、モンゴルを「韃靼」と呼んできた。

日本がモンゴル人と接触するのは早くとも日露戦争に遡るが、日本による近代的なモンゴル認識はそれよりやや早い。明治維新の直後、寒冷地帯で戦う近代的軍隊を組織するために暖かい軍服をつくる必要に迫られ、羊毛の需要が高まった。それにより、畜産資源に乏しい日本は貴重な外貨を使って羊毛を輸入せざるをえず、にわかに国内で牧羊事業を確立するよう試み、清朝で畜産調査を行って北京北部の長城近くからモンゴル種のヒツジを数千頭輸入して品種改良を行った。しかし、モンゴル種ヒツジは日本の気候風土に合わず品種改良は失敗するが(7)、この時、モンゴル人はユーラシアを駆け抜けた騎馬遊牧民としてではなく、ヒツジ飼いの牧畜民族として日本の視野に入ったのは実に近代的である。日露戦争以降、南満洲と東部内モンゴルにおける権益を獲得した日本は、いよいよ日本国内で挫折したモンゴル種ヒツジの品種改良を内モンゴルの現地で行うことになった。モンゴル種ヒツジの品種改良は終戦までの約半世紀近くの間、まさに「日本の生命線」の一つとして実施され、一定の成果を上げた。

日本の内モンゴル進出は満洲国（一九三二～一九四五）と蒙疆政権（一九三七～一九四五）の樹立を通して浸透するが、日本にとって戦前期の内モンゴルは植民地開拓の最前線であった。その中で、内モンゴルで植民地統治を行う人材が大量に必要となり、現在の東京外国語大学の前身である東京外国語専門学校にモンゴル語科が設立された（一九〇八）。その後、大阪外国語学校にも「蒙古語部」が設置され、モンゴル関連の専門家を多く輩出した。これは、現在の日本外交全体における「モンゴル」の重要度からは到底考えられないことである。このように、戦前期において多く日本人が内モンゴルで働いたり、生活したりしたが、終戦に伴ってみな引き揚げてきた。ところが、戦後の内モンゴルは再び中国の支配下に入り、日中関係の枠組みでしか触れることができず、その日中関係も一九七二年まで国交がなく、内モンゴルとの接触は不可能であった。一方、日本は戦前期から外モンゴルに浸透することができず、一九三九年の「ノモンハン事件」でソ連・モンゴル人民共和国連合軍と一戦を交えただけに止まり、ソ連陣営に入った戦後のモンゴルとも一九七二年の国交樹立まで外交関係を持たなかった。つまり、戦後の「モンゴル世界」は均しく冷戦の対立陣営に含まれ、戦前期の思い出の地―内モンゴルとは接触することができなくなった。

このように、日本人のモンゴル理解の原点は内モンゴルであったと言えるが、日本が実効支配した戦前期の内モンゴルはすでに定住と農耕化による大きな変化に見舞われていた。満洲国領内に含まれた内モンゴル東部地域にはすでに農耕モンゴル人村落社会が形成し、蒙疆政権が敷かれた内モンゴル中西部地域も漢人の入植にさらされ、伝統的な遊牧社会は変化して、外モンゴルとの間にももはや異なる状況が生まれていた(8)。日本は多様化してしまっていた内モンゴルで「モンゴル」を体験し、それがモンゴルだと思って戦後を迎えたのである。戦前期からモンゴルの変容ぶりを目の当たりにしており、本来ならその多様化についてもある程度知識を持っていると考えるのが普通だが、なぜか戦後の日本でモンゴルがユートピア的に語られるようになったのである。

戦後の日本では、アジア各地の植民地から引き揚げてきた人々による戦前の記憶を整理するブームが起きていた。特に、戦後の混乱がある程度落ちついた一九五〇年代後半から、人々は必ずしも楽しいことばかりではなかった戦前の思い出を戦後社会の雰囲気にあわせて整理し、それぞれにとっての思い出の地を「わが心のふるさと―海外版(9)」として発信した。これは、急速に進む日本社会の近代化と対照的なモンゴル遊牧文化をユートピア的に語れる環境がそろったことを意味する。それを象徴する存在がいまなお小学校の教科書に載っている「スーホの白い馬」である。絵本『スーホの白い馬』の物語の作者―大塚勇三と絵の作者―赤羽末吉の二人は、ともに戦前期の内モンゴルで生活した経験を有する人々である。戦前の思い出をもとに、平和を大切にする戦後社会にあわせてアレンジしたこの児童文学作品は大ヒットし、団塊の世代の人々の心に宿る大切なモンゴル・ロマンとなった。同じ時期に、エリート教育を受けて戦前期の内モンゴルで活躍したハイレベルのモンゴル専門家たちは、モンゴルの現実に接せない中で戦前期にとった研究ノートを整理した研究成果や回想録を多く世に出し、その量質とも戦前期を超えた。文献史料に依拠したモンゴル帝国史研究、戦前の調査データを用いた遊牧社会の研究や民俗学研究など戦後日本のモンゴル研究が世界をリードしてきた。その背景には、戦前期から素養と実践を兼ね合わせた多くの専門家たちが戦後に活躍したことがあったに違いない。しかし逆に言うなら、それは、戦後モンゴルの現実に接触できない特殊な環境の中で生まれた奇跡であり、戦後日本における「モンゴル・ロマン」の背景ともなったと言えよう。

おわりに

二十世紀における日本と「モンゴル」の関係は、戦前の「リアルなモンゴル」から戦後の「幻想のモンゴル」へ変化したと言っても過言ではない。それは、幻想と表層から本質へ迫るという、物事に対する本来あるべき理解方程式にやや反するものと思われるが、それは日本と「モンゴル」の特殊な歴史的関係を抜きに語れない。日本にとって、モンゴルは遠い昔の侵略者――「元寇」以降、長く接触を持たないできた相手であった。明治維新以降、モンゴルは畜産資源の供給地として視線に入り、日露戦争の頃から植民地支配という時代背景のもとではじめて接触した。当然、そこには長く中国の植民を受けて弱体化したモンゴルに対するある種の「救済意識」や迫りくるロシアの縄張りから自陣営へ取り込むといった複雑な力学もあった。満洲国時代と蒙疆政権時代を通して、内モンゴルを短期間実効支配したが、戦後になると再び接触できなくなるという起伏の激しい歴史を経験した。したがって、日本と「モンゴル」の関係史は、「日蒙関係」という単線的に語れるものではなく、日、露、中の複雑な関係の中で立体的に語るほかない。それは、現代日本における「モンゴル観」からも伺うことができる。日頃出会う「モンゴルファン」には、「中国が好きではない」という条件つきの人々もいれば、行き過ぎた近代化に対する反省からモンゴル遊牧民のサスティナブルな生き方が好きという人もいる。そこには、日中関係の板挟みで厳しい運命に翻弄されてきた「モンゴル」の歴史に対する理解が不足している。また、モンゴル国の現状を考えても、グローバル化にさらされる中、遊牧は真空の中で存在せず、モンゴルの人々も経済発展の恩恵を享受し、近代的な生活を送ってみたいと思う気持ちがあって当然である。つまり、モンゴルへの親近感は真のモンゴル理解からくるべきであり、モンゴル理解の真相はその多様化に対する理解にほかならない。行き過ぎた近代化への反省が後進国としてのモンゴル国、そして今なお植民地に甘んじている内モンゴルの人々への理解を単純化してしまうようでは責任あるモンゴル観は育たない。条件つきのモンゴル好きはモンゴルのためにならず、日本のためにもならない。なお、今日のモンゴル世界における変化の多くは、モンゴル人自らの選択によるものではなく、他者に強いられたものである。だからこそモンゴルに対する現実に基づいた親近感が大切である。

［注］

（1）三つの自治州とは「バヤンゴル（巴音郭楞）モンゴル自治州」（新疆ウイグル自治区）、「ボルタラ（博爾塔拉）モンゴル自治州」（新疆ウイグル自治区）、「海西モンゴル族チベット族自治州」（青海省）であり、八つのモンゴル族自治県とは「阜新モンゴル族自治県」（遼寧省）、「ハラチン（喀喇沁）左翼モンゴル族自治県」（遼寧省）、「前ゴロルス（郭爾羅斯）モンゴル族自治県」（吉林省）、「ドルベト（杜爾伯特）モンゴル族自治県」（黒龍江省）、「ホブクサイル（和布克賽爾）モンゴル自治県」（新疆ウイグル自治区）、「河南モンゴル族自治県」（青海省）、「粛北モンゴル族自治県」（甘粛省）、「囲場満族モンゴル族自治県」（河北省）である。このほか、全国では六十五のモンゴル族郷（鎮）があり、モンゴル族は中国国内においても回族に次ぐ分散民族となっている。なお、自治区、自治州、自治県と異なって、「民族郷」は自治条例を制定する権限を持たない末端行政組織である。

（2）清朝時代の内モンゴル東部三盟とはジリム（哲里木）盟、ジョオド（昭烏達）盟とジョスト（卓斯図）盟を指す。ジリム盟は二〇〇〇年以降通遼市となり、ジョオド盟は一九八三年から赤峰市となって内モンゴル自治区に属するが、ジョスト盟の大半は遼寧省に編入されている。

（3）農耕化したモンゴル人は主に内モンゴル自治区東部の赤峰市、通遼市とヒンガン（興安）盟に集中している。そのうち、ヒンガン盟は通遼市とともに旧ジリム盟を構成していた。なお、二〇二〇年の人口統計では、赤峰市の総人口約四百万人のうちモンゴル族人口は約八十五万人であり、一九％を占めている。通遼市の総人口二百八十七万人のうちモンゴル族人口は百三十二万人であり、四六％を占めている。ヒンガン盟の総人口百四十一万人のうちモンゴル族人口は約七十万人であり、四二％を占めている。

（4）中国語では「庫倫」、ロシア語では「ウルガ」と呼ばれる。一九二四年に社会主義モンゴル人民共和国の設立に伴ってウランバートルに改称された。

（5）ウランバートルの中心部では社会主義時代から整備された集中暖房があるが、ゲル地区では石炭で暖を取り、上下水道が整備されていないところが多い。また、周囲を山で囲まれていることにより、スモークが市内にこもりがちという客観的な要素もある。

（6）二〇〇二年に旧イケジョー（伊克昭）盟を改称した地区レベルの市である。

（7）包領小「近代日本における羊毛産業とモンゴル」『人間文化』（滋賀県立大学人間文化学部研究報告）四十九号（二〇二〇）六四〜七二頁。

（8）一九〇七年に、内モンゴル東部地域と外モンゴル東部地域を旅行した人類学者鳥居龍蔵の旅行記『蒙古旅行』（博文館、一九一一）で、当時の内・外モンゴルの異なる状況をリアルに描いている。なお、蒙疆地域の状況については当時張家口にあった「西北研究所」の所長今西錦司（『遊牧論そのほか』平凡社、一九九五）と京都大学の大学院生であった梅棹忠夫の回想録（『回想のモンゴル』中公文庫、一九九一）を参照されたい。

（9）一九六〇年代の『朝日新聞』で連載していたコラム。毎回心に残っている世界のどこかの土地の思い出が掲載されていた。

［参考文献］

松宮邑子著『都市に暮らすモンゴル人――ウランバートル・ゲル地区にみる住まい空間』明石書店、二〇二一年六月。

滝口良編著／八尾廣、坂本剛、佐藤憲行、松宮邑子、G・ロブサンジャムツ著『近現代における都市化と伝統的居住の諸相――ウランバートル・ゲル地区にみる住まいの管理と実践』東北アジア研究センター叢書　第六十五号、東北アジア研究センター、二〇一八年十二月。

ボルジギン・ブレンサイン著『近現代におけるモンゴル人農耕村落社会の形成』風間書房、二〇〇三年三月。

第八章　ベトナムの「家訓」文献から見たベトナム人の礼

佐藤　トゥイウェン

はじめに――要旨を兼ねて

「家訓」は、ベトナムの伝統的な家庭の儒教に基づく倫理教育を鮮明に映し出す資料である。現在でも、ベトナム・日本・フランスの研究機関や大学図書館などに、百七点ものベトナムの「家訓」文献が収蔵されている。「家訓」には「修身」「斉家」の内容のほか、さまざまな法・礼の規則が反映されている。本章では、「家訓」文献から見たかつてのベトナム人の礼、すなわち、君臣の礼・父子の礼・夫婦の礼・日常生活上の礼を明らかにしたい。君臣の礼は「君明臣正」「君臣有義」に従って実行する。父子の礼は「父慈子孝」に基づいて実践し、親が亡くなった際、葬式において子孫たちが哀痛の心を持たないといけないことや、祭祀のためにご馳走を準備するとき、誠心つまり敬う心を持ち、供え物をぞんざいにしてはならず、物吝《ものお》しみして嫌われてはいけないことなどを強調する。夫婦の礼には『礼記』に見える「夫婦有敬」の礼が反映されていよう。日常生活上の礼では弔問の礼「交接長幼の序」を重視しなければならない。また、男子は「郷飲之礼」に重点を置いて実践すること、女子の場合には「男女有別」の礼を重視することが強調されている。

要するに、「家訓」で論じられている「礼」を実行するには、形式ではなく敬う心、哀痛の心を込めなければならないことであるが非常事態においてそれ相応の方法を用いることが求められる。それゆえ、「礼」は「情け」、『中庸』の「時中」、『孟子』の「執権」などの理念を反映することになろう。また、「家訓」から見た往時のベトナム人の礼は、『論語』『礼記』という儒教の経典が記している礼の規則に従って実践されていたことがわかる。さらに、「礼」を重視することは、かつてのベトナム社会だけではなく、現代のベトナム社会にも色濃く見られる。儒教的礼儀・道徳はある程度まで現代ベトナム社会にも影響を与えていると言えよう。

一、ベトナム「家訓」文献の現存状況

このたび、ハノイの漢喃研究院、ベトナム国家図書館、ホーチミン市の総合科学図書館、および日本の東洋文庫、東京大学図書館、東京外国語大学図書館、京都大学図書館、大阪大学図書館、そしてフランス極東学院、フランス国立図書館、大学間共同利用言語・文化図書館、ギメ東洋美術館図書館、パリのアジア協会などに、計百七点ものベトナム「家訓」文献が収蔵されていることが明らかになった。これら「家訓」文献のリストは〈表〉のとおりである。

〈表〉ベトナム「家訓」文献リスト(1)

No.	書名	編著者	形態	印刷処・出版社	刊行年	収蔵研究機関・図書館
1	『默翁使集』(VHv. 1443)	丁儒完 進士阮仲常編纂	写本	不明	一七一九年	漢喃研究院

2	『窮達嘉訓』(VHv. 286)	胡尚書致士瓊郡公	写本	不明	一七三三年	漢喃研究院
3	『呉公訓子文』(A. 2219)	呉維垣	写本	不明	一七六九年以降	漢喃研究院
4	清穆堂叙籙(『阮族家譜』(仁睦)、VHV.2488 所収)	阮廷琦	写本	不明	一七七七年	漢喃研究院
5	『裴家訓孩』(VNv. 214)	古鸖裴楊歴	写本	不明	一七八七年	漢喃研究院、日本・東洋文庫および L'Ecole Francaise d'Extrême Orient（フランス極東学院）
6	『笠峰文稿』(A. 3148-1.394)	阮浹	写本	北江省永厳寺蔵板	一八〇一年以降	漢喃研究および L'Ecole Francaise d'Extrême Orient（フランス極東学院）
7	「訓孩」(『禪宗本行』AB. 562 所収)	莫挺之著 慧身校訂	刊本	北江省永厳寺蔵板不明	一八〇二年	漢喃研究院
8	『行参官家訓演音』(AB. 108)	裴輝璧	刊本	不明	一八一八年	漢喃研究院
9	『五倫記』(AC. 38)	裴秀嶺	刊本	不明	一八三〇年	漢喃研究院
10	『詩集訓蒙』(A.1056)	蘇川老人	写本	不明	一八四五年	漢喃研究院
11	『五倫叙』(AB. 128)	阮宗奎	刊本	不明	一八四七年以降	漢喃研究院
12	『慈訓録』(A. 149)	阮朝の慈裕皇太后著 嗣徳帝編纂	刊本	不明	一八四七年以降	漢喃研究院
13	「朱文公家訓」(『阮氏家訓』A. 2942 所収)	鳳亭阮梅軒	写本	不明	一八四九年	漢喃研究院
14	『春亭家訓』(VHv. 13)	黎右輯	刊本	不明	一八四九年	漢喃研究院
15	「春亭家訓国音歌」(『春亭家訓』VHv.13 所収)	黎右輯	刊本	不明	一八四九年	漢喃研究院
16	『東作阮氏家訓』(A. 673)	阮文理	写本	不明	一八四九年	漢喃研究院
17	「朱訓演音歌」(『春亭家訓』VHv.13 所収)	黎右輯	刊本	不明	一八四九年	漢喃研究院
18	「志庵家訓」(『東作阮氏家訓』A. 673 所収)	阮文理	写本	不明	一八四九年	漢喃研究院
19	『阮氏家訓』(A. 2942)	鳳亭阮梅軒	写本		一八四九年	漢喃研究院
20	『筆香齋溪訓歌』(VNv. 295)	阮和郷	写本	文江多牛文山堂蔵板	一八六一年	漢喃研究院

21	「朱子訓言」（『世傳宝訓』AC. 20 所収）	海珠子	刊本	盛文堂蔵板	一八六四年	漢喃研究院
22	『女則演音』（BIULO.VN. IV. 468）	不明	刊本	不明	一八六九年	漢喃研究院およびBibliothèque Universitaire des Langues et Civilisations（大学間共同利用言語・文化図書館）
23	「男女教訓歌」（『三字経釋義』VNv. 257 所収）	不明	写本	不明	一八六九年	漢喃研究院
24	『勤倹彙編』（VHv. 245）	阮徳達	刊本	盛文堂蔵板	一八七〇年	漢喃研究院
25	『訓女子歌』（VN. IV. 468）（AB85）	阮輝瑩	刊本	大著堂蔵板 興安省關聖祠蔵板	一八七五年	漢喃研究院およびBibliothèque Universitaire des Langues et Civilisations（大学間共同利用言語・文化図書館）
26	「温氏母訓」（『教女遺規』AC. 200 所収）	陳宏謀	刊本	興安省關聖祠蔵板	一八七八年（再版）	漢喃研究院
27	「宋尚官女論語」（『教女遺規』AC. 200 所収）	陳宏謀	刊本	興安省關聖祠蔵板	一八七八年（再版）	漢喃研究院
28	「女訓約言」（『教女遺規』AC. 200 所収）	陳宏謀	刊本	興安省關聖祠蔵板	一八七八年（再版）	漢喃研究院
29	「呂新吾閨範」（『教女遺規』AC. 200 所収）	陳宏謀	刊本	不明	一八七八年（再版）	漢喃研究院
30	『啓童説約』（NLVNPF-0617, R. 562）	范復斎	刊本	不明	一八八一年	ベトナム国家図書館電子文、Société Asiatique（パリ・アジア協会）
31	*Huấn nữ ca*（『訓女歌』）	Đặng Huỳnh Trung 著 Trương Vĩnh Ký 注釈	刊本（単行本）	C. Guilland et Martinon 印刷処	一八八二年	ベトナム社会科学情報院およびBibliothèque Universitaire des Langues et Civilisations（大学間共同利用言語・文化図書館）およびMusée des Arts Asiatiques Guimett（ギメ東洋美術館図書館）
32	*Nữ tắc*（「女則」）	Trương Vĩnh Ký 注釈	刊本（単行本）	C. Guilland et Martinon 印刷処	一八八二年	ベトナム社会科学情報院

33	*Gia huấn ca*（『家訓歌』）	陳希曽著 Trương Vĩnh Ký 注釈	刊本（単行本）	C. Guilland et Martinon 印刷処	一八八三年	ベトナム社会科学情報院、フランスの Musée des Arts Asiatiques–Guimet（ギメ東洋美術館図書館）および Bibliothèque Universitaire des Langues et Civilisations（大学間共同利用言語・文化図書館）
34	「家訓国語」（『文廟十詠』NLVNPF-0100・R. 1732 所収）	杜輝琬編纂	写本	不明	一八八七年	ベトナム国家図書館電子文
35	『明心寶鑑釋義』（NLVNPF-0831、R. 1626）	不明	刊本	河内福文堂蔵板	一八八八年	ベトナム国家図書館電子文
36	「明道家訓」（NLVNPF-0663、R. 1555）	程灝著 朱玉芝訳	刊本	河内福文堂蔵板 懐徳府慈廉県上葛社三聖祠蔵板	一八九〇年	ベトナム国家図書館電子文
37	「女訓要言」（『朱子家政』（AC. 555）所収）	不明	刊本	懐徳府慈廉県上葛社三聖祠蔵板	一八九四年	漢喃研究院
38	『朱子家政』（AC. 555）	朱熹	刊本	Imprimerie E.Crebessae 印刷処	一八九四年	漢喃研究院
39	*Lê tướng công Nguyễn Trãi gia huấn ca*（『黎相公阮廌家訓歌』）	阮廌著 Tô Năng Văn 訳	刊本（単行本）	Imprimerie E.Crebessae 印刷処	一八九四年	Bibliothèque Universitaire des Langues et Civilisations（大学間共同利用言語・文化図書館）
40	『古人言行録』（VHb. 285）	鄧春榜	刊本	善行二聖祠蔵板	一八九五年	漢喃研究院
41	「勧孝国音歌」（『訓俗国音歌』AB. 287 所収）	鄧希龍	刊本	善行二聖祠蔵板	一八九五年	漢喃研究院
42	「訓子国音歌」（『訓俗国音歌』AB. 287 所収）	鄧希龍	刊本	善行二聖祠蔵板	一八九五年	漢喃研究院
43	「八反演音歌」（『訓俗国音歌』AB. 287 所収）	鄧希龍	刊本	善行二聖祠蔵板	一八九五年	漢喃研究院
44	「古訓女子歌」（『聖祖行實演音歌』VHv.2388 所収）	鄧春榜	写本	不明	一八九八年	漢喃研究院
45	「訓女演音歌新訂」（『女小学』AC. 552 所収）	黎曰絢、阮廷四	写本	善行二聖祠蔵板	一八九九年	漢喃研究院

46	『居家勧戒則』(A. 166)	鄧春榜	刊本	成立号蔵板	一九〇一年	漢喃研究院
47	「訓女演歌」(『日省吟』AB. 18 所収)	不明	刊本	不明	一九〇一年	漢喃研究院
48	『保赤便吟』(NLVNPF-0521、R.1954)	杜煇僚	刊本	不明 即墨祠蔵板	一九〇一年	ベトナム国家図書館電子文
49	「国朝女範演義詞」(『皇陳廟坤範嗣音歌章合稿』AB. 140 所収)	阮福綿寘(綏理王)	刊本	観文堂蔵板	一九〇五年	漢喃研究院
50	『黎朝阮相公家訓歌』(AB. 406)	阮廌	刊本	廣盛堂	一九〇七年	漢喃研究院、日本・東洋文庫および大阪大学図書館
51	『曹大家女戒』(AB. 557)	班昭	刊本	廣盛堂蔵板	一九〇八年	漢喃研究院
52	『教訓歌』(AN. 201)	不明	刊本	Phát Toán 印刷処	一九〇九年	漢喃研究院
53	*Huấn nam diễn ca*(『訓男演歌女』)	Nguyễn Hữu Sanh	刊本(単行本)	Phát Toán 印刷処	一九〇九年	ベトナム社会科学情報院
54	「家族訓」(『珠川家訓』VHv. 2018 所収)	珠川子	写本	不明	一九一〇年	漢喃研究院
55	「家宝箴」(『珠川家訓』VHv. 2018 所収)	珠川子	写本	不明	一九一〇年	漢喃研究院
56	『珠川家訓』(VHv. 2018)	珠川子	写本	Văn Minh 印刷処	一九一〇年	漢喃研究院
57	*Ngũ luân ngâm khúc*(「五倫吟曲」)	Xuân Lan 訳	刊本(単行本)	Văn Minh 印刷処 Văn Minh 印刷処	一九一〇年	ベトナム社会科学情報院
58	*Nội huấn ca*(「内訓歌」)	Xuân Lan 訳	刊本(単行本)	Văn Minh 印刷処	一九一一年	ベトナム社会科学情報院
59	*Gia huấn diễn ca*(『家訓演歌』)	Nguyễn Hữu Sanh	刊本(単行本)	impr.de F.-H. Schneider 印刷処	一九一一年	Bibliothèque Nationale(フランス国立図書館)
60	*Huấn nữ diễn ca*(『訓女演歌』)	Xuân Lan 訳	刊本(単行本)	Văn Minh 印刷処	一九一一年	ベトナム社会科学情報院
61	*Huấn nữ quốc âm ca*(『訓女国音歌』)	Huỳnh Yến 著 Trần Phong Sắc 注釈	刊本(単行本)	Nouvelle 印刷処	一九一一年	ベトナム社会科学情報院
62	*Khuyến hiếu ca*(「勧孝歌」)	Huỳnh Kim Danh 編纂	刊本(単行本)	H.Blaquiere 印刷処	一九一一年	ベトナム社会科学情報院

63	*Huấn phụ diễn ca*（『訓婦演歌』）	Nguyễn Chánh Sắt 著	刊本（単行本）	Librairie Huỳnh Kim Danh 印刷処	一九一二年	ベトナム社会科学情報院
64	『教訓演歌』（VNB. 44）	不明	刊本	柳文堂蔵板	一九一九年	漢喃研究院
65	*Giáo huấn diễn ca*（「教訓演歌」）	Nguyễn Hữu Tình 訳	刊本（単行本）	Vĩnh Thành 印刷処	一九二二年	ベトナム国家図書館
66	*Tiểu gia huấn*（『小家訓』）	Bùi Gia Huấn	刊本（単行本）	Impr. Tonkinoise 印刷処	一九二二年	ベトナム国家図書館および Bibliothèque Nationale（フランス国立図書館）
67	*Phong hóa tân biên phụ Huấn nữ ca*（『風化新編附訓女歌』）	不明	刊本（単行本）	Impr. de Tân Định 印刷処	一九二三年	ベトナム社会科学情報院
68	*Lương Ôn Như gia huấn*（『梁温如家訓』）	Lương Ngọc Hiền	刊本（単行本）	Impr. Nghiêm Hàm 印刷処	一九二四年	ベトナム国家図書館および Bibliothèque Nationale（フランス国立図書館）
69	*Huấn nữ ca*（『訓女歌』）	Ung Ngọc Liên 編集	刊本（単行本）	Duy Xuân 印刷処	一九二六年	ベトナム国家図書館
70	*Xuân ôn gia huấn*（『Xuân ôn 家訓』）	Hà Thành Bùi Đình Ta 編纂	刊本（単行本）	Thủy Ký 印刷処	一九三〇年	ベトナム国家図書館および Bibliothèque Nationale（フランス国立図書館）
71	*Huấn nam huấn nữ*（『訓男訓女』）	Hoàng Minh Tự	刊本（単行本）	Phạm Văn Cương 印刷処	一九三一年	Bibliothèque Nationale（フランス国立図書館）
72	*Ái gia ninh nội huấn*（『Ái gia ninh 内訓』）	Nguyễn Văn Đàm	刊本（単行本）	Nam Tân 印刷処	一九三五年	Bibliothèque Nationale（フランス国立図書館）
73	*Hiền Năng gia huấn*（『Hiền-Năng 家訓』）	Nguyễn Hiền Năng	刊本（単行本）	Impr. de l'Union 印刷処	一九三六年	ベトナム国家図書館
74	*Trì gia cách ngôn*（「治家格言」）	朱柏廬著 Trần Huy Bá 演音	写本	不明	一九五一年	ベトナム社会科学情報院
75	*Gia huấn ca*　（『家訓歌』）	阮廌著 Thi Nham Đinh Gia Thuyết 注釈	刊本（単行本）	Tân Việt 出版社	一九五三年	ベトナム国家図書館、ベトナム社会科学情報院、日本・東京大学図書館、フランスの Bibliothèque Universitaire des Langues et Civilisations（大学間共同利用言語・文化図書館）および L'Ecole Francaise d'Extrême Orient（フランス極東学院）

76	*Minh Tâm bửu giám*（『明心宝鑑』）	Dương Mạnh Huy 訳	刊本（単行本）	Tín đức thư xá 出版	一九五四年	日本・東洋文庫、東京外国語大学図書館
77	*Tục diêu gia huấn*（『Tục diêu 家訓』）	Phạm Khắc Thiệu	刊本（単行本）	Phú Toàn 出版社	一九五七年	ホーチミン市科学総合図書館
78	*Minh Tâm bảo giám diễn ca:gương báu soi sáng cõi lòng*（『明心宝鑑演歌』――心を明るく照らし出す貴重な鑑）	Lê Phục Thiện 訳	刊本（単行本）	越南孔学会出版	一九六三年	日本・東洋文庫、東京外国語大学図書館
79	*Chu Tử gia huấn*（『朱熹家訓』）	Trần Trọng San 訳	刊本（単行本）	Bắc Đẩu 出版社	一九七三年	ホーチミン市科学総合図書館
80	*Gia huấn ca: đối chiếu chữ nôm-quốc ngữ*（『家訓歌』―字喃、国語の対照）	阮鷹著 Vũ Văn Kính 注釈	刊本（単行本）	Trường hán nôm Nguyễn Trãi 出版	一九九四年	日本・京都大学図書館およびフランスの Bibliothèque Universitaire des Langues et Civilisations（大学間共同利用言語・文化図書館）
81	*Gia huấn ca*（『家訓歌』）	多編著者	刊本（単行本）	Giáo dục 出版社	一九九六年	ベトナム国家図書館
82	*Minh đạo gia huấn*（『明道家訓』）	Đoàn Trung Còn 訳	刊本（単行本）	Thanh niên 出版社	二〇〇〇年	ホーチミン市科学総合図書館
83	*Bạch vân gia huấn*（『百雲家訓』）	阮秉謙著 Duy Nhuận, Duy Hậu 訳	刊本（単行本）	Thanh niên 出版社	二〇〇六年	ベトナム国家図書館
84	*Minh Tâm bảo giám tinh tuyển*（『明心宝鑑精選』）	Tịnh Minh 訳	刊本（単行本）	Văn nghệ 出版社	二〇〇九年	ベトナム国家図書館
85	「家訓長編」（『名詩合選』VHv. 452 所収）	不明	写本	不明	不明	漢喃研究院
86	「家訓傳」（『国音詩歌雑録』AB. 296 所収）	不明	写本	不明	不明	漢喃研究院
87	『家范集要』（A. 2952）	鄧福庵	写本	不明	不明	漢喃研究院
88	「顔氏家訓」（『群書合採』VHv. 923 所収）	顔之推	写本	不明	不明	漢喃研究院

89	「訓子歌」（『劉平廚』AB. 640 所収）	不明	写本	不明	不明	漢喃研究院
90	「訓子五戒」（『翠翹所遇景況詩』VHv.2398 所収）	阮實亭	写本	不明	不明	漢喃研究院
91	「儆婦箴」（『勧孝歌』AB. 532 所収）	不明	写本	不明	不明	漢喃研究院
92	『阮唐臣傳家規範』（A. 2236）	阮逸	写本	不明	不明	漢喃研究院
93	『五倫詩歌』（AB. 538）	不明	写本	不明	不明	漢喃研究院
94	『蔡氏家訓』（VHv. 2832）	不明	刊本	不明	不明	漢喃研究院
95	『三光范大人家訓詩』（VNv. 263）	范文誼	写本	不明	不明	漢喃研究院
96	「朱子家訓」（『名詩合選』VHv. 452 所収）	阮探花	写本	不明	不明	漢喃研究院
97	「朱子家訓附国語」（『名詩合選』VHv. 452 所収）	不明	写本	不明	不明	漢喃研究院
98	「朱夫子晩年傳訓」（『群書合採』VHv. 923 所収）	朱熹	写本	不明	不明	漢喃研究院
99	『女訓傳』（AB. 423）	鄭輝東	写本	不明	不明	漢喃研究院
100	「石林家訓」（『群書合採』VHv. 923 所収）	葉夢得	写本	不明	不明	漢喃研究院
101	「鄭氏家範」（『群書合採』VHv. 923 所収）	金華鄭氏	写本	不明	不明	漢喃研究院
102	「程狀元内房訓子歌」（『白雲石室』VNv. 218 所収）	白雲先生	写本	不明	不明	漢喃研究院
103	『傳家録』（VHt. 5）	不明	写本	不明	不明	漢喃研究院
104	「二十四孝演歌」（『掇拾雜記』AB. 132 所収）	李文馥	写本	不明	不明	漢喃研究院
105	「婦箴便覧」（『掇拾雜記』AB. 132 所収）	李文馥	写本	不明	不明	漢喃研究院
106	『楊公閨鑑録』（VNv. 235）	楊恩	写本	不明	不明	漢喃研究院
107	『楊公訓子歌』（AB. 605）	楊恩	写本	不明	不明	漢喃研究院

驚くべきことに「家訓」の書物は現在（二〇二二年）でも出版され続けており、市中の書店で販売されている。こうした書籍をも「家訓」文献として数えるならば、その数は優に百七点を超えることになる。

二、字喃（チュノム）による翻案とその歴史

ベトナムにおける『家訓』文献は、字喃に翻案された文献が多い。ここで、まず字喃の歴史と字喃によって書かれた文献について簡単に整理しておこう。

周知のように、漢字がベトナムの地で本格的に使用され始めたのは七世紀頃からと考えられる(2)。しかし、ベトナム人にとって漢字はあくまでも外来の表記法であり、大多数の民衆は日常生活における感情、意思を表現することができないため、民族に適合した文字を造ることが必要不可欠となり、字喃が誕生した。西山朝（一七八八〜一八〇二）の光中帝（一七八八〜一七九二）以外、各王朝は字喃を正統の文字と認めなかったものの、字喃は漢字と並行して使用された。字喃の誕生については様々な議論があるが、グエン・クアン・ホン（Nguyễn Quang Hồng）氏は次のように述べている。

『ベトナムの漢字字喃板刻本』第一巻で「奉聖夫人黎氏墓誌」という碑文が紹介された。碑文に建立の年代・作者は記されていないが、碑文の内容に基づいて、政隆宝応十一年（一一七四）の直後に建てられたこと、および漢字を借りた字喃や自ら考案した字喃があることが判明した。この時代よりさらに早い年代の事例はまだ見つかっていない。「奉聖夫人黎氏墓誌」は遅くとも十二世紀の初め頃、いくつかの字喃がベト

ナム人の漢字文献に実際に取り入れられたことを示す証拠である。[3]

字喃は漢字よりも民族の言葉の世界に深く潜入し、ベトナム人の意思・感情を記す道具としてのメリットがあった。そのため、字喃による「六八体」あるいは「双七六八体」に変換された《四書五経》などの儒教の経典が数多く出現したのも驚くことではない。「六八体」「双七六八体」という詩歌形式は押韻・平仄律があるために覚えやすく、民衆性・伝承性が高かったのである。

漢字文献が字喃に変換された歴史について言えば、その分野・テーマ・課題によって状況は異なるが、ここでは儒教の経典が字喃に翻案された歴史についてのみ紹介しておく。

『大越史記全書』によると、陳朝の順宗帝乙亥八年（明洪武二十八年、一三九五）に胡季犛が『書経』の「無逸篇」を国語（ベトナム語）に訳したことが「夏、四月、詔季犛入居省臺之右、名曰畫廬、季犛因編無逸篇、譯為國語、以教官家」[4]と記されている。そして翌年、胡季犛が『詩経』の意味を解説するため、字喃に翻案しつつ自らの意見をも記載したことが「丙子九年（明洪武二十九年、一三九六）十一月、季犛作國語詩義幷序、令女師教后妃及宮人學習、序中多出己意、不從朱子集傳」[5]と記述されている。つまり、陳朝において、儒教の経典を字喃で説明するようになったこと、および儒教の経典を「ベトナム化」したことがわかる。

その後、『詩経』をベトナム語の散文に書き直したものが、黎朝永盛十年（一七一四）に『詩経解音』という書名で木活字によって刊行され、阮浹の担当のもと、光中五年（一七九二）に崇正院から再刊された。この書は《四書五経》を字喃に翻案した初めての書籍である。光中帝は《四書五経》のすべてを字喃に翻案させる予定であったが、それを実現できないまま一七九二年に亡くなった。しかし、光中帝の望みは、阮朝で実現する。字喃に翻案された「詩経大全節要演義」「書経大全節要演義」「易経大全節要演義」などを収める『五経節要演義』が明命十七年（一八三六）、裴輝璧（Bùi Huy Bích, 一七四四～一八一八）の編纂により多文堂から刊行された。この他、范庭碎が編纂した『中庸演歌』が成泰三年（一八九二）に刊行され、嗣徳帝が『論語』二十篇を字喃で書き直した『論語釋《ママ》義歌』も成泰八年（一八九六）に刊行された[6]。

また、潘輝注（Phan Huy Chú）の『歴朝憲章類誌』によれば、景興時代（一七四〇～一七八六）の初期に鄧泰芳が『周易國音解義』二巻を、黎貴惇（Lê Quý Đôn）が一七七二年に『書經演義』三巻を編纂したという[7]。

さらに、李文馥が「二十四孝」を字喃によって翻案した「二十四孝演歌」が明命十六年（一八三五）に刊行されたのをはじめ、嗣徳元年（一八四七年）に阮宗奎の『五倫叙』が、嗣徳二十八年（一八七五年）に阮輝瑩の『訓女子歌』が、成泰年間（一八八九～一九〇七）には綿寯皇子の『孝経國語歌』と「補正二十四孝傳衍義謌」が、啓定三年（一九一八）には『孝経譯義』が刊行された。

字喃に翻案する目的は、聖賢の思想を平易に解説して、すべての階級に儒教倫理を広く浸透させることにあった。つまり、儒学者のみならず、子供や女性や農民など、読書や学習が不可能な人々に対しても知識を効率よく伝授し、誰もが儒教の思想を理解できるよう教育するためであった。陳の仁宗帝は民衆が理解できるよう帝の詔勅・諭告などを「国語」で、つまり字喃に翻訳して解釈するように命じたという。そのことは『大越史記全書』に「帝諭行遣司交好翰林院故事、凡宣德音、則翰林預送詔藁于行遣、使先肄習、至宣讀時、兼講音義、令凡庶易曉者、以行遣専用中官故也[8]。」と記載されるとおりである。さらに鄭楹王（chúa Trịnh Doanh）は、民間人が覚えやすく、かつ広く伝わるようにと、汝廷瓚三従に『黎朝教化条例』を国語に訳するよう指示し、景興二十二年（一七六一）に印刷した後、北部（Đàng Ngoài）の全域に流布させた[9]という。

要するに、理解・暗誦しやすい国語＝字喃の詩体に翻案することは、経典が持つ儒教思想を民間に普及するために必要な措置だと考えられた。こうして、李文馥の「二十四孝演歌」をはじめとする「二十四孝」関連の字喃文献が数多く生み出されることになるのである。

三、ベトナム「家訓」文献から見る往時のベトナム人の礼

家族や社会は礼があってこそ秩序が保たれ、国家も安定し、隆盛する。そのため、礼は社会・道徳の規範となり、往時の社会だけではなく、現代の社会にとっても重要な教育理念の一つになる。東アジアの国々と同様、かつてベトナムの社会では儒教的な種々の礼の基準が決まっていた。ベトナムの「家訓」文献には、君臣・親子・夫婦・日常生活のそれぞれについて礼を諭す内容が見られる。以下、適宜に文献の記述を引用しながら、具体的に考察してみたい。

1．君臣の礼

①君の臣下に対する礼――「君明臣正」による国家の隆盛

No.11『五倫叙』は、中国の代表的な皇帝（尭帝、舜帝、禹帝、商朝の太茂帝、周文王、唐玄宗帝など）や賢臣（契、后夔、皐陶、巫咸、宗璟、姚崇など）を模範として示し、さらに皇帝が悪臣を見誤って登用したために国が混乱したという話（宋眞宗帝と王欽若、宋神宗と王安石）を引用しつつ、奸臣と忠臣を明確に区別し、人の能力に従って登用すべきであると諭す。すなわち、「君明臣正」という理想の「君臣」の関係について、君の臣下に対する礼を強調している。

【原文】聖初尭舜垂衣、才固契夔謨固禹皐、……執軾治渃𠃣民、𡏦丹霮瑞臺春𠁑和。……碎巫咸所希太茂、□□賢丕[10]

厚茹商、……周文初悉咍宅俊、罙等碎執運羅名、迣馭執武才冷、椄車翔陣鎬京磋墩、……玄初箕縟悉求治、璟買崇拱計名臣、璟哼穻正守文、崇賢之吏叱吝献詖、……辭祥符用才執渃、達払王嵬・寡官、……熙寧拉撰馭賢相、・惏用仍党青苗、……之朋肴糊碎缸茂、悉共享祿賠嵬扉[11]。……叙五倫乭排大畧、噉添・盘泊敬勸、・碎會合羅緣、共悉共飭呵辄嫌疑、・愈襜・如・智、・濁清罵底混淆、・・人品嶝高、類茀松柏類茀藤籮[12]。

【日本語訳】かつて聖賢の堯・舜は、衣裳を垂れて天下を治めた。才ある人といえば、契[13]・夔[14]がおり、謀に長けた人といえば、禹帝には皐[15]がいた。そのため、天下が安定し、民衆の生活も豊かであった。……太茂帝の時代には、巫咸という臣下がいて、天は商朝を大いに繁栄させた。……かつて周の文王は英俊を傍に置きたいと考え、道徳・文武・才知が優れた人物を登用して周王朝を開き、鎬京に都城を建設した。……玄宗帝には国を治める熱意があった。璟も崇[16]も名臣であったと言える。璟は「正」「文」を守り、崇は二度三度と善導の策を上奏した。……祥符[17]年間には才能ある人を用い、国を治めたが、王という人物[18]を百官の上位に置いていた。……熙寧年間には賢人を抜擢したが、誤って「青苗法」を信用してしまった。……「君明臣正」ほど好ましいものはない。「君明臣正」であれば、国が盛んになり、禄を多く享受できるのである。……「五倫」の大略は既述したが、さらに幾つかの言葉を加えて説明したい。君臣が協力するには良縁が必要である。そのためには、お互いの意見の一致を図り、疑心暗鬼に陥ってはならない。また、上に立つ者は、燃える松明のように身を正す必要があり、「清」と「汚」を混同してはいけない。鏡とは、どれが松柏であり、どれが藤のようなつる草であるのか、人品の高低を照らし出すものとなる。

②臣下の君に対する礼

臣下は君主の恩を忘れず、「清」「慎」「勤」と「六計」、および法と礼を厳守して実践し、「鞠躬盡瘁」の忠臣、礼儀正しい良臣でなくてはいけないという。これらの法と礼の内容を見てみよう。

【原文】　隊恩・・丕・、・塘報補・之、盡忠・意沛・工悉。……悉占執渃悁茹、……・羅爲徳・羅爲民。几良臣哈塘表率、……當官謹念康康、淸勤・・簾能⿰礻六條、恰工朝分司各職、共・・亘飭奉公、……渚算僥倖渚篭貪求、……意碎・買等・冷、……鑿鐘・竹・名・・(19)。

【日本語訳】天や海のように自分を擁護してくださる君主のご恩に報いることを忘れず、「忠」という理念を心に刻まなければならない。臣下たるものは、たとえ家を忘れたとしても、国に奉じる心はいつまでも変えてはいけない。……それは、まず自らの徳のためであり、次に民のためでもある。……良臣は、手本とならなければならない。……そのためには、官吏の法として「清・慎・勤」の三字(20)および「簾・能」についての六項(21)を順守しなければならない。……朝廷における各部の官吏と協力して、日夜、公務に奉じることに尽力しなければならない。……傲慢になって威張り、貪欲になってはならない。……このように、礼儀正しい良臣であるべきだ。……その芳名は鐘や竹に刻まれ、万代に伝えられるであろう。

＊＊＊＊

このように、君主は、明君として臣下の品行を正しく認識し、臣下の正邪を判別しつつ彼らの能力に応じて登用すべきであるという。一方、臣下については、賜った恩を忘れずに君主に仕え、「清」「慎」「勤」および「六計」という官吏の道としての基準や「礼」を厳守し、他の官吏と協力して朝廷の公務に奉じることに尽力しなければならないという。つまり、「君明臣正」「君臣有義」こそが君臣の礼になると言えるだろう。これは『論語』八佾篇の「定公問：〝君使臣、臣事君、如之何〟孔子對曰：〝君使臣以禮、臣事君以忠〟に適う内容でもある。

2. 親子の礼

①子の親に対する「晨昏定省」の心

「家訓」は、子が親の「劬労」の恩を忘れず、「晨昏定省」の心を持って親を尊敬し、親孝行をすべきことを強調する。

【原文】◎生成・平山川、於朱信敬討賢和台[22]。◎禮常定省歛齲、詔冬㐌挹撅夏吏偵[23]。

【日本語訳】◎親が生み育ててくれた恩は、山川のように大きいため、親を尊敬し、親孝行をしなければならない。◎子は朝夕に親を訪ね、一生懸命に冬の筵を暖かくすること、夏の枕を扇ぐことも怠ってはならない。

②子は前後左右に気配りして親の葬式を行う

親が亡くなったとき、子孫は衣衾・棺槨を整然と準備する必要がある。朝にも晩にも慟哭せねばならず、哀痛の心を持ち、周囲に細かく気を遣って葬式を執り行わなければならない。

【原文】旦𣎏吒媄𣩂□、衣衾棺槨𣋚檝毎塘。歛嗃㗂哭𣎏常、𡟫□慵擬料塘𨀎𣁔[24]。

【日本語訳】親が亡くなると、子は衣衾・棺槨をきちんと用意しなければならない。朝晩、哭さなければならず、前後左右に気配りして葬式を行わねばならない。

③祖先祭祀を重んじる

子孫は祖先祭祀の際、綺麗で清潔な衣服を着用し、手足を洗って清めるなど、あらゆることに気を配らねばならず、「事死如事生、事亡如事存」の理念に従わなければならないという。また、祖先の命日には、供え物を準備しておく必要があるが、ぞんざいになってはいけない。経済的に余裕がない場合は、（簡素になり）非難されても仕方がないが、裕福な場合、物吝しみして嫌われてはならない。

【原文】　油期対忌祖先、儀生朱産庄辄擋期。庫亭俸腌得吱、覇停何賎得時庄於。役之升斗沛量、随家豊儉時皮買辄。……女児係役家堂沛尊、油期〻貝〻盘、裙冷襖沍仕箅此刨。真粞沼沍消耗、事誠必應理芇固空。於朱清浄中悉、事生如死事亡如存。不連辄㛈午坤、辄得賢討啃吨斯賖、䘫畀所役斉家(25)。

【日本語訳】　祖先の命日には、供え物を準備しておく必要があるが、ぞんざいになってはいけない。祖先祭祀の時、経済的に余裕がない場合は、(簡素になり)非難されても仕方がないが、裕福な場合、物吝しみして嫌われてはならない。支出は、家計に余裕があるかどうかの状況により、適切に判断して出費に充てる。……女性は、家の祖先祭祀のあらゆることに気を配らなければならない。祭祀のためにご馳走を準備するときは、綺麗で清潔な衣服を着用し、手足を洗って清めなければならない。誠心があれば、祖先は必ず感応するに違いない。心の中を汚すことなく清らかさを保ち、「事死如事生、事亡如事存(26)」(亡くなった祖先にも生きていたときと同じように孝養を尽くす)という理念に従えば賢い女性になり、親孝行の人物であることが多くの人に知られるようになる。それこそが「斉家」ということである。

④父の子に対する礼――「慈父」「厳父」としての父親

父は子に対して「慈」の心を持ち、立派な人間になるように厳しく養育しなければならない。

【原文】　吒冷芇沛冷空、腰昆咍・買蒙・・(27)。

【日本語訳】父は、子に対して「慈」の心を持つだけでは不十分であり、子が立派な人物になるための教育を施さなければならない。

＊＊＊＊＊

このように、親子の礼は「父慈子孝」に従って実践するものだと言えよう。また、親が亡くなった際、葬式において子孫たちが哀痛の心を持たないといけないことや、祭祀のためにご馳走を準備するとき、誠の心と敬う心を持ち、供え物をぞんざいにしてはならず、物吝しみして嫌われてはいけないことをも強調する。これは『論語』八佾篇の「禮與其奢也寧儉、喪與其易也寧戚」（儀式においては華美にするより慎ましくした方が良い。葬式などにおいては体裁を整えるよりも心から悼む方が良い）および『礼記』祭儀篇の「祭不欲數。數則煩。煩則不敬。祭不欲疏。疏則怠。怠則忘」（祭礼は、あまり多く行うのはよくない。多く行えば、やがて煩わしくなり、煩わしくなければ敬いの心もなくなるであろう。しかし、行うことがあまり少なくてもいけない。少ないとつい軽んじて怠るようになり、怠ればいつしか忘れてしまうであろう）に従った結果と思われる。

3．夫婦の礼

①「三従」――貞節を堅く守る

鳥林・夏侯令女・梁節婦・竇姉妹などの模範な女性を挙げつつ、貞操を堅く守ることが夫に対する礼の一つであると強調する。また、女性の道として肌を露出してはいけないと説き、端正を重んじて「三従」を全うしなければならないという。

【原文】◎鳥林㝻節欺饒[28]。◎夏侯令女窒嗜、割趍聰鵪朱紑節貞。凝妻義意強驚、馭任扗翾娘停割粞。……㛃㛃涅㝻拯㜔、中心不改吏羅節貞[29]。◎㐌生畀分女兒、於朱深日柔眉買頑。……畀塘油吸昆㛪、㐌□拗襖罵兮嗜香。弾翁性氣良光、昆㛪些沛拵床涅那[30]。◎㝻浪女有三從、斎家内助文淍順貞[31]。

【日本語訳】◎鳥林は貧しい時期から貞節を守った。◎夏侯氏の娘令女は賞讃に値する。彼女は貞節を固く守るために耳・鼻を削ぎ落とした。凝（すなわち王凝）の妻が貞節を守ったことはなおさらである。彼女は旅館の人に腕を引っ張られたために、わが手を切り落とした。（吏氏が顔面に）「中心不改」（心の中においても夫への貞節を守ろうとする気持ちが変わらない）の四字を刻したことも貞節ゆえである。◎女児として生まれたあなたは、従順で柔和であってこそ賢いといえるだろう。……途中で男の人に会っても、両手で服の前を締めて、肌を露出してはいけない。男性の性格はでたらめであるため、女性は端正なものになるべきである。◎女の道として「三従」「斉家」、そして貞節を守ることを全うしなければならない。

②妻が夫を軽視してはならず、夫の事業を扶助する

楊敞の妻など、婦道を守る妻の模範を挙げて、非常の場合、夫の治国や事業を扶助したことを称揚する。また、女性は、夫が高級官吏であっても、貧しい者であっても、一生懸命に仕えなければならず、夫を軽視してはいけないという。ただし、中国の『女範』は、夫が家庭の大黒柱ではない場合は、妻は夫に従う必要がないという話を記している。この考え方は、管見に入るかぎり、ベトナムの「家訓」文献には見られない。すなわち、ベトナムの「家訓」の筆者たちは「夫としての役割を果たさない無能な人であれば、妻はそのような夫に従う必要はない」というような考え方を勧めていないと見なせよう。

【原文】◎庄路□固官高、庫賢共沛能扨奉蜍。世芾丑默□呰、双离卒葉亦□□馭。馬兮呵々呬吱、夫妻且吏□得逾腠㉜。
◎婄払楊敞陀譱、閨門盤泊朝廷凭安㉝。

【日本語訳】◎夫が高級官吏であっても、貧しい者であっても、一生懸命に仕えなければならない。なぜか女性は自分の夫の悪い部分を見つけ出し、他人の夫の良い部分を発見してしまうものである。自分の夫を非難してはいけない。
◎楊敞の妻が夫の代わりに朝廷の政事を議論したおかげで、漢朝の治安が保たれた。

③夫が妻を敬う心

裴氏の夫は妻の言葉を聞かなかったために命を落としたという話を引用し、夫が妻の言葉を聞くべきこと、妻を敬う心を持つべきであることを強調する。

【原文】戸妻別義輸希、拯瑄啞媎過愚意飫(34)。

【日本語訳】裴氏は夫の王に仕えようとする心を持っていたが、その夫の王が妻の言葉を聞こうとしなかったのは愚かなことである(35)。

＊＊＊＊

このように、妻の夫に対する礼としては、貞操を堅く守ること、夫を非難しないこと、夫の事業を扶助することなどが求められる。非常事態においては、妻が政治的決断を下すことも必要とされる。たとえば、楊敞の妻が夫の代わりに朝廷の政事について議論した話である。ここで注意したいのは、その話の中に、儒教の「男女有別」「男外女内」という伝統的「礼」の理念(36)、すなわち『顔氏家訓』治家篇に記された「女性は内助に止まるべし」という思想(37)とは異なる女性観が見られることである。つまり、非常事態において、妻はそれ相応の行動を実践すべきことがわかる。これは『中庸』の「時中」理念(38)や『孟子』の「執権」理念(39)の発動といえるかもしれない。また、裴氏の夫が妻の言葉を聞かなかったために命を落としたという話などは、賢妻の言葉を聞く必要があることを説くもので、「敬妻」思想(40)を見出すことができる。すなわち、これは『礼記』の記す「夫婦有敬」の礼を反映したものと捉えることができるであろう。

4．日常生活上の「礼」

①村に対する礼

昔は大聖人の孔子でさえも、村にいる間は村の規則をきちんと順守したため、男子は家の外では村の活動、つまり祭礼や寺廟の修繕に参加しつつ、郷約・郷学の規則に従って行動することが求められる。

【原文】◎勸徦黜准役廊、祈神拜社所郎停厨、役官朱典役希、役芾拱沛忬朱覩銅[41]。◎……Đời xưa đức Khổng Tử là đại thánh nhân mà ở làng cũng tuân tuân cẩn hậu,……thế thì đối với người làng phải ở cho trên thuận dưới hòa, họp người làng mà lập phép hương ước, lập tràng hương học, tương bảo tương trợ, đừng có vũ đoán mới phải.[42]

【日本語訳】◎村の祭りなどの活動や村の宮廟・寺院の修繕にも参加し、常にこれらのことに気を配るべきである。朝廷の仕事から村の活動に至るまで、いずれもしっかり果たさなければならない。◎……昔は大聖人の孔子でさえも、村にいる間は村の規則をきちんと順守した。……村の人々とは年上・年下の区別なく仲良くし、共同で郷約・郷学を設置して、武断に奔ることなく、お互いに協力し合わなければならない。

②長幼の序を重視する

また、自らの権力・才能・富貴を自慢して、貧しい人を軽視してはいけない。長幼の序を重視すること、すなわち、老いた人を敬い、幼い子を愛することを強調する。それは礼に基づく人倫の道であるという。

【原文】庄馘忌竏忌財、忌富忌貴輕馭貧人、尊尊長長親親、敬げた腰稺人倫道常[43]。

【日本語訳】権力・才能・富貴を自慢して、貧しい人を軽視してはいけない。「尊尊、長長、親親[44]」、すなわち老人を敬い、幼児を愛することは、人倫の道である。

③「男女有別」、弔問の礼を重視する

さらには、頑なに「礼」を順守した衛姫・杞梁妻・共姫などの模範的な女性について記述し、命を落としても日常生活上の「礼」を重視すべしと強調する。すなわち「男女有別」にほかならない。女子は外出する際、必ず顔を隠し、夜は一人で外出してはいけないという。また、婦人が弔問を屋外で受けることも非礼とされる。

【原文】歳𢆥𦝄法吏強、貼娶歇母待払季孫。衛姫車捯添慍、油躺𢧚𥫇禮羣拱𦂌。……杞梁妻𠀧苦齊、咏塘失禮主𠼶拱蹺。……共姫待乳迻塘、焒燶烇売瑰蒼雲歪(45)。

【日本語訳】歳を取れば取るほど、礼法をさらに堅く順守する。歇母が（孫の）李氏を接遇したありさまを見よ(46)。衛姫は（簾が破れた車を綺麗な簾のある）車に替えるよう要求した(47)。礼を守るためならば、吾が身を顧みず、死すら厭わなかった。……路上で主君（すなわち斉侯）が弔問しようと願ったが、杞梁の妻はこれを非礼であるとして（弔問を断った。そのため）主君は杞梁の家まで行くことになった(48)。（宮中で火事が起きたとき）伯姫は乳母が来るまで待ち続け（礼を守るために焼死した(49)。すると）火は永遠に燃え上がり、香りのよい煙が天まで立ち昇った。

④商売に対する礼

女性は小売業に従事するとき、他人の言葉をむやみに信じることなく、また商売は誠実、「信」にやらなければならない。

【原文】油畀謨半・之、・時固尺・時固升。渚兮信几・仍、別畀固実共圧麻皮。……㒰奔半・廛、梗杠渚固・扦𠂢乾。・布儉之几奸、秩・吏沛嗜吨唭吱(50)。

【日本語訳】どのような売り物にも値段を決める単位があり、土地では尺が、米では升が決まっている。そのため、規則を順守して商売を行い、他人の言葉をむやみに信じてはならない。……自分が取り扱う商品をしっかりと管理し、誠実さを以て一生懸命に経営しなければならない。市場には悪人が少なくなく、金銭や財産を失ったりすると、人の笑いものになってしまう。

＊＊＊＊

このように、日常生活上の礼では、弔問の礼や「交接長幼の序」を重視しなければならない。また、男子は「郷飲之礼」を念頭に置いて礼を実践すること、女子の場合は「男女有別」の礼を重視することが強調されている。さらに、女性が家族の暮らしを支えるために屋外で小売業に従事することが必要なときは、「信」の理念に基づいて客に接することが求められている。このNo.25『訓女子歌』（一八七五年）に見える字句から、十九世紀末、ベトナムの女性が小売業に従事するのは普通のことであったとわかる。これは、すでに女性が家の中から社会へ進出していたこと、すなわち「男外女内」という伝統の壁を乗り越えていたことを示す現象である。

おわりに

以上の考察を総合すると、「君臣」の場合、君主は明君として人の正邪を見分けて登用し、賢臣を信じなければならないという。一方、臣下については、君主に対する尊敬の心を持ち、君主の恩を忘れることなく仕え、「清」「慎」「勤」および「六計」という官吏の道としての義務や礼法を厳守することが求められる。つまり、ベトナムにおける君臣の道とは「君明臣正」「君臣有義」「朝覲之礼」に従って礼法を守ることなのである。

また、「親子」の場合、父は、子に対して慈愛を施すだけではなく、礼儀・仁義などの倫理道徳をも厳しく教育しなければならない。一方、子が、生きている親に対しては「晨昏定省」の心を持つこと、親の葬式においては哀痛の心を、祖先祭祀の際には、誠心・敬う心を持ち、「事死如事生、事亡如事存」（亡くなった祖先にも生きていたときと同じように孝養を尽くす）という理念に従うべきことを強調する。

次に、「夫婦」の場合、妻の夫に対する礼としては、貞操を固く守ること、夫を非難しないこと、夫の事業を扶助することが求められる。ただし、非常事態においては、妻が儒教の「男女有別」「男外女内」という伝統的な「礼」の理念に従うことは必要がないという。つまり、非常事態においては、それ相応の方策を講ずることがわかる。一方、夫は、家庭の大黒柱であり、妻の手本になること、妻に対する敬う心を持つ必要があることを強調する。すなわち、ここには「夫婦有敬」「孝敬柔順」の礼が反映されていると言えよう。注意したいのは、No.49「国朝女範演義詞」を中国の『女範』と比較すると、いくつかの話が省かれていることである。たとえば、No.49「国朝女範演義詞」には「六礼」をまっとうしないまま嫁に迎えに来た男を女が断った話や、妻と妾を持っている無能で非才の夫がよく嘘をついたため、妻も妾も夫に対する信頼の心を失って、自分たちの頼れるところがないと嘆き悲しんだ話[51]などが載録されていない。すなわち、ベトナムの「国朝女範演義詞」の筆者は、「夫としての役割を果たさない無能な人物であれば、妻はそのような夫に従う必要はない」というような考え方を勧めていないといえるだろう。その旨はNo.25『訓女子歌』にも見られた[52]。こうした考え方は『女孝経』の主張「夫なる者は天なり」と一致し、夫に向き合う妻の姿勢は絶対的な服従であるべきだと強調していることになるだろう。そうだとすれば、ベトナムの「礼」の規定は、中国のそれと比較して、いっそう厳しいものだと指摘できる。

また、「家訓」で論じられている「礼」を行うには、単なる形式ではなく、真に敬う心・哀痛の意を込めなければならないことや、非常事態においては、それ相応の方策を講じることが求められている。それゆえ、「礼」には「情け」、『中庸』の「時中」、『孟子』の「執権」などの理念が反映されるであろう。

最後に「日常生活」上の礼では、男子が郷約・郷学の規則に従って礼を実践すること、村の規則を厳格に順守し、村の活動に参加すべきことが強調されている。一方、女子が外出する際には必ず顔を隠す決まりであり、夜間に一人で外出してはいけないとされていた。また、老いた人を敬い、幼い子を愛する「長幼の序」、そして弔問の礼を重視しなければならない。さらに、家族の暮らしを支える必要から、女性が屋外で小売業に従事するときには、「信」の理念で客に接することが求められた。

以上のように、「家訓」から見た往時のベトナム人の礼は、『論語』『礼記』など、儒教の経典に記された礼の規則に従って実践されていたことがわかる。

さらに、「礼」を重視することは、かつてのベトナム社会だけでなく、現代のベトナム社会にも色濃く見られる。たとえば、二十世紀に著されたNo.68『梁温如家訓』によれば——

……Muốn quý lấy mình trước phải có học, học có ba điều cốt yếu, một rằng thể dục, là biết cách vệ sinh ẩm thực cư sử có tiết độ để cho thân thể mạnh giỏi mà đảm đang được các việc; hai rằng trí dục, là biết đường học hành, trước học phổ thông, sau học chuyên môn để cho trí thức thông thái mà lo toan được các việc; ba rằng đức dục, là phải giữ gìn "tứ duy"「四維」(lễ, nghĩa, liêm, sỉ), khu trừ "lục tặc"「六賊」(tửu, sắc, tài, khí, yên, bác)……Như thế thời mình mới là người được……Tóm lại mà nói, trong ba sự đó, đức dục càng là cốt yếu.[53]

【日本語訳】……高貴な人物になるためには、「体育」「知育」「徳育」という重要な三要素を学ぶことが不可欠である。「体育」とは、健全な身体をつくり、さまざまなことを担当できるように衛生管理・栄養管理の方法を知り、節度を守ることである。「知育」とは、仕事を担ったり自ら知識を高めたりする能力を得るために、まずは初歩的な知識を学習し、その後に専門的な知識を学ぶことである。「徳育」とは、「四維」[54]（すなわち礼・義・廉・恥）を守ること、および「六賊」（すなわち酒・色・財・気・煙・博）を徹底して避けることである。……そうすれば、真っ当な人間になると言える。……要するに、三つの中では「徳育」が最も大事なことである。

このように「家訓」文献は、ある意味で現代ベトナム社会の価値観と共通するものを持っていると言えるであろう。現在のベトナムの学校では "Tiên học lễ, hậu học văn"（先に礼を学び、後に文を学ぶ）と記された看板が正門にかかっている。儒教の礼儀・道徳は、ある程度まで現代ベトナム社会にも影響を与え続けていると言ってよいだろう。

【参考】ベトナム歴代王朝
李朝　一〇一〇〜一二二五
陳朝　一二二五〜一四〇〇
後黎朝　一四二八〜一七九一
阮朝　一八〇二〜一九四五

［注］
（1）〈表〉内の文献は、刊行年順に並べた。
（2）潘文閣・Claudine Salmon 主編『越南漢喃銘文匯編第一集』北屬時代期至李朝（École Française d'Extrême- Orient、1998 年）五頁に最古の漢字資料として「大隋九眞郡寶安道場之碑文」（六一八年）が紹介されている。
（3）Nguyễn Quang Hồng, *Khái luận văn tự học chữ Nôm*『字喃文字学概論』Giáo dục 出版社、二〇〇八年、一〇六〜一一〇頁。
（4）陳荊和『大越史記全書』（校合本、本紀巻之八）東京大学東洋文化研究所附属東洋学文献センター刊行委員会、一九八四年、四七〇頁。
（5）注4所掲同書同巻、四七一頁。

（6）注3所掲同書、四〇八～四〇九頁。

（7）潘輝注著、Nguyễn Thọ Dực 訳, *Lịch triều hiến chương loại chí* quyển 42-Văn tịch chí『歴朝憲章類誌』巻之四十二、文籍誌（Bộ văn hóa giáo dục và thanh niên、一九七四年）、三六、四三頁。

（8）注4所掲同書、本紀巻之五、三六四頁。

（9）Phan Đại Doãn 編, *Một số vấn đề nho giáo Việt Nam*『ベトナム儒教のいくつかの問題点』(Chính trị quốc gia Hà Nội 出版社、一九九八年)、一四七～一四八頁。

（10）□は欠字（一字分）で示す。

（11）No.11『五倫叙』、第一葉／裏。

（12）同上書、第十三葉／裏。

（13）「契」は、舜の臣下の名である。

（14）「夔」は、舜の臣下の名であり、楽官になった后夔を指す。

（15）「皋」は、堯・舜・禹の三帝に仕え、法官になった皋陶を指す。

（16）「璟」「崇」は、唐朝の宰相になった宋璟・姚崇を指す。

（17）「祥符」は、宋真宗時代の第三の年号（一〇〇八年～一〇一六年）である。

（18）「王という人物」は、王欽若（九六二年～一〇二五年）を指す。

（19）注11所掲同書、第十四葉／表 - 裏。

（20）原書は「双七六八体」詩の文献であり、押韻・字数の制約があるため、「清」「勤」の二字のみが記され、「慎」字を省略する。「清」「慎」「勤」は官吏の守るべき清廉・謹慎・勤勉の三つの道である。宋の呂本中『官箴』に「當官之法、惟有三事、曰清、曰慎、曰勤」とある。

（21）ここでの「六項」は「六計」、すなわち「廉善」「廉能」「廉敬」「廉正」「廉灋」「廉辨」という官吏の功過を測るための六つの基準である。『周禮』天官・小宰に「以聴官府之六計、弊羣吏之治、一曰廉善、二曰廉能、三曰廉敬、四曰廉正、五曰廉灋、六曰廉辨」とある。

（22）No.25『訓女子歌』、第三葉／表、第四葉／表。

（23）注11所掲同書、第十五葉／表 - 裏。

（24）No.45「訓女演音歌新訂」、第五葉／裏。

（25）注22所掲同書、第五葉／表 - 裏。

(26)「事死如事生、事亡如事存」は『中庸』第十九章による。
(27)注11所掲同書、第十四葉／裏、第十五葉／表。
(28)No.49「国朝女範演義詞」、第五葉／表。
(29)同上書、第九葉／表 - 裏。
(30)注22所掲同書、第一葉／裏、第二葉／表、第三葉／表 - 裏、第四葉／裏、第六葉／裏。
(31)No.48『保赤便吟』、第八葉／表 - 裏。
(32)注22所掲同書、第四葉／表。
(33)注29所掲同書、第十七葉／表 - 裏、第十八葉／表。
(34)注29所掲同書、第十八葉／表 - 裏、第十九葉／表、第二十葉／裏。
(35)婁氏は夫に反乱を行わないように諫めたが、夫は彼女の言葉を聞かず、結局は殺された。
(36)これについては、『礼記』内則篇に「礼、始於謹夫婦、為宮室、辨外內。男子居外、女子居內、深宮固門、閽寺守之。男不入、女不出。男不言內、女不言外」とある。
(37)『顔氏家訓』治家篇に「婦主中饋、唯事酒食衣服之禮耳。國不可使預政。家不可使幹蠱、如有聰明才智、識達古今、正當輔佐君子、助其不足、必無牝雞晨鳴、以致禍也」とある。
(38)『中庸』第二章に「仲尼曰〝君子中庸、小人反中庸、君子之中庸也、君子而時中〟」とある。
(39)『孟子』盡心上に「子莫執中、執中爲近之、執中無權、猶執一也、所惡執一者、爲其賊道也、擧一而廢百也」とある。
(40)任夢渓「『礼記』における女性観――儒教的女子教育の起点」(『東アジア文化研究科院生論集』第四号、関西大学院東アジア文化研究科、二〇一五年、九九～一一一頁)に「敬妻」の思想に関する考察がある。
(41)注31所掲同書、第五葉／裏。
(42)No.68 *Lương Ôn Như gia huấn*『梁温如家訓』、一八頁。
(43)注31所掲同書、第五葉／裏。
(44)「尊尊、長長、親親」は『礼記』喪服小記篇の「親親、尊尊、長長」による。
(45)注29所掲同書、第十六葉／表 - 裏。
(46)歎母は、孫と話をするとき、自分は部屋の中にいるまま、孫を屋の外に立たせて話した。
(47)衛姫が簾の破れた車に乗らなかったのは、顔を見られるのを忌んだからである。それについては、『礼記』内則篇に「女子出門、必擁蔽其面、夜行以燭、無燭則止」とある。すなわち、女子は外出する際、必ず顔を隠すのが礼であった。

(48) 杞梁の妻が屋外で弔問を受けなかったことは、『礼記』檀弓下に「曾子曰、〈蕢尚不如杞梁之妻之知禮也。齊莊公襲莒于奪、杞梁死焉。其妻迎其柩於路而哭之哀。莊公使人弔之。對曰、〃君之臣不免於罪、則將肆諸市朝、而妻妾執。君之臣免於罪、則有先人之敝廬在。君無所辱命〃〉」とある。すなわち、婦人が屋外で弔問を受けることは非礼とされていた。

(49) 伯姫は火事があったとき、乳母が来るのを待っていたために焼死した。これは『春秋穀梁伝』襄公三十年に「五月甲午、宋災。伯姫卒。取卒之日、加之災上者、見以災卒也。其見以災卒奈何?伯姫之捨失火、左右曰、〃夫人少辟火乎?〃伯姫曰、〃婦人之義、傅母不在、宵不下堂。〃左右又曰、〃夫人少辟火乎?〃伯姫曰、〃婦人之義、保母不在、宵不下堂。〃遂逮乎火而死。婦人以貞為行者也、伯姫之婦道盡矣。詳其事、賢伯姫也」とある。すなわち、女子は夜間に一人で外出してはいけないとされていた。

(50) 注22所掲同書、第二葉／裏。

(51)『孟子』離婁下に「斉人有一妻一妾而処室者、其良人出、則必饜酒肉而後反。其妻問所与飲食者、則尽富貴也。其妻告其妾曰、〃良人出、則必饜酒肉而後反、問其与飲食者、尽富貴也。而未嘗有顕者来、吾将瞷良人之所之也。〃蚤起、施従良人之所之、遍国中無与立談者。卒之東郭墦間之祭者、乞其余、不足、又顧而之他、此其為饜足之道也。其妻帰、告其妾曰、〃良人者、所仰望而終身也。今若此。〃与其妾訕其良人、而相泣於中庭」とある。

(52) 前掲の注32に該当する『訓女子歌』の【原文】と【日本語訳】を参照。

(53) 注42所掲同書、五頁、一五頁。

(54)「四維」は『管子』牧民篇による。

（校閲：古田島　洋介）

第三部　東アジア間の交流と統合

第九章 〈踏み落とし〉再考

——要らざる用語を安易に用いるなかれ

古田島 洋介

序 言

いわゆる漢詩すなわち中国古典詩は、東アジア漢字文化圏に共通する詩型であった。本家本元の中国はもとより、周辺の朝鮮半島・ベトナム・日本でも盛んに制作されたのは紛れもない事実である。今日、韓国語はほぼハングル専用、ベトナム語は完全にローマ字専用の状態となってしまったため、つい漢詩文が栄えていたとのイメージを失いがちだが、韓国語のハングル専用もベトナム語のローマ字専用も、長い歴史から見れば直近のことにすぎない。ソウル大学附属図書館の書庫には、文字どおり万巻に上る漢詩文集が収蔵されている。ベトナムで建国の父と仰がれるホーチミン（一八九〇～一九六九）にしても、姓名は漢字で胡志明《ホーチミン》と表記できるうえ、幼少期から『論語』の素読を受けて中国語を学び、一九四二～四三年、中国で国民党の警察に逮捕され、広西省の牢獄を転々としていたときも、七言絶句を主とする多数の漢詩で『獄中日記』を綴った。

今は世界地図から姿を消した歴史上の国家渤海《ぼっかい》（六九八〜九二六）でも漢詩は盛んであった。日本の勅撰漢詩集『文華秀麗集』（八一八）巻上〈宴集〉部に弘仁五年（八一四）に来日した渤海使節の大使王孝廉《おうこうれん》の二首・録事釈仁貞《しゃくじんてい》の一首が、〈贈答〉部に王孝廉の三首が載っている。また、元慶七年（八八三）および寛平七年（八九五）に漢詩の名手として知られる裴頲《はいてい》が渤海使節の大使として入京したとき、菅原道真（八四五〜九〇三）と漢詩を応酬した記録も道真の『菅家文草』（九〇〇）巻二・巻五に残っている。飛鳥・奈良・平安時代の外交使節と言えば遣隋使・遣唐使を挙げるのが常識だろうが、実は渤海使・遣渤海使のほうが往来の頻度は高い。『源氏物語』（一〇〇八ごろ）冒頭の桐壺巻で七歳の光源氏の人相を占った「高麗人《こまうど》」も渤海使節の一員と思《おぼ》しく、光源氏を連れてきた右大弁《うだいべん》と漢詩を詠み交わし、幼い光源氏が「いとあはれなる句」を作ったことを讃《たた》えてもいる。

もっとも、漢詩が中国の周辺諸国それぞれで数多く制作されたとはいえ、長い年月を経ているうちに、当然のことながら中国とは異なる独自色が生じてくる。日本の場合を見ても、最古の漢詩集『懐風藻』（七五一）から明治〜昭和の漢詩壇で活躍した漢詩人国分青涯《こくぶせいがい》（一八五七〜一九四四）が世を去った翌年の第二次世界大戦の終結（一九四五）まで、漢詩は約千二百年もの歴史を閲《けみ》しているのである。その時々で往時あるいは同時代の中国の詩風から影響を受けてはきたものの、日本漢詩には日本漢詩なりの歴史があり、殊に漢詩制作が隆盛を極めた江戸時代には狂詩《きょうし》と呼ばれる独自の詩体をも生み出した。決して一から十まで中国の古典詩を模倣しようと努めていたわけではない。

ただし、ここで日中の漢詩について詩風の差異や詩境の相違などという抽象的な議論を始めるつもりは毫《ごう》もない。話題の焦点は、もっぱら以前から気になっていた漢詩作法《さくほう》上の用語一つに係る。ほかでもない、それが標題に掲げた〈踏み落とし〉である。

一、近体詩の基礎

漢詩は大きく二種に分かれる。古体詩と近体詩である。歴史から観れば、その名のとおり、古体詩が旧《ふる》く、近体詩が新しい。古体詩を源流とする近体詩の形式が整備されたのは唐代（六一八～九〇七）のこと、それ以前の形式による漢詩を一括して古体詩と呼ぶのが実情である。ただし、唐代に古体詩が滅んで近体詩に置き換わったという話ではない。近体詩が成立した唐代以降も古体詩は制作され続けた。つまり、両者の関係は〈交替型〉ではなく〈重層型〉なのである。これは日本における和歌と俳諧の関係と似たものと捉えてよいだろう。俳諧が江戸時代に成立してからも、和歌は滅びることなく継続して制作されたからである。

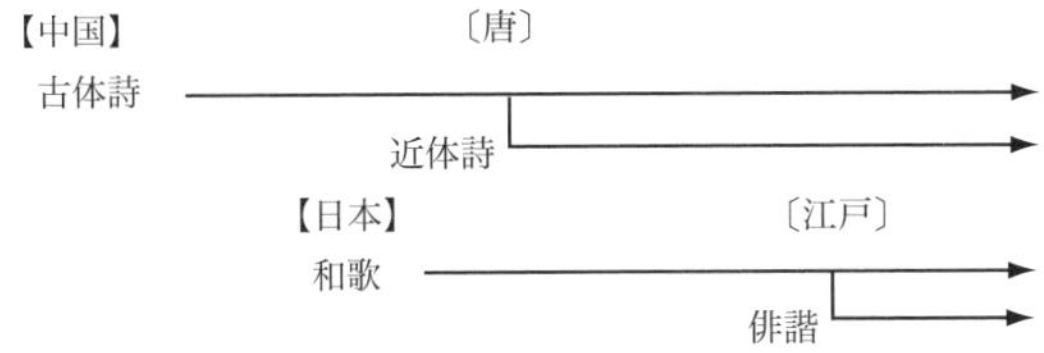

近体詩では、古体詩には見られなかった厳密な規則が成立した。原則として日本の和歌には［5＋7＋5＋7＋7］の三十一音、俳諧の発句には［5＋7＋5］の十七音という音数律が課せられるだけであるが、近体詩には詩形・句式・構成・平仄《ひょうそく》・押韻《おういん》・対句《ついく》など種々の細かい規則を守ることが要求される。

詩形は、一句が五字か七字かによって五言《ごごん》・七言《しちごん》に分かれ、一首全体の句数が四句ならば絶句《ぜっく》、八句ならば律詩《りっし》と呼ばれる。

句式は、五言は［2＋3］、七言は［（2＋2）＋3］というリズムを形成することを指す。そのリズムの切れ目が語句や文法上の切れ目に一致する。

構成に目を向けると、絶句は、いわゆる「起承転結」すなわち起句・承句・転句・結句から成り、律詩は、二句ずつまとめて「聯《れん》」と呼び、首《しゅ》聯・頷《がん》聯・頸《けい》聯・尾《び》聯の四聯で構成される。

平仄とは、古典中国語の声調《せいちょう》tonesを平声《ひょうしょう》・上声《じょうしょう》・去声《きょしょう》・入声《にっしょう》の四種に分かち、平声はそのまま平声、残りの三声を一括して仄声《そくしょう》と呼ぶ用語である。この平仄の配置が近体詩では厳密に定められているため、気ままに漢字を並べて近体詩と称するわけにはゆかない。平仄の配置は、第一句の第二字が平声か仄声かによって大きく左右され、その字が平ならば平起《ひょうおこり》、仄であれば仄起《そくおこり》と名づける。

押韻は、韻の踏み方に関する規則で、古体詩と同じく二句ごとに句末の字で韻を踏む。つまり、偶数句末で押韻するのが原則だ。ただし、古体詩では、韻目を中途で変える転韻（換韻とも）や、異なる韻目どうしを定められた範囲内で同一の韻であるがごとく融通させる通韻が許されるのに対し、近体詩では、転韻や通韻が利かず、一首全体を同一の韻目で一貫することが求められる。これを一韻到底《いちいんとうてい》と呼ぶ。韻目とは韻の種類を指し、実作品の中で韻を踏んでいる字を韻字という。近体詩の韻目には、平声を用いるのが通則だ。一般の詩作で用いられる韻目すなわち詩韻は、平声三十韻・上声二十九韻・去声三十韻・入声十七韻の計百六韻から成る。この百六韻の分類は、もと金代（一一一五～一二三四）に科挙用の韻書が刊行された地名にちなんで平水《へいすい》韻とも呼ばれる。近体詩において押韻の通則である平声三十韻は、便宜上、上平十五韻と下平十五韻とに分かつ習慣だ。

対句とは、二つの詩句に、完全に相反する、または、ほぼ相反する平仄を配置して、文法構造を互いに同一とし、かつ、同じ位置にある語句どうしを何らかの意味で対《つい》に仕立てることをいう。律詩の中央に位置する二聯すなわち頷聯・頸聯には、それぞれ対句を用いるのが原則である。絶句に対句が現れることもあるが、律詩と異なり、対句は絶句の必須要件ではない。

以上の六項目が近体詩の基礎だが、本章が焦点とする〈踏み落とし〉は、押韻の規則にまつわる用語である。地道に考察を加えてゆこう。

二、〈踏み落とし〉という言葉

まず〈踏み落とし〉という日本語そのものについて考えてみよう。この一語を耳にしたら、どのような印象を抱くだろうか。おそらくは「目に入っているのに注意散漫のため見のがしてしまう」のが「見落とし」、「書くべき字句を不注意から書かずにすませてしまう」のが「書き落とし」、「耳に入っているのにぼうっとしたまま聞きのがしてしまう」のが「聞き落とし」となれば、〈踏み落とし〉は「ついうっかり踏み忘れてしまう」との意味に解するのが常識ではなかろうか。これは「読み落とし」「言い落とし」などの類似表現についても同様である。要するに［動詞（連用形）＋落とし］は「迂闊《うかつ》にも〜するのを忘れてしまう」「不注意により〜し損なう」意であり、どう見ても負《マイナス》のイメージがまとわりつく語、すなわち貶義《へんぎ》語としか思えないだろう。その語感は〈踏み落とし〉にも当てはまる。

次に、漢詩の作法上、〈踏み落とし〉はいかなる意味で用いられるのかと言えば、七言詩において第一句が押韻していないことを〈踏み落とし〉と呼ぶのである。その裏には「絶句にせよ律詩にせよ、七言の近体詩では、偶数句末とともに、第一句の末字でも押韻するのが通例である」との了解があるわけだ。なるほど、この了解が成り立っている以上、七言詩の第一句で押韻していないことを〈踏み落とし〉と呼ぶのももっともだろう。韻を踏むべきところで、うっかり韻を踏み損ねたと捉えれば。

けれども、この〈踏み落とし〉という用語には、それこそ落とし穴がある。それも二つの落とし穴だ。一つずつ説明してみよう。

三、〈踏み落とし〉の孤立性と語弊

問題の第一は、どうやら〈踏み落とし〉が漢詩作法において日本だけが使う用語なのではないかとの点である。管見に入《い》るかぎり、中国の詩法解説書には〈踏み落とし〉に相当する語が見当たらない。そのまま仮名文字を取り除いて「踏落」ta^{4}luo^{4}と発音してみても、中国人の耳には、せいぜい「足を踏み外し（て落ち）た」くらいの意味にしか聞こえないだろう。〔江戸〕梁田蛻巌《やなだぜいがん》（一六七二～一七五七）『蛻巌先生答問書』巻上「五〔衍字カ?〕七絶の起句、韻をふまざる事」一則に「是《こ》れ俗に云《い》ふフミ落《おとし》也。叢林《そうりむ》の輩《やから》往々《わうわう》用レ之〔＝之《これ》を用《もち》ふれども〕」、実は落韻《らくゐん》と云ひて大きに忌むこと也」とあるのに鑑みれば、蛻巌は和語〈踏み落とし〉と漢語「落韻」を同義語と看做《みな》していたようである。しかし「落韻」は、一韻到底のはずでありながら、他の異なる韻目を持ち込んだり、通韻の規則に従わず、本来は融通できないはずの韻目どうしを通韻として扱ったりすることを指す語ではなかろうか。いかな詩豪と称された蛻巌の言とはいえ、「落韻」を〈踏み落とし〉と同一視するのは疑問である。

もちろん、日本には日本独自の用語があっても差し支えない。日本の将棋と中国の象棋《シアンチー》であれば、駒もルールも異なるので、たとえば将棋に謂《い》う「桂馬《けいま》の高跳び、歩《ふ》の餌食《えじき》」がそのまま象棋にも当てはまるとは思えない。しかし、漢詩の規則は、日中韓に共通する囲碁のルールのごときものである。囲碁における石の死活の判断が日本と中国あるいは韓国とで食い違ったりしては、対局そのものが成り立たない。それと同じく、日本だけが〈踏み落とし〉という汎用性に欠ける用語を使うのは、どうにも疑問に思われるのである。

問題の第二は、遙かに本質的な問題だ。上述のように「絶句にせよ律詩にせよ、七言の近体詩では、偶数句末とともに、第一句の末字でも押韻するのが通例である」との了解に基づいて、七言詩の第一句が韻を踏んでいない現象を〈踏み落とし〉と呼ぶわけだが、ここに〈踏み落とし〉が醸し出す貶義の語感が大きな誤解を生む可能性がある。その誤解とは「近体七言詩でありながら、第一句で押韻しないのは誤りだ」との決めつけである。実際、上に引いた了解の一文と貶義語〈踏み落とし〉とを組み合わせて素直に受け取れば、このように決め込む向きが生じても不思議はあるまい。事実として、なまじいに〈踏み落とし〉の語を覚えたために、第一句で押韻していない七言詩に出逢って戸惑う学生は少なくない。それもこれも貶義語〈踏み落とし〉の語弊に起因する思い込みなのである。これは最も肝腎な点なので、節を改めて詳述しよう。

四、〈踏み落とし〉の比率

まず注意すべきは、上に繰り返し記した「絶句にせよ律詩にせよ、七言の近体詩では、偶数句末とともに、第一句の末字でも押韻するのが通例である」との了解をどう理解するかである。実のところ、この一文で最も注意すべき文《もん》言《ごん》は、末尾に見える「通例」なのだ。一般には「絶句・律詩の区別に拘《かか》わらず、七言詩に関する話であること」と「偶数句末の押韻は当然の前提として、第一句末でも押韻すること」の二点、すなわち末尾の「通例」の直前までに記された内容に理解・記憶の労を費やすあまり、さして深く考えぬまま「通例」の二字を読み流してしまう傾向が強いように見受ける。けれども、一文の最後が「通例」の語で締《し》め括《くく》られている点を見のがしてはならない。

「通例」とは「一般的な慣わし」を意味し、俗に砕けば「ふつうはそうだ」と言っているにすぎず、裏を返せば「かなり比率は高いが、決して一〇〇%ではない」との意味合いなのである。要するに「少数ながら例外もある」との謂《い》いだ。むろん、ここで問題になるのは、「かなり比率は高い」「少数ながら」などと言うための根拠である。正直なところ、私自身は何も統計《データ》を持ち合わせていない。ただし、取り敢えず参考に値する数字があるので紹介しておこう。

本章の標題「〈踏み落とし〉再考」は、松尾善弘『唐詩の解釈と鑑賞&平仄式と対句法』所収の論考七「『踏み落とし』考」を踏まえたものであるが、その論考中で、松尾氏が日中両国で最も愛用される唐詩の選集に収められた近体七言詩、すなわち日本の『唐詩選』二百三十八首および中国の『唐詩三百首』百十一首に関する調査結果を示している。その大略を一覧表にまとめれば、上のとおり。

	第一句	
七言詩	押韻	不押韻
絶句	93%	7%
律詩	83%	17%

この一覧表から「七言詩では第一句も押韻するのが通例である」の「通例」の意味が明らかになるだろう。七言絶句では九三%、七言律詩では八三%が第一句で押韻しているからだ。「通例」とは、やはり「比率が高い」「多数を占める」意味なのである。けれども、それと同時に、七言絶句では七%、七言律詩では一七%が第一句で押韻していないこともわかる。これをあたかも誤りであるがごとく〈踏み落とし〉と呼ぶのは、果たしていかがなものか。私個人は、この約一〜二割に上る七言詩〈第一句／不押韻〉を〈踏み落とし〉と名づけ、まるで出来損ないであるかのような印象を与えるのは不適切だと考える。

たしかに伝統的には、七言詩となれば、七絶にせよ七律にせよ、平起〈第一句／押韻〉の形式が「正格」とされてきた。しかし、この「正格」の「正」は、「それが正しく、他は誤り」との意味合いではなく、「それが多数を占め、穏当である」意にすぎない。要するに、「七言詩では〈第一句／押韻〉が一般的な傾向である」との意味にとどまるわけだ。

改めて断るまでもなく、「多数を占め」るだの「一般的な傾向」だのと言ったところで、いわゆる文系の学問の通弊、何か客観的な統計に基づく話ではない。上掲の一覧表に見える百分率《パーセンテージ》にしても、その数字を弾き出した七言詩の母数が『唐詩選』二百三十八首と『唐詩三百首』百十一首の計三百四十九首にすぎないことは、どうにも不安を拭いがたい懸念材料だ。いずれもあくまで唐詩の簡便な選集であり、『全唐詩』約四万八千九百首に『全唐詩逸』約百首を加えた合計約四万九千首の中の近体七言詩について統計を取れば、どのような結果になるかは保証の限りでない。ましてや唐以後、宋・金・元・明・清と続く歴代の近体七言詩まで母数に含めれば、果たして〈第一句／不押韻〉の比率が変化するのかしないのか、変化するとしても増加するのか減少するのか、まったく見通しが利かないのである。こうした状況の中で、七言詩〈第一句／不押韻〉を〈踏み落とし〉と呼んで負《マイナス》のイメージを付与するのは、いかにも早とちり、理に合わぬ話ではなかろうか。

もちろん、〈踏み落とし〉という語が用いられるようになったのは、それなりの理由があるからだろう。想うに、これは漢詩作りの初心者に対して発せられた注意の一つであったのではないか。初心者が漢詩を作るとなれば、まずは七言絶句を手がけることになる。字数から言うと、二十字から成る五言絶句のほうが、二十八字の七言絶句よりも字数が少ない分だけ容易に作れそうに見えるかもしれない。けれども、実際に手を染めてみると、一つひとつの語句の密度が濃く、したがって凝集力も高い五言絶句のほうが難しいのである。対句が要求される律詩の難度が高いことは言うまでもない。そこで、詩意を明確にすべく適度に字句を補いながら作詩に取りかかると、たいていは七言絶句になってしまうのが実情だ。これは私自身の乏しい経験から言っても明らかな事実である。そのため、七言絶句を手がける初心者には〈踏み落とし〉について注意を促さざるを得ない。上述のごとく、伝統的には平起〈第一句／押韻〉の七絶こそが「正格」とされ、初心者の指導には最も穏当と思われるからだ。加うるに、本腰を入れて〈踏み落とし〉の七言絶句を作るとなれば、唐詩の実例に照らして、いささか厄介な事態が持ち上がりかねない。これについては、次節で〈踏み落とし〉の実例を挙げながら説明することにしよう。

五、近体七言詩〈踏み落とし〉＝〈第一句／不押韻〉の作品

1．七言絶句

前掲の一覧表のように〈踏み落とし〉の七絶が比率にして七％となれば、探すのに苦労しそうなものだが、実は然《しか》らず。松尾氏が素材とした『唐詩選』や『唐詩三百首』をさっとめくりさえすれば、すぐに実例が見つかる。まず初めに王維（六九九～七六一）の一首を挙げてみよう。

九月九日憶山東兄弟　〔唐〕王維
（九月九日《くがつここのか》山東《さんとう》の兄弟《くゑいてい》を憶《おも》ふ）

独在異郷為異客　独《ひと》り異郷《いきやう》に在《あ》りて異客《いかく》と為《な》り
毎逢佳節倍思親　佳節《かせつ》に逢《あ》ふ毎《ごと》に倍ゝ《ますます》親《しん》を思《おも》ふ
遙知兄弟登高処　遙《はる》かに知《し》る 兄弟《くゑいてい》の登高《とうかう》する処《ところ》
遍挿茱萸少一人　遍《あまね》く茱萸《しゆゆ》を挿《さ》して 一人《いちにん》を少《か》くを

この詩は、開元三年（七一五）王維が十七歳のときの作と伝えられる。韻目・韻字は上平十一〈真〉韻「親・人」。第一句末「客」は、入声すなわち仄字のため、韻を踏まない。仄起〈第一句／不押韻〉の形式だ。

次は杜甫（七一二～七七〇）が広徳二年（七六四）に物した七絶である。この詩は『唐詩選』にも『唐詩三百首』にも

見えない。今、気ままに〔清〕楊倫［箋注］『杜詩鏡銓《きようせん》』巻十二から録す。

絶句四首ノ三　〔唐〕杜甫

両箇黄鸝鳴翠柳　両箇《りやうこ》の黄鸝《くわうり》 翠柳《すいりう》に鳴《な》き
一行白鷺上青天　一行《いつかう》の白鷺《はくろ》 青天《せいてん》に上《のぼ》る
窓含西嶺千秋雪　窓《まど》に含《ふく》む 西嶺《せいれい》千秋《せんしう》の雪《ゆき》
門泊東呉万里船　門《もん》に泊《はく》す 東呉《とうご》万里《ばんり》の船《ふね》

第一句末「柳」は仄字。韻目・韻字は下平一〈先〉韻「天・船」。やはり仄起〈第一句／不押韻〉すなわち〈踏み落とし〉の七絶だが、第一句と第二句、第三句と第四句がそれぞれ対句になっている。平仄が完全に相反する厳密な対句に仕立てるとなれば、第二句末の平字「天」に対し、第一句末には仄字を用いざるを得ない。つまり、この七絶の〈踏み落とし〉は対句ゆえに生じたものであり、逆に言うと「〈踏み落とし〉たからには、できれば第一句と第二句は対句に仕立ててほしい。しかし、それは漢詩作りの初心者には過大な要求である」――これが往時の作詩指導における考え方ではなかったか。前節の末尾に「本腰を入れて〈踏み落とし〉の七言絶句を作るとなれば（中略）いささか厄介な事態が持ち上がりかねない」と記したのは、こうした対句がらみの意味合いからである。

同じことが下引の杜甫の詩にも当てはまる。杜甫が死を迎えた大暦五年（七七〇）の作で、『唐詩三百首』に載る有名な七絶だ。

江南逢李亀年　(江南《かうなむ》にて李亀年《りきねん》に逢《あ》ふ)　〔唐〕杜甫

岐王宅裏尋常見　岐王《きわう》の宅裏《たくり》 尋常《じむじやう》に見《み》たり
崔九堂前幾度聞　崔九《さいきう》の堂前《だうぜん》 幾度《いくたび》か聞《き》けり
正是江南好風景　正《まさ》に是《こ》れ江南《かうなむ》の好風景《かうふうけい》
落花時節又逢君　落花《らくくわ》の時節《じせつ》 又《また》君《きみ》に逢《あ》ふ

韻目・韻字は上平十二〈文〉韻「聞・君」。第一句末「見」は去声の仄字であるから韻を踏まない。平起〈第一句／不押韻〉の形式だ。この七絶でも第一句と第二句が対句になっている。やはり厳密な対句に仕立てんがための〈踏み落とし〉と理解してよかろう。さらに同様の例を挙げれば――

石頭城《せきとうじやう》　〔唐〕劉禹錫《りううしやく》

山囲故国周遭在　山《やま》は故国《ここく》を囲《かこ》んで 周遭《しうさう》として在《あ》り
潮打空城寂寞回　潮《しほ》は空城《くうじやう》を打《う》つて 寂寞《せきばく》として回《めぐ》る
淮水東辺旧時月　淮水東辺《わいすいとうへん》 旧時《きうじ》の月《つき》
夜深還過女牆来　夜《よる》深《ふか》くして 還《ま》た女牆《ぢよしやう》を過《す》ぎて来《き》たる

これは劉禹錫（七七二～八四二）が長慶四年（八二四）ごろに作った「金陵五題」ノ一である。韻目・韻字は上平十〈灰〉韻「回・来」。第一句末「在」は去声の仄字で、やはり韻を踏まないが、この七絶でも第一句と第二句が対句であり、そのため第二句末の平字「回」に対して第一句末に仄字を置こうとする配慮が働けば、結果として〈踏み落とし〉になるわけだ。これも平起〈第一句／不押韻〉の一首である。

唐詩ばかりでは信用ならぬと言う向きには、蘇軾《そしょく》（一〇三六～一一〇一）の極めて名高い七絶も示しておこう。熙寧《きねい》六年（一〇七三）の作である。

飲湖上初晴後雨　〔宋〕蘇軾
（湖上《こじやう》に飲《いむ》するに初《はじ》め晴《は》れ後《のち》に雨《あめ》ふる）二首ノ二

水光瀲灔晴方好　水光《すいくわう》　瀲灔《れんえむ》として　晴《は》れて方《まさ》に好《よ》く
山色空濛雨亦奇　山色《さんしよく》　空濛《くうもう》として　雨《あめ》ふるも亦《ま》た奇《き》なり
欲把西湖比西子　西湖《せいこ》を把《と》つて西子《せいし》に比《ひ》せんと欲《ほつ》すれば
淡粧濃抹総相宜　淡粧《たむしやう》　濃抹《のうまつ》　総《すべ》て相宜《あひよろ》し

この七絶も第一句と第二句が対句になっており、韻目・韻字が上平四〈支〉韻「奇・宜」であるのに対し、第一句末「好」は上声の仄字で、韻を踏んでいない。やはり対句ゆえの〈踏み落とし〉と考えてよかろう。これまた平起〈第一句／不押韻〉の形式だ。

以上、七絶五首の実例でわかるように、〈第一句／不押韻〉の作は、決して隠れた存在ではないうえ、また、ことさら〈踏み落とし〉と称せずとも、対句の要請に基づいて不押韻の現象を十分に説明できる。すなわち〈踏み落とし〉は、漢詩を作ろうとする初心者に対し、七言絶句を前提として作詩の穏当な要領を説く場合に発せられる注意であり、その裏には、実作品に鑑みて、万が一にも対句を作る負担を課すまいとする配慮が働いているかと推される。要するに〈踏み落とし〉は、初心者の作詩に限って必要な指導上の用語でこそあれ、漢詩を読む立場からすれば、あたかも誤りであるかのような語弊を免れない用語なのである。今日、初心者が漢詩を作る場面に居合わせないかぎり、もはや〈踏み落とし〉は歴史上の用語としてお蔵入り、安易に使わないほうがよいと考えるのだが、果たしていかがであろうか。

2. 七言律詩

七言律詩は、七字から成る頷聯・頸聯にそれぞれ対句を用いる関係上、中国の詩人にとってもなかなか荷が重かったのだろう、七言絶句に比べると、作例は遙かに少ない印象である。とはいえ、〈第一句／不押韻〉の作を探すのはいとも容易なこと、これまた『唐詩選』や『唐詩三百首』に実例が見える。ここでは両書が共通して載せる王維の一首と杜甫の二首を挙げるにとどめよう。王維の七律は詩題が長いので、略して記す。

奉和聖製……雨中春望之作応制　〔唐〕王維
（聖製《せいせい》「……雨中春望《うちうしゆんばう》」の作《さく》に和《わ》し奉《たてまつ》る　応制《おうせい》）

渭水自縈秦塞曲　渭水《ゐすい》自《おの》づから秦塞《しんさい》を繞《めぐ》つて曲《まが》り
黄山旧繞漢宮斜　黄山《くわうざん》旧《も》と漢宮《かんぐう》を繞《めぐ》つて斜《なな》めなり
鑾輿迥出千門柳　鑾輿《らんよ》迥《はる》かに出《い》づ千門《せんもん》の柳《やなぎ》
閣道廻看上苑花　閣道《かくだう》廻《まは》り看《み》る上苑《じやうゑん》の花《はな》
雲裏帝城双鳳闕　雲裏《うんり》の帝城《ていじやう》双鳳《さうほう》の闕《くゑつ》

雨中春樹万人家　　雨中《うちう》の春樹《しゆんじゆ》万人《ばんにん》の家《いへ》
為乗陽気行時令　　陽気《やうき》に乗《じよう》じて時令《じれい》を行《おこな》はんが為《ため》にして
不是宸遊翫物華　　是《こ》れ宸遊《しんいう》の物華《ぶつくわ》を翫《もてあそ》ぶにあらず

制作年は未詳。韻目・韻字は下平六〈麻〉韻「斜・花・家・華」。第一句と第二句を厳密な対句とする関係上、第二句末「斜」に対応する第一句末には入声すなわち仄字の「曲」を置いている。律詩の首聯には必ずしも対句を用いなくともよいが、いざ平仄が完全に相反する整然とした対句に仕立てるとなれば、第二句末に平声の韻字が位置するため、第一句末は仄字とするしかない。やはり対句の要請によって生じた〈第一句／不押韻〉である。決して第一句末で韻を踏み損ねたわけではない。仄起〈第一句／不押韻〉の形式だ。

次の杜甫の七律は、宝応元年（七六二）ごろの作。

野望《やばう》〔唐〕杜甫

西山白雪三城戍　　西山《せいざん》の白雪《はくせつ》 三城《さむじやう》の戍《まもり》
南浦清江万里橋　　南浦《なむぽ》の清江《せいかう》 万里《ばんり》の橋《はし》
海内風塵諸弟隔　　海内《かいだい》風塵《ふうぢん》 諸弟《しよてい》隔《へだ》たり
天涯涕涙一身遙　　天涯《てんがい》涕涙《ているい》 一身《いつしん》遙《はる》かなり
惟将遅暮供多病　　惟《た》だ遅暮《ちぼ》を将《もつ》て多病《たびやう》に供《きよう》し
未有涓埃答聖朝　　未《いま》だ涓埃《くゑんあい》すら聖朝《せいてう》に答《こた》ふる有《あ》らず

跨馬出郊時極目　馬《うま》に跨《また》がり郊《かう》に出《い》で時《とき》に目《め》を極《きは》むれば
不堪人事日蕭条　堪《た》へず人事《じんじ》の日ゝ《ひび》蕭条《せうでう》たるに

韻目・韻字は下平二〈蕭〉韻「橋・遙・朝・条」。本詩でも第一句と第二句を厳密な対句にすべく、第二句末の平声韻字「橋」に対応する第一句末に去声の仄字「戍」を用いている。例に漏れず、対句ゆえにもたらされた〈第一句／不押韻〉にほかならない。平起〈第一句／不押韻〉の一首である。
最後に掲げる七律は、大暦元年（七六六）杜甫が夔《き》州（今の四川省東端）に移住した年の冬の作である。

閣夜《かくや》　〔唐〕杜甫

歳暮陰陽催短景　歳暮《さいぼ》陰陽《いむやう》短景《たんえい》を催《もよほ》し
天涯霜雪霽寒宵　天涯《てんがい》霜雪《さうせつ》寒宵《かんせう》に霽《は》る
五更鼓角声悲壮　五更《ごかう》の鼓角《こかく》声《こゑ》は悲壮《ひさう》
三峡星河影動揺　三峡《さむきよう》の星河《せいが》影《かげ》は動揺《どうえう》
野哭千家聞戦伐　野哭《やこく》千家《せんか》に戦伐《せんばつ》を聞《き》き
夷歌幾処起漁樵　夷歌《いか》幾処《いくしよ》か漁樵《ぎよせう》より起《お》こる
臥竜躍馬終黄土　臥竜《ぐわりよう》躍馬《やくば》終《つひ》に黄土《くわうど》
人事音書漫寂寥　人事《じんじ》音書《いむしよ》漫《みだ》りに寂寥《せきれう》

韻目・韻字は下平二〈蕭〉韻「宵・揺・樵・寥」。この一首は、四つの聯すべてが対句で構成された全対格《ぜんついかく》の七律である。第二句末の平声韻字「宵」に対し、第一句末「景」は上声の仄字なので韻を踏まない。これまた対句ゆえの〈第一句／不押韻〉だ。一首の形式は、仄起〈第一句／不押韻〉である。

このほか『唐詩選』所収の王維「大同殿生玉芝……敢書即事」（略題）や杜甫「宣政殿退朝晩出左掖」、また『唐詩三百首』所載の杜甫「客至」「聞官軍収河南河北」「詠懐古跡」其一・其五などもすべて〈第一句／不押韻〉の七律であり、杜甫「客至」・「詠懐古跡」其五の二首を除けば、いずれも第一句と第二句が対句になっている。七絶の場合と同様に、平仄がすべて相反する厳密な対句に整えるべく、第一句を不押韻とする措置が講じられたのであろう。

結　語

以上で明らかなごとく、〈第一句／不押韻〉の七言詩は、それ自体が一つの確乎たる形式であり、しばしば対句の要請から不押韻の現象が生じている。これを〈踏み落とし〉という貶義語を以て呼ぶのは甚だ不合理であろう。要らざる誤解を招きかねない〈踏み落とし〉は、やはり英語に謂う misleading term と看做して、漢詩作りの初心者に七言絶句を作らせる今や稀有《けう》な場面を除き、あっさり御用済みとするのが適切ではなかろうか。漢詩を作る場と漢詩を読む場とを混同したまま得々と〈踏み落とし〉なぞを教えてはなるまい。〈踏み落とし〉がどのような場にふさわしい用語なのか、教員自身がわきまえることなく口にした結果、学生たちは〈踏み落とし〉を理解・記憶したまではよいものの、いざ〈第一句／不押韻〉の有名な七言絶句に出くわしたりすると、何やら脳裡がもやもやとしてしまうのだ。そのような無神経にしてぞんざいな教え方が一因ともなって、漢詩が、ひいては漢文が嫌われる事態を招いているのではなかろうか。

＊本章の漢字は、常用字体を原則とした。
＊漢詩文の訓読における字音仮名遣いは、暫《しばら》く『新字源』改訂新版（角川書店、二〇一七年）に基づいた。

［参考文献］　＊本章の内容に即した順序で掲げる。
＊必要に応じ、参照の便を図ってページ数を添えておく。

・ホー・チ・ミン／秋吉久紀夫［編訳］『獄中日記　詩とそのひと』飯塚書店、一九六九年。
・小島憲之［校注］『懐風藻・文華秀麗集・本朝文粋』（《日本古典文学大系》六十九）岩波書店、一九六四年、二一〇〜二一二、二二七〜二二九頁。
・川口久雄［校注］『菅家文草・菅家後集』（《日本古典文学大系》七十二）岩波書店、一九六六年、一九〇〜一九六、二〇八、四三一〜四三六頁。
・柳井　滋ほか［校注］『源氏物語』一（《新日本古典文学大系》十九）岩波書店、一九九三年、一九〜二〇頁。
・近藤春雄『日本漢文学大事典』大修館書店、一九八五年、一〇九〜一一〇頁「懐風藻」、二三七頁「国分青涯」、一七六〜一七七頁「狂詩」。
・近藤春雄『中国学芸大事典』大修館書店、一九七八年、六九一頁「踏落」、一四九頁「近体」、四三九〜四四〇頁「絶句」、八〇九頁「律詩」、一二三頁「起承転結」、六七六〜六七七頁「平仄（式）」、三八頁「押韻」、七〇九頁「平水韻」（名称の由来は本章の所説と異なる）、五六〇頁「対句」。
・梁田蛻巌『蛻巌先生答問書』／《日本芸林叢書》全十二巻（六合館、一九二七〜二九年／復刻版：鳳出版、一九七二年）第二巻所収二二頁、右掲『日本漢文学大事典』六七一頁「梁田蛻巌」。
・松尾善弘『唐詩の解釈と鑑賞&平仄式と対句法』近代文藝社、一九九三年、一五一頁。
・前野直彬［注解］『唐詩選』中〔律詩〕・下〔絶句〕（岩波書店《岩波文庫》）一九六二〜六三年。
・目加田誠［訳注］『唐詩三百首』二〔律詩〕・三〔絶句〕（平凡社《東洋文庫》）一九七五年。

第十章　高齢化社会で注目される伝統医学

——中国・日本における漢方医学

魯　紅梅

序

伝統医学は大自然のもとで生かされてきた人類が、それぞれの風土の中で病気を治し、健康を維持してきた、その叡智の結晶である。

現在、世界には伝統医学の系譜が三種類存在している。ギリシャ系・インド系・中国系の三大伝統医学である。ギリシャ伝統医学（ユナニ医学）はアラビア圏の伝統医学で東と西のはざまにあり、今は主として少数のイスラム諸国で行われている。インド伝統医学であるアーユルヴェーダは「生命の科学」を意味し、インドを中心として存続しており、中国伝統医学（中医学）は中国文化圏で根強く残っている。中医学は日本に伝えられて「漢方」となっている。

一、伝統医学をめぐるＷＨＯの働き

二十世紀半ばに入ってから伝統医学を改めて研究し、取り組んでいこうという動きが出たが、それには世界保健機関（ＷＨＯ）が大いに寄与している。ＷＨＯは、一九七七年の世界保健会議で伝統医学に関する研究・政策開発を提唱した。当初は発展途上国の医療の充足に力を注ぎ、西洋医学の普及が及ばぬところを伝統医学や民間療法で補うという目的もあったが、今ではこれらの医学を全世界の共有財産と考え、保護し発展させ、整備に力を注ぐようになっている。

アメリカでは、国立衛生研究所（ＮＩＨ）が一九九二年に代替医療事務局（ＯＡＭ：Office of Alternative Medicine）を設立し、積極的に介入するようになった。その背景には、がんやエイズの治療への社会的な問題意識や、西洋医学的治療で満足できない人たちの要求、あるいは健康維持のために代替医療を受けている事例が少なくないという事情がある。ＯＡＭ設立を機に、補完代替医療の研究が模索的初期段階から徐々に盛んに行われるようになり、一九九九年ＯＡＭは国立補完代替医療センター（ＮＣＣＡＭ：National Center for Complementary and Alternative Medicine）に昇格した。この取り組みからわかるように、アメリカは西洋医学だけでなく、ほかの医療も積極的に取り入れようとしていた。

ヨーロッパにおいても、伝統医学に対する関心は高い。特に、ドイツは伝統的に植物療法が発達していることから中医学や日本漢方への関心や需要が高い。ドイツだけでなく、イギリス、スペイン、フランスなどにも中医学や日本漢方を実践しているクリニックがある。

さらに、二〇一八年六月、伝統医学にとって大きな出来事があった。ＷＨＯが定める「国際疾病分類」の第十一回改訂版（ICD-11）で、伝統医学が初めて第二十六章につけ加えられた。これまで西洋医学中心だった医学界で、伝統医学の必要性が世界的に認められることとなった。伝統医学が加えられた背景には、近年、西洋医学の細分化が進み、からだ全体を診る医療が置き去りになってきた危機感と、疾病が生活習慣病ベースになってきたことにある。また、西洋医学のみでは対処できなくなってきた現実、さらに西洋薬の副作用の問題といった点で、それらを補完できる伝統医学の必要性が改めて認識されたからである。

二、西洋医学と漢方医学の特徴

西洋医学では、血液検査や画像検査など客観的なデータを重視し、診断により病名を明らかにし、処方薬を選択している。つまり、病気の原因となる異物やウイルスを排除したり、直接対応したりすることにより治療効果をあげることを重要視している。また、西洋薬は単一の有効成分で、一つの病状に一つの効果を発揮する場合が多い。

一方、漢方医学では、患部の状態そのものではなく、からだ全体を診ることで症状がもたらす原因を追究し、からだ全体のバランスを整え、回復させるという考え方である。漢方における治療は人間が本来持っている自然治癒力を高めることが基本である。漢方薬は数種類の生薬を組み合わせているため、一剤に複数の生薬が含まれており、複数の症状にも一剤で対応できる場合がある。漢方医学では、養生という考えが根底にあり、病気の予防、健康増進、老化防止などが大きなウエイトを占めているので、より積極的に健康づくりを心がけることができる。

このように、西洋医学は病気の原因がはっきりしているものやウイルス性の病気には高い効果を示すが、検査などで異常が見られない場合には手の施しようがない。それに対して、漢方医学では心身をトータルに把握し、からだ全体のバランスを取ることによって原因がはっきりしない病気でも治療効果を上げることができるが、緊急を要する手術などには不向きである。

もともと西洋医学もヒポクラテスの時代まで遡れば、漢方医学同様に自然治癒力を尊重しており、病気は四つの要素のバランスの失調で起こるとして、バランス理論を展開していた。それが漢方医学的思考から離れて分析的になって細分化していったのは、西洋近代医学の発達の歴史と深い関係がある。顕微鏡が発明されたのが一五九〇年、ウイリアム・ハーベーが血液循環を立証したのは一六二八年、細胞という言葉が初めて使われたのが一六六五年である。十八世紀の産業革命以降により、西洋医学は飛躍的に進歩した。しかし、心と体を分離し、人体の臓器を「部品」と考えるようになり、人体を総合的に見ることができなくなった。

三、中国における伝統医学

中医学は世界で最も歴史が古く、殷の時代にまで遡る。今から約三千六百年前、人々は体に触れ、呪術に頼り、病気を治そうとした。また、この時代にはすでに酒がつくられており、薬や祭りのお供えにもなった。医の繁体字「醫」からもわかるように、酒は古くから治療に使われていた。

中医学のバイブルと言われる『黄帝内経《こうていだいけい》』(1)は秦の時代に完成した医学書である。そこには病気とは陰と陽のバランスが崩れるため起こり、そのバランスを維持すること、つまり、病気の予防に重きを置くことが健康維持になると書かれている。中医学は一言で言うと「気」の医学であり、治療法は鍼、灸、湯液（いわゆる漢方薬）、按摩、導引（運動）、生活養生などがある。

その後、病気の原因や治療法が徐々に体系化されていき、約千八百年前の後漢の時代には中国医療の基礎ができた。この時代に書かれた中国で最も古い薬学書『神農本草経』に収載されている植物、動物、鉱物の薬のそのほとんどが今も使われている。実際の治療法について詳しく書かれた医学書は張仲景の(2)『傷寒雑病論』、主に薬を使った治療であった。なお、感染症の流行によって二百人を超える親族のほとんどが亡くなったことをきっかけに、張仲景は医学の道に進んだと言われる。

唐の時代は外国との交流が盛んになり、インドやアラブ諸国の医学、薬の材料などが入ってきた。また中国から朝鮮、日本へ中国の医学が伝わった。こののち、人体や薬の研究が進み、治療の技術も高まっていった。

清の時代になると、宣教医がキリスト教を広めるために来訪していた。イギリスとのアヘン戦争に敗北し開国した当時の清には、多くの宣教医が訪れてきて次々と西洋医療系の病院を建てていた。

一九一二年、清が倒れると、新しい民国政府は日本に倣って、西洋医学を取り入れ、西洋医学を修めた人に医師の資格を与えた。とは言え、中医学の人気は高く、伝統は引き継がれた。

一九四九年に現在の中国が成立すると、毛沢東は「中国の医薬学は偉大な宝庫」として、中国と西洋の医学を融合させようとした。互いのよいところを取り込めば、より良い医療となるからである。

現在中国では、中国医療と西洋医療が等しく行われている。中国の医師は、(1)西洋医学の医師、(2)西洋医学と中医学を併用する医師、(3)中医学専門の医師、と分別される。中国医療は中医学大学を卒業した者が主に担う。中医師の中にも専門職があり、中薬漢方での治療を主に行う中医師、鍼灸治療を主に行う鍼灸医師、推拿（按摩）医師、気功師に分けられる。教育内容としては、中医学専門の場合でも、西洋医学：中医学は六：四の比率である。日本の鍼灸学校と似た比率ではあるが、解剖や技術指導、臨床実習などの点から言えば、中国ははるかに内容が充実している。

近年は政府主導で中医学を国内外に普及させるための動きも活発化している。その一環として、二〇一六年二月には日本の内閣に相当する中国国務院が「中国医薬学の発展戦略計画概要（二〇一六〜二〇三〇）」を発表した。この計画では、中国伝統医学の知識を教育機関や各世代に広く普及させること、また国外への普及を促進することなどが盛り込まれている。

二〇一六年十二月には「中医薬法」を可決。二〇一七年七月に施行されたこの法律は、各省が伝統医学の研究所を設立するだけでなく、予算を増やし、教育の普及に務めることを定めている。教育を通じて特に若い世代への中国伝統医学の認知を高めることを目的としている。

政府の取り組みに加え、二〇一五年に中国伝統医学を専門とする屠呦呦《トウ・ヨウヨウ》氏がノーベル生理学・医学賞を受賞したというニュースなども、中国伝統医学の認知を高める役割を担っている。屠氏は、ヨモギの一種である薬草から抗マラリア薬であるアルテミシニンとジヒドロアルテミシニンを発見した。この発見には中医学の知識が大きく寄与したとみられており、屠氏のノーベル賞受賞は多くの人にとって中医学を見直すきっかけとなった。

中国漢方（中国では中薬と呼ぶ）を含む中国の医薬品市場規模は、世界第二位になり、今後も高い成長が見込まれている。ただし、漢方の本場・中国といえど課題は山積している。中国の漢方薬の品質をめぐる基準が十分整備されていないほか、特許や技術研究開発などの面でも出遅れている。また、漢方薬はもともと野生の原料（生薬）が使われていたが、今は大規模に栽培されている。しかし、未だ生薬の高い品質基準体系は構築されておらず、たとえば、一平方メートルあたりにどれぐらい植えるのか、水や農薬、肥料をどれぐらい使えばいいのかなど、詳細な規定がない。基準法規が明確化していないため、中国の漢方薬剤から基準値を超える農薬や重金属が検出されたりすることも稀ではない。

四、日本における漢方医学の歴史

日本の伝統医学である漢方医学は、中国で漢の時代にまとめられた医学が奈良時代ごろから日本に伝わり、そこに自分たちの経験を加えて日本独自の発展を遂げ、江戸時代に集大成された。

日本では、端午の節句は子供の日となっているが、中国では戦国時代からあるもので、暑い夏への季節の変わり目に体調を崩さないように健康を願う季節行事であった。人々は菖蒲やヨモギをつるし、硫黄を混ぜた雄黄酒を飲んで病気を防いだ。

飛鳥時代に疫病が数年続くと、文武《もんむ》天皇は中国の風習に倣い、追儺《ついな》を行った。追儺では呪術師が四つ目の面をつけ、盾と矛をもって邪鬼をはらった。それは節分行事として今も続いている。

日本は中国から律令制という国の仕組みを取り入れた。そのなかの典薬寮は医療部門で、医師、針師、按摩師、呪禁師、薬園師がいた。薬草園と酪農場が置かれ、そこから薬の材料となる植物や牛乳などを得ていた。

唐の僧・鑑真（六八八〜七六三）は台風で船が何度か難破する中、十一年かけて平城京に辿りついた。その頃は日本と中国との行き来は命がけのことであった。鑑真は医術にも長けており、日本にたくさんの薬の材料を持ち込んで、薬の見分け方、調合の仕方を教えた。

平安時代には、日本で最も古い医学書といわれる『医心方《いしんほう》』(3)ができあがった。著者は丹波康頼《たんばのやすより》。この書には内科、外科、眼科、産科、小児科などの病気、薬、鍼灸、願いをかなえる方法、占い、健康食品、養生法（健康な体を作る方法）などが書かれていた。たとえば、按摩の治療法については「カイコの糞や、ネズミがかじった壁の穴の土を蒸して袋に入れ、それで痛いところを擦る」とし、薬については「鉱石の薬が薬草よりよく効くが、毒にもなるので扱いが難しい」と記されている。養生法については「朝起きたとき、つべこべ言ってはいけない」と書かれてあった。瀉血法や蛭に血を吸わせるなどの治療法もあった。

僧の栄西（一一四一～一二一五）は南宋に留学し、茶の苗木や種を持ち帰った。栄西は茶を長生きのための薬とし、『喫茶養生記』に様々な病気を茶で治療する方法を記した。今も日本の漢方医療で頭痛などに使われている漢方薬に「川《せん》芎茶調散《きゅうちゃちょうさん》」があるが、茶葉が入っている。

室町・戦国時代には、国が決めた典薬寮の医師だけでなく、独自に医学を勉強した医師が現れた。有名な医師に田《た》代三喜《しろさんき》[4]がいる。田代は明（中国）に十二年留学し、帰国してのちの活躍によって名医との誉れも高い。また、多くの医師を養成し、日本の医学の基礎を築いた。

江戸時代は将軍とその家族を診る奥医師、その他の人を診る番医師がおり、町には資格がなくても始められる町医がいた。たいていの町医は医師に弟子入りして薬や鍼灸などの治療法を学んだ。江戸時代に西洋医学が入ってくると、そちらを蘭方（オランダ医学）、日本のものを漢方とよび区別するようになった。

十九世紀中頃、日本はアメリカから開国を求められて明治時代になると生活が西洋化していった。明治天皇は即位後に、改革を推し進めていった。一八六八年から一八六九年にかけての戊辰戦争では幕府軍を撃退したが、戦争はもはや剣や槍ではなく、マスケット銃や大砲で戦われたことから、犠牲者の規模もさらに大きくなった。軍隊にいた中国人医師は負傷兵を助けられなかったが、英国大使館から採用された西洋人医師が多くの兵士の命を救い、多くがすぐに回復して戦場に戻っていったのである。

こうしたこともあり、日本政府は漢方医学を完全に封印し、西洋医学を取り入れることになった。一八八三年には医師免許の規則ができ、西洋医学が主体の教育が行われたため、漢方医学では新しく免許を取ることができなくなった。のちに、明治政府は特例で、すでに開業している漢方医に試験免除を認めたが、弟子を取ったり、塾を開いたりすることを禁止した。そしてこの動きは日本国内に留まらず、中国にも影響を及ぼした。

新しい時代の流れの中で、それまで日本を支えてきた漢方は廃れていった。しかし、『医界の鉄椎』（明治四十三年／一九一〇年）を書いた和田啓十郎のように漢方の良さを訴える医師も少なからずおり、また西洋医学を学んだ人のなかには漢方医学へ方向転換した医師もいた。たとえば、西洋医学を学び医師になった湯本求真は、三歳の娘を感染症で亡くしているのだが、そののち和田啓十郎の漢方の本を読んだことをきっかけに、漢方の可能性を確信し、漢方医学の勉強を始めた。湯本求真は昭和二年に「皇漢医学」を刊行した。この本は傷寒論・金匱要略といった漢方のベースになる考えをもとに、豊富な参考文献を挙げて論じられている。湯本の漢方の考え方は、後進に大きな影響を与えた。また近代薬学には当初から生薬学があり、いわゆる和漢薬が主要な研究対象とされている。さらに庶民の医療に定着していた生薬製剤の製造・販売は原則的に禁止されず、鍼灸治療は西洋医学教育を受けた鍼灸師の形で存続し続けていた。

明治後期からは西洋医学、薬学をベースとして漢方の復権が細々ではありながら、徐々に始まった。

五、疾病構造の変化と西洋医学の限界

日本経済の急速な近代化に伴い、生活習慣病やアレルギー疾患に苦しむ国民が急増し、特に高齢化によって多くの老人性疾患が発生するようになった。疾病構造の変化により、西洋医学だけでは十分な治療効果が期待できなくなっ

てきた。

さらに、日本の医療において直面する問題点として医療費の高騰がある。理由はいくつかある。

（1）高額な検査費用

検査機器がどんどん改良され、高い医療費のかかる検査が増える。さらに、検査の精度により病気が見つけやすく患者が増えていく。

（2）高額な新薬

本来新しい薬が開発されれば、病気が治って患者が減少するはずであるが、患者はどんどん増えている。新薬の薬価も高く、ある種のがん免疫薬は、一年間で五万人に使用すれば、一兆七千五百億円、C型肝炎に使用する薬剤は、一錠六万～八万円と試算されている。

（3）高齢者医療

医療費を高騰させている大きな原因に「高齢者医療」がある。近年日本人の平均寿命は延び続けているが、健康寿命との差は拡大する傾向にあるとの指摘もある。つまり、高齢者は複数の疾患、多臓器の疾患を抱えている傾向があり、心身の虚弱状態から容易に重篤な病状に移行することも多々見られる。

高齢化率は二〇〇四年の一九・六％が、二〇五〇年には三九・六％になると予測され、ますます高齢化が進んでいる。二〇二五年には、国民の五人に一人が後期高齢者になり、医療費は七十四兆円に達すると予測されている。投薬状況を見ると、七十五歳以上の患者の約三割が十種類以上の薬を多剤併用しており、その副作用による病状悪化や新たな症状が見られることが報告されている。高齢者の多剤併用や高額薬剤の多用問題について、薬価制度の改善やインフラ整備による服薬情報の一元化と共有化が必要不可欠である。

六、再び注目される漢方

一九七〇年代以降になると、このような疾病構造の変化の中で、漢方医学は急速な発展をとげ、現代の隆盛に至る。また、日中両国の国交樹立により、両国の文化交流は大きく進展し、中医学の成果の多くが再び日本に紹介されるようになってきた。

さらに、西洋医学一辺倒だったそれまでの状況を変えたのは、漢方医学における以下の様々なメリットによるところが大きい。

（1）漢方医学の診断方法

漢方医学の診断方法はマスターするまでには時間がかかるが、患者の体から直接情報を引き出しているので、どこにいても同じ診察や診断が可能である。多彩な愁訴に対応できることから、治療費のみならず無駄な検査費用の削減も可能になるなど、漢方薬を正しく使うことで医療費が削減できる可能性は非常に高いと考えられる。

（2）漢方薬の総合的効果

漢方薬や鍼の有効性は科学的に証明されている。特に難病は現代医学ではなかなか有効性が認められないが、漢方医学ではその優れた有効性が科学的に認められている。現代の難病である認知症を例にとると、西洋薬はいまも開発中であるが、漢方薬のほうがより高い効果が得られる。アルツハイマー型やレビー小体型、脳動脈硬化型などタイプの異なる認知症にそれぞれ効果の高い漢方薬もわかってきている。

また、アレルギーや膠原病、過敏性大腸炎、アトピー性皮膚炎などの難病難症への有効性も明らかになっている。

さらにはがんにも効果が期待できる。西洋薬による治療は切れ味は鋭いものの、患者が強い副作用に苦しむことも少なくない。漢方薬を併用することにより副作用が抑えられるうえに治療効果もあげることができる。

（3）病気の予防思想

「未病を治す」「自然治癒力を高める」など漢方独特な考え方である健康観と哲学も病気の予防につながるので、医療費の節約や患者減少につながる。

以上のように、疾病構造の変化、および医療費高騰を助長させる社会的・医療的危機的な状況下で漢方医学は様々なメリットから再び脚光を浴びるようになった。

七、政府支援と漢方医学の普及

日本政府は、漢方薬を健康保険制度に組み入れ、漢方薬を採用する患者の薬剤費負担を軽減することに加えて、漢方薬の教育を重視した。

1．漢方教育と医療の充実

一九七二年に文部科学省が総合大学、医科大学、薬科大学、歯科大学の医歯薬系学部に伝統医学教育のコースを設けることを認めた。平成になると、日本医学会分科会に日本東洋医学会が登録され、文部科学省の医学教育モデルに漢方医学が採録されるなど、漢方は発展し続けている。

二〇〇一年三月に文部科学省が発表した「教育のコアカリキュラム」に、漢方教育が盛り込まれた。

漢方医学には主に漢方薬と、鍼灸と按摩マッサージ指圧療法が含まれる。按摩マッサージ師は専門学校で、鍼灸師は大学か専門学校で学ぶ。漢方薬を扱えるのは医師か薬剤師で、大学で学ぶ場合は医学部か、薬学部になる。二〇〇四年には、八十の医科大学すべてで漢方医学の教育が行われるようになっており、臨床現場においても七十九の大学と百三の臨床研修指定病院で漢方外来を設置して、漢方治療がなされている。実地医科はもとより、大学病院においても漢方内科や和漢診療科などの診療科を標榜している施設が二十六大学にある（二〇一六年、日漢協調査）。基礎・臨床による多くの研究成果も報告されるようになり、エビデンスの集積と共に診療ガイドラインへ掲載されるようになった。

日本には「漢方医」という国の資格制度はないが、日本東洋医学会[5]では、一九八九年より学会認定医制協議会加盟の制度として運用し、独自に決めた専門医認定基準により「漢方専門医」の認定を行っている。漢方医になるためには、まず医学部医学科に入り、現代医学を学び、医師免許を取る必要がある。現在、東洋医学会認定漢方専門医の数は二千九名である（二〇二二年）。

また、北里研究所付属東洋医学研究所、富山大学和漢医学総合研究所など、漢方の研究機関にも政府が出資している。現在、日本には中国に次ぐ中国医学書が所蔵されており、二十以上の中国医学書の出版・翻訳機関によって毎年百冊以上の中国医学書が出版されている。日本の出版業界は古書を重視するだけでなく、中国大陸、香港、台湾の中医学研究の最新動向にも注目し、各地区に専門機関を設置して、あらゆる中医学の出版物を収集して活用している。

2. 漢方薬の供給

①漢方エキス剤の登場

一九五〇年頃にエキス製剤化された漢方薬が治療に使用され、さらに、一九五七年に一般用漢方エキス剤が発売された。六〇年代に入って全世界的に中医学の人気が高まり、日本でも漢方医学の研究と漢方薬の保険診療が始まった。一九六七年に漢方薬が医療用漢方製剤として健康保険適用になると、段階的にその数は増え、一九八二年の段階では百四十八処方が薬価基準に収載された。漢方医学の普及に伴い漢方製剤も年々需要が増大しており、現在では医師の処方により百四十八種類の医療用エキス製剤と、百八十七種類（成分）の生薬を健康保険で用いることができる（二〇二一年）。日本の医師の八九％が漢方薬を処方しており、漢方薬の処方数は毎年一五％の割合で増加している。また、一般的なドラッグストアでも簡単に漢方薬が手に入るようになり、西洋薬とうまく使い分けながら不調を治すという考え方が浸透してきた。日本には国内最大の漢方薬の製薬会社であるツムラ製薬を含め、約二百箇所の漢方薬工場があり、二千種類以上の漢方製剤がある。現在、日本にある六万軒の薬局のうち八割以上が漢方薬を取り扱っている。

日本国民の八割近くの人が「漢方は慢性疾患の治療に非常に効果がある」とその有用性を認め、六割の人が「漢方は健康寿命を延ばす」と考えている。

②生薬の品質確保

厚生労働省では、薬用植物の安定供給、品質の一層の向上および栽培技術の指導等について各方面からの要請に応えるべく、一九八五年より日本国内で栽培が可能な薬用植物の優良種苗の確保及び栽培技術の指導を目的とした「薬用植物栽培・品質評価指針」の作成を開始した。生産工程では化学肥料や農薬をできる限り使用せず、残留農薬や重金属の含有量を最小限に抑えることが求められており、その監視が非常に厳しい。原材料の品質を確保するために、各工程の詳細な記録も残されることになっている。

実際、国内栽培は加速している。生薬の品質規格も厚生労働省からの通達に基づき厳密に管理されており、製薬各社は、残留農薬、微生物、重金属量などの安全性に関わる品質管理や、生薬栽培、加工、輸送、保管を管理したトレーサビリティ体制を運用している。

③漢方製剤の安全性

日本の漢方薬の識別と含有量判定の要件は非常に多く、中国の漢方薬の基準よりも厳しいものとなっている。一九八五年に医療用漢方製剤の製造基準が設けられ、『標準湯剤との比較試験に関する資料』の提出が義務付けられ、品質管理と安全性が担保されるようになった。一九八〇年代後半は漢方薬製造のための品質管理コードを発行し、漢方薬はすべてこの基準に沿って製造されている。

日本の漢方薬の多くは、煎じたり煮たりして漢方薬を服用する伝統的な方法から、顆粒、錠剤、カプセル、内服液になっている。薬効の保持を最大限にするために、薬物の抽出プロセスは、温熱抽出、減圧濃縮、スプレードライ、真空凍結乾燥などの技術や機器を用いた形で行われる。

革新的な剤形により、漢方薬はより簡単に服用できるようになり、スピード感のある現代社会のライフスタイルに適したものとなった。

八、今後の課題

漢方に関する課題は山積しているのも事実である。

1. 新たな漢方製剤の開発がない

漢方製剤等は、一九六七年に漢方エキス製剤が初めて薬価基準に収載され、健康保険の適用になり、一九八七年に医療用漢方製剤が現在の百四十八処方となったが、それ以降、新たな漢方処方の収載はない。新規のエキス製剤の採用が滞っているのは　医薬品の承認には剤型追加でも多大な時間と費用がかかることにあり、実現は容易ではない。

2. 原料生薬の安定調達への道のり

医療用漢方製剤百四十八処方で使用されている原料生薬は百三十六種類あり、そのうち、日本国内で栽培されている生薬は五十六種類あるが、国内使用量の約八〇％は中国から調達している。たとえば、使用量が多い甘草、茯苓、大棗、半夏などは、ほぼ全量を中国から輸入している。通常の農作物の多くが種まきから収穫まで一年であるのとは異なり、漢方薬用の生薬は出荷するまでに数年がかかる。そのため、漢方薬の需要は高まっているにも関わらず日本国内での生薬生産は増えておらず、中国からの輸入に頼っているというのが現状である。

近年、中国産生薬の市場価格は毎年上昇しており、二〇〇九年からの価格上昇が顕著である。その理由としては中国での需要増や経済成長に伴う物価上昇の影響を受けていることが挙げられる。

3. 漢方薬選択の難しさ

日本では現代（西洋）医学の医師免許を持っている医師が漢方薬を処方している。現代医学の薬と同じ感覚で漢方薬を用いる病名治療が普及しているので、漢方本来の効果を発揮しづらい。本来ならば本当に適切な漢方薬を選択するためには漢方医学的な病態型診断に基づいて処方を決定しなければならないのだが、現代医学体系と大きく異なる漢方習得は容易ではない。

また、複数の漢方の併用による生薬の重複も、甘草や麻黄、大黄、地黄などでは副作用の出現頻度が上がるので、併用する際は中身の生薬をよく理解しなければいけない。漢方薬の作用は、併用しても単純に相加作用になるとは限らない。複数の漢方薬の不適切な同時服用は、むしろ効果を打ち消し合ってしまう可能性すらある。

4. 保険診療における漢方薬の品質維持

世界的な生薬需要の高まりにより、生薬価格の高騰が著しい一方で、漢方エキス製剤や生薬の薬価にはそれが反映されず、むしろ下がり続けてきたため、保険診療での漢方薬の品質維持が徐々に困難になりつつある。また、保険診療で使用される有用かつ安価な漢方薬を健康保険適用から除外することに関してこれまで何度か議論が行われており、健康保険適用の漢方診療の未来は決して明るくはない。

結　語

二十世紀半ばから疾病構造が変わりつつあり、西洋医学に限界を感じるようになってきたタイミングでＷＨＯの働きかけもあり、アメリカを含む欧米各国も漢方医学を含む伝統医学に注目するようになった。

日本の漢方医学も明治時代に一度廃れていたが、一九七〇年代以降に脚光を浴び、平成に入ってからさらに盛んになってきた。今後高齢化社会が加速する中で、生薬の品質確保と漢方薬の安定供給、そして確実な漢方医学の教育、政府の介入と支持が必要となる。

また、生薬で最大の生産国である中国と、漢方薬の開発生産で高度な技術を持つ日本が協力すれば、世界の漢方薬の市場を大きく拡大しつつ、漢方医学のさらなる普及に寄与でき、医療費削減にも役に立つ。

今後は、人工知能など先端テクノロジーが漢方医学に活用されるのも期待するところである。

［注］

(1) 黄帝内経。現存する中国最古の医学書。前漢代に編纂され、「素問」と「霊枢」に分けられる。未病という用語が初めて使用された。人と自然の関係、臓器同士の結びつき、心と身体との関連という考え方は、現在の中医学にも活用されている。

(2) 張仲景(一五〇～二一九)。中国後漢末期の官僚・医師。古代から伝わる医学の知識と自らの経験をもとに「傷寒雑病論」(のちに「傷寒論」と「金匱要略」に分割)を著し、後々まで漢方医学の最も重要な文献となった。その功績から医聖と呼ばれる。

(3) 医心方。平安時代の宮中医官・丹波康頼が書いた。日本現存の最古の医学書。すべて漢文で書かれており、唐代に存在した膨大な医学書を引用してあり、現在では失われた多くの逸文を医心方から復元することができることから、文献学上非常に重要な書物とされる。

(4) 田代三喜(一四六五～一五四四)。室町・戦国時代の医師。後世派医学の開祖であり、日本における中医学の中興の祖である。多くの庶民を病苦から救った功績から医聖と称された。

(5) 日本東洋医学会。一九五〇年に設立され、一九七七年には文部省から社団法人日本東洋医学会として認可された。漢方医学界に対して国家が認めた最初の社団法人である。漢方を研究する医師、薬学者、鍼灸専門家、文献学者らが東洋医学に関する研究を発表する場である。

［参考文献］

世界中医薬学会聯合会『中医基本名詞術語・中日英対照国際標準』東洋学術出版社、二〇一九年、XV～XVI頁。

池上正治『伝統医学の世界』エンタプライズ、一九九八年、一五～一八頁。

池田光穂『感染症と人類の歴史　第二巻　治療と医療』文献出版、二〇二一年、八～二四頁。

藤平健・小倉重成『漢方概論』創元社、一九八九年、四～五二頁。

日本東洋医学会『漢方医学Ⅰ』財団法人日本漢方医学研究所、一九七八年、一～一五頁。

花輪壽彦『漢方診療のレッスン』金原出版、一九九五年、五三～五七頁。

山田光胤・代田文彦『図説 東洋医学』学習研究社、一九九八年、九～二三、二二八～二三一頁。

徐文兵・梁冬『黄帝内経・四気調神』江西科学技術出版社、二〇一三年、五～一三頁。

王明輝・金傑輝・王風雷『中医是怎様治病的』人民衛生出版社、一九九八年、一～四一頁。

毛　嘉陵『中医大趨勢』中国中医薬出版社、二〇一一年、二二三～二四一頁。

第十一章　東アジアの国際関係

——地域統合の可能性について

若月　章

はじめに

東アジアの平和と安定、さらに繁栄と成長を維持発展させていくためには新しい地域秩序の構築が不可欠である。その際、ヨーロッパにおけるヨーロッパ共同体からヨーロッパ連合へと進化発展を遂げてきた地域統合化の実験に倣い、東アジアにおいても〈地域統合〉をいかに実現させていくかが大きな域内の夢でありまた課題でもある。しかし東アジアの国際関係を考察する際、まず留意すべきは、各国・各地域によって東アジアについても認識イメージが互いに相違している点であろう。また、社会科学分野では通常、東アジアを認識する際、東南アジアと北東アジアの二つに大別する場合が多い。

そこで、本論では東アジアの地域統合の可能性についてＡＳＥＡＮに体現される東南アジアの地域統合の現状についても簡単に触れながら、東アジアの国際関係の経緯とその特徴、さらに東アジアにおける新たな国際関係秩序の形成に向けた課題を論じ、結びに日中韓の対話と協力そして東南アジア各国との連携をも踏まえた東アジアの国際関係における地域統合のための在り方を提言する。

一、〈東アジア地域〉の国際関係の経緯とその特徴

本項では東アジア地域の国際関係の流れと特徴を解説したい。

1．東南アジアと北東アジアとの国際関係の相違点

社会科学の分野では広義の〈東アジア〉を近現代の国際関係の歩みの違いから東南アジア地域と北東アジア地域とに分けて捉える見方が一般的であることは既に述べた。まず東南アジアと北東アジアの国際関係の決定的な相違点を確認したい。東南アジアの場合、国際環境においては多国間関係（multi-lateralism）を中心に今日では、東アジア地域統合構築に向けた様々な交流、意見交換が一歩先んじて動き始めている。その象徴的存在がＡＳＥＡＮである。他方、北東アジアの場合は二国間関係（bi-lateralism）を基本に戦後から今日までの国際環境が継続している。しかも現在、その二国間関係こそが不安定要因となっている点で混迷の度は極めて深い。

2．東アジアのたどった国際関係の経緯

次に、東アジアについて狭義の意味での北東アジアの辿った国際関係の流れを説明したい。表1の通り、歴史を五つの国際秩序システムに区分すると、北東アジアはそのすべてのシステムを経験していることがわかる。前近代のモデルは東アジア史の上では冊封体制と呼ばれる。その後東アジアは東南アジアから北東アジアに至るまで西洋列強のパワーゲーム（西洋の衝撃）の渦の中に組み込まれていく。近代主権国家競合の時代は、ヨーロッパの列強が東アジア地域に続々と進出し、その結果北東アジアも主権国家制度の構築に迫られることとなった。その後国際情勢の変化に対応できなかった国々の多くは欧米列強の植民地化という運命をたどる。その際に日本も東アジア各地域と同じ状況に置かれていたものの、最終的には欧米列強と同じようないわゆる棍棒外交を東アジアにおいて展開する。事実上の日本の〈脱亜入欧〉の一環である。

【前近代】

（1）冊封体制モデル期（中華世界）

冊封体制モデル期という時代が北東アジアでは長期にわたり続いた。前近代とは、欧米の影響がまだ東アジアに波及する以前の時代を指し示すが、この時代とは中国を中心とした国際環境が主体であり、これを冊封体制モデルと呼ぶ。一言でいえば、中国を中心とした東アジアの中華世界と規定される。その具体的な表れは朝貢交易システムである。皇帝が臣下に爵位などを授与することで形作る君臣関係を、国同士の関係に置き換えたシステムが冊封体制であり、中華帝国朝貢交易システムでもある。これは中華世界の中でその周辺国家の君主や為政者たちとの関係にも同様に適用した在り方である。そうした中国周辺各国の中で、日本の徳川幕府体制の時代においては、琉球王朝時代の沖

表１　北東アジア国際システムモデルの変遷

	モデル	中心	勢力（支配）領域	影響力行使（支配）の源泉	主たる国際アクター（行為体）	相互関係	その他のキーワード
前近代	冊封体制モデル（中華世界）	中華帝国	版図（波紋）	宗主権文化力	王朝国家（天下国家）	冊封関係の下での「主権」尊重	朝貢
近代主権国家の競合	形成競合モデル	日露競合	領土	軍事力	亜近代国家	軍事的（支配—従属）	国民国家近代化
	植民地モデル	日本	領土	軍事力	近代国家	軍事的（支配—従属）	大東亜共栄圏（五族協和・王道楽土）
	冷戦構造モデル	米ソ	領土	軍事力政治力経済力	イデオロギーを掲げる国家	軍事同盟化の「友好」と断絶・勢力均衡	冷戦
現代↓未来	北東アジア協生モデル	ナシ（地域・地方・拠点都市）	ナシ（地域協生認識）（参加）	ナシ（越境ネットワーク）	ＩＧＯ・企業・地方自治体・国家・ＮＧＯ・市民（個人）	協生［他者肯定・自者肯定］・対等	東北アジア交流圏東アジア共生圏北東アジア市民圏

註）古厩忠夫編『東北アジア史の再発見——歴史像の共存を求めて］（環日本海叢書 3）有信堂、1994 年、18 頁の作図を加筆補正。

縄は別として、完全な意味での冊封体制モデルに組み込まれようとはしなかった。基本的にはその当時の長崎を中心とした日本と中国の交易関係は、清の時代にはほぼ対等な外交関係によって推移したと言われている。一方朝鮮半島の場合、歴代の政権は中国の王朝と朝貢関係を維持し続けた。この時代の基本は、〈内政不干渉〉をその原則とした。中華世界は中国を基軸とし、このようなシステムが強固に守られていたことだけは確かである。その場合、外交儀礼としての外交文書類は漢字に依拠し、これを不可欠な要素としていた。すなわち共通の文書用語や公式外交用語は漢字表記を旨としていた。

因みに北東アジア世界の共通指標としては以下の通りである。第一に共通の文字文化としての〈漢字〉である。今日、各国の中での漢字の使用頻度及び存在意味は大きく異なり、中国本土・台湾・韓国・日本での漢字の使用頻度や漢字表記に差異が生じているとはいえ、北東アジアでは広く漢字が文字伝達の中核をなしてきた。第二に文化表現形式としての〈儒教〉である。生活、文化、人間同士の付き合い方、さらに家族関係は元よりのこと、社会や国家、地域の中の共同体の在り方に至るまで儒教がその規範とされた。儒教文化圏である。第三に政治統治制度としての〈律令制度〉も中国の影響下にあった地域の隅々に広く行き渡った。むろん、その受容の形態や度合いは各国や地域によって様々ではあった。最後は中国経由で普及した〈中国仏教（大乗仏教）〉である。東南アジアで広く普及した上座部仏教に対して大乗仏教が北東アジアで広範に伝播した。

このように中国文化の共通土壌を基盤としつつ、中国を中心にした当時の国際関係は長い間、近代以前には経済交易圏としての形態も強めながら、中国大陸はもちろんのこと東アジア全般にわたり清朝の末期まで継続する。ここで留意すべきはその源泉は決して軍事力のみではなかった。もちろん、様々な対立や紛争、軋轢が長い前近代の時代の中で実際には発生したこともあった。例えば朝鮮半島との間で蒙古襲来や、他方日本からも文禄慶長の役で出兵したこともあった。そうした歴史的事象が一時期はあったとはいえ、全般的には歴史学あるいは社会史の立場から言えば、良好な国際関係を保持していたとの認識である。すなわちパクス・シニカ（*Pax Sinica*／中華世界）である。そこにおいては、中国の圧倒的な力の源泉はむしろ文化力であったと解釈される。今日国際政治において注目されるソフト・パワー外交の時代でもある。これが当時の東アジアの国際関係を体現している。

【近代―近代主権国家の競合】

その後欧米列強の東アジア進出によって、北東アジア世界の国際環境は一変する。いわゆる西洋の衝撃（Impact of west）に直面する。この時代、独立国家として事実上維持したのは北東アジアの日本と東南アジアのタイのみに他ならない。この西欧国民国家体系に基づいた近代主権国家の競合の時代を三つに区分する。形成競合モデル、第二次世界大戦中も含む植民地モデル、さらに戦後の冷戦構造モデルである。

（2）形成競合モデル

北東アジア地域は同地域内の諸民族による近代国家形成のための角逐の場に移行する。この当時、北東アジア地域は事実上、主権国家としてはロシアと日本、中国、モンゴルの四カ国で構成されている。朝鮮半島は一九一〇年の日韓併合により、日本による植民地化の影響下に置かれることとなる。韓国及び朝鮮側の歴史的視点に立脚するとすれば、以後の朝鮮半島の歴史は苦難の日韓・日朝関係史になったという解釈が成り立つであろう。結局、日本とロシアは日清戦争、日露戦争等を経ながら北東アジア（朝鮮半島・中国東北部）を舞台に衝突を繰り広げる。その覇権の源泉は軍事力である。これらは同モデル期の象徴的事象であるが、それはすなわち東アジアがハードパワー全盛の時代に移行したことを意味するものである。その対立の特異な点は衝突の主舞台が当事国家であったロシアでも、また日本であっても、その狭間にある朝鮮半島や中国の東北部がその角逐のメインステージであったという歴史的事実は今日に至るまで複雑な相互認識の残滓を残し続ける。

（3）植民地モデル

その後北東アジアの国際関係は日本を主軸に展開する。これを植民地モデル期とするが、一時的なパクス・ジャポニカ（*Pax Japonica*）の時代に相応する。影響力行使の源泉は依然として軍事力であった。近代国家がほぼ同地域で領土拡張を通じて形成された。一九三五年当時、喧伝された国家的スローガンは「生命線」「満蒙は我が国の生命線」「日本海の湖水化」「五族協和」「大東亜共栄圏」等であった。例えば五族協和とは、日本（和）民族、満州族、朝鮮（韓）

民族、蒙古族、漢（支）民族の五つの民族が該当する。しかし、植民地モデルの基盤は軍事力による力による支配そのものであり、武力に依拠する統治であった。日本の植民地統治が本格化していく中で、その後中国東北部では満州国が樹立されたが、中国では当該国家のことを〈偽満州国〉と呼称する。

（4）冷戦構造モデル

日本の東アジアにおける覇権が阻止され、同時に日本の植民地システムが崩壊したことにより、東アジア、とりわけ北東アジア地域においては平和が到来する可能性も待望された。しかし戦後の冷戦は引き続きこの地域を陰鬱な空気が漂い、北東アジア地域は対立と緊張の最前線となった。国共内戦に絡む台湾海峡間の対立や朝鮮戦争が東アジア海域及び朝鮮半島部で勃発、その緊張関係は冷戦構造の解消後もなお継続するばかりか、現在では緊張の高まりは最高度に達している。ヨーロッパ冷戦と同様、〈アジア冷戦〉とも表現される理由もそこにある。また東西両陣営ともに北東アジアにおいては二国間関係が外交関係の基調となった点ではヨーロッパはもとより、東南アジア地域とも大きく異なる。いわゆるパクス・ルッソアメリカーナ（*Pax Russo-Americana*）の時代である。

冷戦構造モデルの北東アジア地域の最大の特徴は三つのキーワードに集約される。遮断化、軍事戦略拠点化、原料供給基地化である。

先ず遮断化とは文字通り、同地域において日本海、そして一部朝鮮半島の三十八度線という陸域を通り、さらに東シナ海の台湾海峡に至るまでが遮断の現場になったということであり、いわゆるアチソン・ライン（東アジアの不後退防衛線）がそれに当たる。

次に軍事戦略拠点化としての側面である。戦後の冷戦構造の中で北東アジア地域は世界で最も核兵器の使用が検討され、かつ実行されていった地域であったことはあまり知られていない。広島、長崎においては現実のものとなったが、朝鮮戦争に際しても国連軍総司令官であったマッカーサーが核兵器の使用を検討した事実がある。一九五〇年当初、その総数およそ十八万人の中国義勇軍が鴨緑江を越えて流れ込んできたとき、中朝国境に原爆を投下すれば一遍にそれが阻止できるとの判断からであった。冷戦の後半においても、一九六九年の中ソ国境紛争（珍宝島事件／ダマンスキー島事件）時に武力衝突が勃発したが、そこでもソ連側が原爆投下の選択も考慮されたことがあったとも言われている。その情報をアメリカが中国にリークし、それが契機となって、米中の和解につながった。冷戦下において間違いなく緊張と対立の現場が映し出された。

第三には原料供給基地化が促進される。特に中国の東北部、ソ連のシベリア極東、日本海側で顕著である。冷戦期、どの国々においても強力な中央集権の体制保持により、特に北東アジアの一部は周辺化・辺境化され、国土の不均衡発展が域内共通の課題となった。戦後の日本もその例外ではない。

【現代から未来へ】

（5）北東アジア協生モデル

一九九〇年代にようやく冷戦構造がほぼ収束に向かう。表1の通り、これが現代から未来につながるモデルである。新たな北東アジアのモデル、さらには広く東南アジアも含む東アジア全域にわたる平和構築のシナリオである。「協生の世界（他者肯定・自者肯定の世界）」としてのモデル展望である。その要諦は覇権の論理からの脱却を企図する。国家のみならず、多様な非国家アクターが域内のロールプレイヤーとして参画する越境ネットワークを能動的に構築し、その上で相互理解や信頼醸成を図っていく交流の新たな在り方である。換言すれば、東アジアをパクス・ディプロマティカ（*Pax Diplomatica*／外交に基づく平和）ないしはパクス・コンソルティス（*Pax consortis*／協調と対話に基づく平和）に変革しようとする試みである。国家主権を回避するためには〈主権国家〉とその国境を相対化し新しい東アジア共生圏の構想とそのための構築努力が必要不可欠であろう。将来の東アジアにおける国際関係の在り方を考慮するとき、その着想を〈東アジア地域統合〉の端緒の一つとして反映させていくべきであることを筆者は切に願いたい。

しかし東南アジアの地域統合の進展に比べ、今日の東アジアとりわけ北東アジア地域の現実はこのような期待からは程遠い現実を直視したい。

二、東アジアにおける〝新〟国際関係秩序の構築に向けた現状と可能性

ここでは「東アジア」における〝新〟国際関係秩序の形成に向けた課題を提起したい。

第一に東アジア（この場合、東南アジアと北東アジアの双方を含めた広義の東アジア）は政治体制、民族、文化などが多様であり、いずれの国々も〈主権国家〉である限りは各国ともに固有の国内・対外課題をそれぞれに抱えているのは当然である。そのような多様性の中にあって、かつては「東アジアの奇跡」、その後「世界の成長センター」と言われてきた中で、全体として経済社会成長が押しなべて堅調であるとはいえ、各国間の経済格差もさることながら何より政治外交・安全保障面での特に北東アジアで国家間の軋轢が依然高い。二〇二〇年代の国際環境において指摘されるグローバル化の亀裂が表面化する今日、一層憂慮される。これが東アジア全体の地域統合化の最大の足かせであることとは衆目の一致するところである。

事実、一九九〇年代後期、域内平和構築のためにスイスのジュネーヴで四者会談（中国、韓国、北朝鮮およびアメリカ）

が開催され、続く二〇〇〇年代には朝鮮半島の核問題を主要な議題として中国の北京で六者協議（中国、韓国、北朝鮮、ロシア、日本、アメリカ）も開催され北東アジアの平和形成へと進む期待感も当時大いに高まった。しかし二〇〇三年から開始された関係当事国が一堂に会したアド・ホック（限定目的のための）な国際協調の懸命な努力さえも二〇〇七年三月の第六回会合以降、今もって再開されていないままである。

第二の課題は、北東アジアと東南アジアに分けて考察したい。

特に北東アジア地域各国は国土の規模や人口、政治体制、民族、宗教、経済基盤などの諸点においてきわめて多様である。この点がヨーロッパで構築されたＥＵや東南アジアで誕生したＡＳＥＡＮのような地域統合機構が形成できない理由の一つであろう。その結果国家間関係に不安定な要素が付きまとい、対話による協調関係の構築には互いの信頼醸成の形成も含めなお相当の年月が必要とされよう。例えば二〇二二年十一月にインドネシアのバリ島で開催された第十七回Ｇ20首脳会談中に開催された日韓会談、続くタイのバンコクで開催された第二十九回ＡＰＥＣ首脳会談開催の最中に設定された日中会談は共に実に三年振りであった。

ただし、北東アジアの環境問題では唯一、一九九九年以来毎年各国持ち回りで大臣レベルの会合が一貫して持たれている事実はあまり知られていない。それは日中韓三カ国環境大臣会合（Tri-partite Environment Ministers Meeting, TEMM）である。同会合は〈環境問題〉に限定し、北東アジアの越境課題として国際政治学の地域統合理論の一つとして早くから提唱されてきた機能主義に即した域内での積極的な取り組みでありもっと高く評価されるべきであろう。二〇二二年十二月末現在までに毎年計二十三回開催、二〇一九年十二月北九州市での開催以降、二〇二〇年はコロナ禍により延期、さらに二〇二一年からは各国持ち回りを維持しつつオンライン会議形式でなお継続中である。二〇二二年十二月に開催された第二十三回は中国をホスト国に各国の環境改善政策の進展、地球規模の環境課題、また環境協力に関わる三カ国共同行動計画の進捗状況などについて意見交換を率直に行い共同コミュニケも例年通り採択している。まさに特定分野のイシュー限定ではあっても多国間の対話のプロセスが何よりも大切なことを物語っている。

こうした政府間レベルの構想や対話をこれからも建設的に継続させるとともに国家間関係では新機能主義、交流主義へとさらに発展させていくことが不可欠である。今から十年程前の二〇一三年七月、北海道の洞爺湖で開催された日中韓賢人会議で日本の福田元首相は歴史認識や領土問題をめぐる対立をどのように克服するかについて、高齢化社会への対応、地方自治体同士の国際協力、特に環境エネルギーなどでの協力が重要であると説いている。二〇二二年二月十四日に発生したロシアによるウクライナ侵攻、それに伴うエネルギー問題の逼迫に世界が直面する現在でも傾聴に値する。そして今日では国際社会のグローバル化の深化以降、国家の役割が問われ始めていることからも狭量な国益第一主義を抑制するため、地方レベルでの交流や非政府レベルでの対話の促進が何よりも必要とされよう。

一方、東南アジアを見ていきたい。東南アジア地域の場合、北東アジアと比べ地域統合化が着実に進みつつある。二〇二二年十一月はいわば〈東南アジア外交月間〉（特にカンボジア・インドネシア・タイ）であったと言っても過言ではない。第一幕は十一月十日から十三日までカンボジアのプノンペンでは第四十回ASEAN首脳会議（ASEANサミット）および第四十一回ASEAN関連会議（東アジアサミット）が開催されたが、同期間に日米韓首脳会議も設定された。第二幕は同月十五日から十六日の二日間、インドネシアのバリ島で第十七回G20首脳会議が開催され、合わせて日米会談また日韓首脳会談も三年振りに開かれたこともすでに論述した通りである。中でも米中首脳会談は三時間にも及び、米中対立の先鋭化が危惧される中、対話の継続と高官協議の活性化が合意された。また十五日にロシアによるウクライナ侵攻下の隣国ポーランドで発生した国境越えのミサイル着弾という予期せぬ事態はヨーロッパを震撼させた。いわばNATO域内への初のミサイル着弾であったが、会期期間中にG7緊急会合が迅速に持たれてもいる。

第三幕は十一月十八日から十九日にかけてタイのバンコクで四年に一度開催の第二十九回ＡＰＥＣ首脳会議が実施された。環境問題を主要議題に対話がなされた。同会議ではグローバル・サウス（主に南半球の発展途上国）とグローバル・ノース（主に北半球の富裕国）の対立構図が鮮明になったとはいえ、タイ政府は〈OPEN, CONNECT, BALANCE〉をスローガンに会議そのものを成功へと導いたことは確かである。なお同期間中に日中会談が三年振りにもたれたことも付記したい。

さらに第四幕か否かは別として、同月二十二日から二十三日にかけて、カンボジアのシエムリアップで米中国防相会談が開催、危機管理強化で一致、ＡＳＥＡＮ拡大国防相会議では緊急事態発生時の行動基準（Code of conduct）が採択されたことも特筆すべきである。

このように「分裂」と「亀裂」のリーダーなき時代と言われている今日、二〇二二年十一月は一連の国際会議外交を通じて東南アジア各国の優れた外交調整力が遺憾なく発揮されたと考える。すなわち東南アジアの〈強かさ〉の証左であるとも言えよう。事実、Ｇ20に引き続きＡＰＥＣ宣言でも議論の結果、最終的にはウクライナ侵攻を具体的に盛り込むことで決着した。その際ロシアのラブロフ外相は妥協の産物として「他の見解および異なる評価があった」との文言を付記することが申し合わされた。これはＡＳＥＡＮ外交の大きな成果である

ロシアが最終的に同国への批判を含めた宣言に同意した背景には、Ｇ20やＡＰＥＣでの首脳宣言の取りまとめに外交努力を惜しまなかった議長国家も含めた東南アジアの国々との関係維持を優先すべきとの高度な外交判断が働いた結果であり、これは受入国側の大きな成果であると言われている。

昨今では東南アジアはアジア太平洋時代へのかかわりもしっかりと見据えている。今後、中国やインドがアジアの中で大きな力を全体としてさらに示し始め、そのプレゼンスは一層高まろう。東南アジアにとって、米中の２つの大

国とどのようなバランスをとっていくのかがこれからの課題である。このことは東アジアの地域統合の可能性を検討する際、必ず避けては通れない。

おわりに

最後に筆者が専門とする国際関係論の理論を対比させながら、東アジアの地域統合の可能性を指摘したい。十七世紀のヨーロッパで誕生したウェストファリア体制以降、国際社会の秩序原理として説明される際のキーワードは「均衡」「協調」「共同体」の以上三つである。第一は現実主義（リアリズム）の立場からの均衡（balance）体系が挙げられる。力と力が均衡することによって、国家間関係の安定が築かれ、平和が可能とする考え方である。軍事力や主権国家を中心にパワーを直視するリアリズムの考える国際社会であり、〈勢力均衡（balance of power）〉を基調とする。しかし恐怖の均衡による秩序維持が求められ、不安定な要素が常に付きまとう。第二は理想主義（リベラリズム）の立場からの協調（concert/cooperation）体系が示される。利害対立の調整を粘り強い対話によって外交的に解決し平和を確保しようとする捉え方である。相互依存の国家間関係を前提とするリベラリズムの国際社会であり、〈国際協調（international cooperation）〉を基本に据える。しかし、一体性を具現化するための価値の共有や相互信頼が築けるか否かが問題となろう。第三はネオ・リベラリズムの立場からの共同体（community）体系が想定される。国家のみならず国境を越えた市民など非国家アクターの活動と役割にも着目し、一つの共同体の形成を目指そうとするネオ・リベラリズムの目指す国際社会であり、〈協調関係の制度化（institutionalization of cooperative relationships）〉を到達目標とする。ただし、これらを目指そうとするには一体性以上に、共通の法体系や常設の国際機構を構築することは実のところそう簡単ではない。歴史的実験と自他ともに任じてきたＥＵにおける二〇二〇年のイギリスのＥＵ離脱（Brexit）の選択はヨーロッパ域内のみならず世界に地域統合化の難しさを明示した。いかに制度化が困難であるかがわかる。

以上の国際秩序の基本原理に当てはめてみると、北東アジアは明らかに均衡体系の国際関係の様相を呈しており、伝統的な覇権主義が域内に横溢する。他方、東南アジアは協調体系の国際関係を内外に求め、将来は共同体体系を定着させようと模索中だと言ってもよい。小国集団の集合体としての平和と信頼そして安定の構築の具現化である。

ここで東アジアを取り巻く国際関係の現状に戻したい。二〇二二年九月の国連総会の演説でグテーレス事務総長は「我々の世界は危機に瀕しており、麻痺している。地政学的な分断は国連の安全保障理事会の機能を弱らせ、国際法を弱体化させ、あらゆる国際協調を衰退させている」と述べ、「協調と対話の論理しか前進の道はない」と世界に訴えた。もちろん二二年二月のロシアによるウクライナ侵攻を念頭においた警鐘である。このように現代の国際社会の亀裂は深刻である。国際社会の統治選択方式をめぐり民主主義（体制）対権威主義（体制）を対置させ、二〇一〇年代以降、世界の民主主義は後退し、非民主的な体制の危険性を指摘する声が上がっている。北東アジアはもとより、東南アジアにおいても自由民主主義の指標において程度の差はあれ、多くが権威主義体制の中に分類される現実がある。ならば東アジア各国がこのまま強権主義的傾向の強い十四億人の中国社会で実施されている中国式現代化（近代化）、さらには二〇一四年北京で開催のＡＰＥＣ会議で当時総書記であった習近平が発表した中国の世界戦略「一帯一路」構想をそのまま受け入れる選択肢を果たしてとれるだろうか。答えは否である。一方、自由、民主主義、基本的人権の尊重、法の支配などを重視した、二〇〇七年当時のインド議会で安倍晋三元首相が提唱したとされる「自由で開かれたインド太平洋（ＦＯＩＰ）」戦略に組み込まれることをこれまた素直に納得するだろうか。同じく否である。基本的価値の方向性は了解するとしても、根底にある中国包囲網（中国排除・中国対抗軸）の戦略姿勢を唯々諾々と受容するわけにもいかない。両構想はともに大国主導の一方的な構想であること、また覇権主義が濃厚であることは否めない。ではそれ以外の東アジアの中小国の大半にとって第三の選択肢はまったく皆無と言って諦めてよいのだろうか。実際東南アジアのＡＳＥＡＮは中国の半分とはいえその人口は現在、六億六千万人を有する東アジアの巨大な地域世界である。

その東アジア世界は今日、「分裂」と「亀裂」が露わとなっている一方で、「統合」と「融和」の動きも存在することもまた看過し得ない。東アジアの地域統合の可能性について、今後どちらに東アジアの方向性が推移するのか、あるいは未熟ではあってもまったく別の道があるのかを、私見も踏まえ最後に論じたい。

筆者は東アジアの地域統合を語る際、戦後のアジア冷戦期、一九六七年のＡＳＥＡＮ結成以降一貫して堅持してきたASEAN WAY（ＡＳＥＡＮ方式）に先ず注目したい。二〇二二年十一月はいわゆる〈東南アジア外交（国際社会の協調と対話の促進）月間〉であったことをすでに述べた。その背景にはどのようなことが考えられるだろうか。戦後のアジア現代史を振り返る時、一九五〇年代後半に〈非同盟運動（非同盟外交）〉が国際政治の現場で急速に成長した。独立間もないインドネシアなど当時の東南アジアのいくつかの国々が深く関与し、一九五五年九月開催の第一回のアジア・アフリカ会議（バンドン会議）では東南アジアの多くの国々が同会議に参加し、（１）領土、主権の尊重、（２）相互不可侵、（３）内政不干渉、（４）平等・互恵、（５）平和的共存を、平和地域の五原則とし、その二年後には「バンドン十原則」に進化させる。そこでは国際紛争の平和的解決、共通の利益と協力の促進、正義と国際義務の尊重、大国に利益になる集団防衛の排除などの項目を追加している。つまり国際政治の大国中心のパワーゲームから一定の距離を置こうとする姿勢が如実に見て取れる。以上の地域独自の精神は後にＡＳＥＡＮ成立後も継承され今日に至っている。

タイのバンコクでＡＳＥＡＮが誕生したのは一九六七年八月のことであるが、その四十年後の二〇〇七年、二〇一五年に創設が予定された「ＡＳＥＡＮ共同体」の基本法となるＡＳＥＡＮ憲章が成立する。従来までＡＳＥＡＮが規範として運用されてきた地域統合の在り方を公式に成文化したものである。主要な内容は「紛争の平和的解決」「協議とコンセンサスによる全会一致の意思決定方式」「内政不干渉の原則」「非公式主義」「決定事項の加盟国による自発的実行」である。過去において相互不信に陥る事態も経験した東南アジアだからこそ到達した理念である。

このように政治、経済、文化、社会などが多様な東南アジアで醸成されたASEAN WAYは今日では他の東アジアの大国であっても無視しえない。これはこれまで東南アジアが内外で柔軟な関与と緩やかな協力関係で実践してきた徹底したプラグマティズムの成果である。従来、「小国」は自立的に発言権を確保できなかったと言われてきた。単に大国との二国間同盟で自国の安全を確保しようとする試みや、特定の大国を牽制するような覇権主義的、国家戦略的な地域統合構想を語ろうとしても結局は他国を魅了することはできない。地域統合における先行事例としてのＥＵの誕生にあたっては独仏の大国同士の和解とともに、その陰で積極的な外交努力を惜しまなかったベネルクス三国（オランダ、ベルギー、ルクセンブルグ）の功績も大きかった。今日、拡大ＥＵの主要施設の多くがこの参加国に設置されている事実はその証左である。地域統合化にはなお相当の年月がかかるとしても決して力による強引な糾合化を図ることなく時間をかけながら相互の信頼醸成と協調体制の構築を図ろうとするＡＳＥＡＮ方式は、各国に国土の大きさや人口、政治体制、民族、宗教、経済基盤が依然多様な東アジアの地域統合（共同体化）の達成においてたとえ迂遠的ではあっても、筆者はもう一つの選択肢として確実に俎上に載せられてしかるべきだと考える。

［参考文献］

古厩忠夫編『東北アジア史の再発見――歴史像の共有を求めて』（環日本海叢書３）有信堂、一九九四年。

山影　進『ＡＳＥＡＮパワー――アジア太平洋の中核へ』東京大学出版会、一九九七年。

黒柳米司『ＡＳＥＡＮ三十五年の奇跡――'ASEAN WAY' の効用と限界』有信堂、二〇〇三年。

山本武彦、天児慧編『新たな地域形成（東アジア共同体の構築Ⅰ）』岩波書店、二〇〇七年。

福山悠介「東アジアの国際関係の『範囲』」『東アジアの窓』第六巻第六号、二〇一一年十二月。

羽場久美子『グローバル時代のアジア地域統合――日米中関係とＴＰＰの行方』岩波ブックレット、二〇一二年。

大庭三枝『重層的地域としてのアジア――対立と共存の構図』有斐閣、二〇一四年。

権　寧俊編『歴史・文化からみる東アジア共同体』創土社、二〇一五年。

黒柳米司・金子芳樹・吉野文雄編『ＡＳＥＡＮを知るための五〇章』明石書店、二〇一五年。

岩崎育夫『入門東南アジア近現代史』講談社現代新書、二〇一七年。

若月　章「『他者肯定・自者肯定』理論に基づく『協生』の哲学について」『北東アジア地域研究』第二十三号、二〇一七年。

庄司智孝「『自由で開かれたインド太平洋戦略』とＡＳＥＡＮ――不安と期待」『国際情報ネットワーク分析ＩＩＮＡ』笹川平和財団、二〇一八年九月十八日。

邊見伸弘『チャイナ・アセアンの衝撃』日経ＢＰ、二〇二一年。

Bilahari Kauaikan, "The Arena: Southeast Asia in the Age of Great-Power Rivalry," *Foreign Affairs*, 3. 2021.

百瀬　宏『小国――歴史にみる理念と現実』岩波現代文庫、二〇二一年。

李　春利編『不確実性の世界と現代中国』日本評論社、二〇二二年。

Elizabeth Economy, "Xi Jinping's New World Order: Can China Remake the International Systems?," *Foreign Affairs*, 2. 2022.

三重野文晴「ＡＳＥＡＮ経済と『自由で開かれたインド太平洋』」『外交』Vol.75, Sep./Oct.2022.

鈴木早苗「ＡＳＥＡＮに根づくプラグマティズム」『Voice』二〇二二年十二月号。

ブレンドン・Ｊ・キャノン／墓田桂編／墓田桂監訳『インド太平洋戦略――大国間競争の地政学』中央公論新社、二〇二二年。

若月　章「第二十七回北東アジア学会学術研究大会報告」『北東アジア地域研究』第二十八号、二〇二二年。

西谷　修「交錯する『二つの西洋』と日本の『脱亜入欧』」『世界』二〇二三年一月号。

第十二章　東アジア地域における「人的・文化的交流」の歴史と「共生」

——日韓の架け橋となった人々を中心に

権　寧俊

はじめに

かつて、東アジア地域（日本・中国・韓国）は過去半世紀にわたる冷戦時代の中にあり、「人的・文化的交流」はほとんど行われていなかった。特に中韓関係ではむしろ激しい対立が続いていた。しかし、一九九〇年代に入り、ソ連邦が消滅することで、東アジアの緊張関係が改善されるようになった。

このような国際情勢の変動は、東アジアに暮らす人々にとって身近な現象として捉えられ、「東アジア共同体」に向けての地域交流を促進させる要因にもなっていた。しかし、最近の東アジア地域と日本との関係は以前より改善されているとは言えない。むしろここ数年、日中・日韓の関係はどんどん悪化している傾向である。

なぜ、日中・日韓関係はこのように悪化するのか。日中・日韓関係を悪化させる要因とは何か。その改善策はないのか。本章ではこれらの問題を考察するとともに未来志向の日韓関係を民間レベルの「人的・文化的交流」を通して考えてみたい。

本章では、日韓関係においての「人的・文化的交流」の歴史を、日韓の架け橋となった人々を取り上げ考察する。また、東アジア地域の対立から「共生」に向けての課題を考えてみたい。具体的にはまず、日中韓の関係について世論調査を通して考察する。「親近感」と「不信感」の要因とその背景についても検討する。第二に、東アジア地域においての「不信感」の一番大きい要因は相互における「歴史観の違い」の問題がある。その改善を「人的・文化的交流」から考えてみたい。その一案として、過去日韓で行った朝鮮通信使を介した交流を検討し、その後、「朝鮮陶磁器」を通して行った日韓交流について考察する。さらに、その交流に関わった人々を紹介しながら、「人的・文化的交流」の有用性について考える。第三に、日韓の架け橋となった歴史的人物の生涯を通して日韓の「共生社会」に向けての「人的交流」についても考察する。

一、日中韓関係の現状と課題

1. 日中韓関係の現状と相互不信の要因

現在、東アジア地域においては相互不信感が根強く存在している。日本内閣府の「外交に関する世論調査」（二〇一一年九月）によると、日本人がいだく中国と韓国への親近感は、一九八〇年代後半と二〇〇〇年代に大きな変動を見せている。中国の場合、一九七〇年代後半から一九八八年（六八・五％）まで「親しみを感じる」と答える人（「親中感」、以下同様）の割合は六〇〜八〇％近くであったが、一九八九年には五一・六％に減少し、「親しみを感じない」と答える人（「嫌中感」、以下同様）は前年度（一九八八年）の二六・四％から四三・一％に増加した。この変動は一九八九年の第二次天安門事件によるものであった。その後、二〇〇三年までは「親中感」と「嫌中感」の幅が四〇％〜五〇％台で、いわば拮抗期であったが、二〇〇四年から「嫌中感」の割合が大幅に増加した。それは、二〇〇四年夏に中国で開催されたサッカーアジア杯での反日騒動、そして二〇〇五年四月に北京や上海などで起こった反日デモが起因となり、そこに「尖閣島」をめぐる領有権問題が火をつけたためであると思われる。二〇二一年現在、「嫌中感」の割合は七九％である。「親中感」は二〇・六％まで減少して、日中関係は過去最悪な状況となっている。

韓国も同様な状況である。韓国の場合、戦後から一貫して「嫌韓感」が「親韓感」より強かったが、一九八八年のソウル・オリンピック開催により「嫌韓感」と「親韓感」の割合が逆転した。しかし、一年も経たない八九年に「嫌韓感」多数期に戻り、それが九八年まで続くことになった。その理由は、韓国社会における「慰安婦問題」の台頭であると思われる。日本では一九八三年に吉田清治著『私の戦争犯罪――朝鮮人強制連行』（三一書房）が出版され話題となった。同書には、植民地時代に済州島の女性を慰安婦として二百五人を微用したという証言があって、大きな衝撃を与えた。この証言は一九八九年八月十四日の『済州新聞』の報道によって否定されたが、同本の韓国語版が八九年に韓国で出版され、「慰安婦問題」が韓国社会でクローズアップされた。これ以降、日本の歴史認識問題が大きく問われて、両国の国民のあいだで不信感が強まることになったのである。

このような日韓関係が良い方向に転換したのは一九九八年頃であった。一九九八年二月に韓国政権が交代し、同年十月に金大中大統領は日本を公式訪問した。金大中は滞在中、小渕恵三首相との間で会談を行い、そこで両首脳は一九六五年の国交正常化以来築かれてきた両国間の緊密な友好協力関係をより高い次元に発展させて、二十一世紀に向けた新たな日韓パートナーシップを構築するという「二十一世紀に向けた新たな日韓パートナーシップ共同宣言」を発表した。この宣言に基づき、韓国政府はそれまで規制してきた日本の大衆文化を段階的に開放する方針案を採択し、日本大衆文化が開放されることになった。それはまた、現在世界に広まっている「韓流ブーム」を引き起こす一因にもなった。この現象は日韓交流に大きな影響を及ぼし、文化交流だけでなく、両国の人的交流を活発化させた。その結果、一九九九年に「嫌韓感」が四六・九％、「親韓感」が四八・三％となり、その後「親韓感」多数期を迎えるようになった。ところが二〇一二年八月の李明博大統領の竹島（独島）訪問によって日韓関係はふたたび悪化し、二〇一一年には三九・二％だった「嫌韓感」の割合が二〇一二年には五九・〇％に増加し、「親韓感」の方は六二・二％から三九・二％に減少した。また、前安倍政権と文在寅政権発足以来、「慰安婦問題」や「徴用工問題」で両国の関係はさらに悪くなってきた。「韓流ブーム」によって得られた「親韓感」が「嫌韓感」へと再転換したのである。二〇二一年では「嫌韓感」は六二・四％、「親韓感」が三七・〇％で、その状況は変わらないのである。

実際に二〇二二年七月から八月までに行った日本のＮＰＯ法人「言論ＮＰＯ」と韓国の東アジア研究院との共同世論調査では、「相手に対する印象について」悪い印象を持っている日本人は四〇・三％と答え、前年度（二〇二一年）の四八・八％よりはその割合の幅は少し縮まっていた。韓国人も「悪い印象」は五二・八％で前年度よりは一〇・四％減少した。

また、日本人が韓国に「悪い印象」を持っている理由としては、「歴史問題などで日本を批判し続けるから」（四二・四％）、「竹島をめぐる領土対立があるから」（三三・〇％）、「現在韓国政府の行動に違和感を覚えるから」（二六・八％）などの順であった。三つ目の「現在韓国政府の行動に違和感を覚えるから」は、日本国民が慰安婦問題や徴用工問題において前の文在寅政権に対する不満を表すものであったものと思われる。

韓国人が日本に「悪い印象」を持つ理由においても、日本人と同様に「韓国を侵略した歴史について正しく反省していないから」(七二・〇%)、「独島(竹島)をめぐる領土対立があるから」(五三・〇%)、「日本人は建前と本音が違うから」(一九・〇%)であった。

このように、日韓関係における相互不信の原因は「歴史認識の問題」や「領土・領有問題」が主となっていた。これは日中関係においても同様である。二〇二一年十月に日本のNPO法人「言論NPO」と中国日報社が共同で発表した「第十七回日中共同世論調査」では、日中両国の六割以上がそれぞれ相手国について良くない印象を持っているという結果が出た。日本人は九〇・九%が「良くない」と答えて前年の八九・七%を上回る結果となった。一方、中国人では「良くない印象」は六六・一%となり、二〇二〇年度五二・九%から一三・二%増加した。過去最悪の九二・八%だった二〇一三年より毎年下がっていたものの再び増加傾向に転じたのである。日米関係が悪化する要因が作用していると思われる。

日本人が中国に「良くない印象」を持つ理由としては、「尖閣諸島周辺の日本領海や領空をたびたび侵犯しているから」(五八・七%)、「中国が南シナ海などでとっている行動が強引で違和感を覚えるから」(四九・二%)、「国際的なルールと異なる行動をするから」(四九・一%)、「共産党の一党支配という政治体制に違和感を覚えるから」(四四・四%)、「歴史問題などで日本を批判するから」(二七・七%)、などであった。一方、中国人が日本に「良くない印象」を持つ理由では、「中国を侵略した歴史についてきちんと謝罪し反省していないから」(七七・五%)、「日本が魚釣島(尖閣諸島)を国有化し対立を引き起こしたから」(五八・七%)、「日本は米国と連携して軍事、経済、イデオロギーなどの面から中国を包囲しようとしているから」(二三・〇%)、「一部政治家の言動が不適切だから」(二一・〇%)などであった。両国とも領土問題と歴史認識問題が印象を悪くさせる大きな要因となっているのである。

以上のように、東アジアにおける冷戦の緊張が改善されたにもかかわらず、東アジア諸国の間には相互への不信感が存在している。今後、東アジア共同体を創るためには、これらの問題を克服しなければならない。そこで、一つ注目すべきなことは、このように「良くない印象」を持っているにもかかわらず、両国関係の重要性や民間交流の重要性を多くの人々が持っていることである。「日韓共同世論調査」での「日韓関係は現在重要か」という設問について、日本世論では「重要である」（どちらかといえば含む）と答えた人が五六・五％で、韓国世論では八二・六％であった。「良くない印象」を持っている割合は韓国世論の方が高かったが、日韓関係の重要性については韓国の方がより重要性を思っていた。それは「日中関係の重要性」においても同様であった。「日中共同世論調査」の日本世論では六六・四％に対し、中国世論では七〇・九％であった。その重要性の理由としては「重要な貿易相手だから」「アジアの平和と発展には両国の共同の協力が必要だから」などの意見があった。また、「日中間で民間レベルの人的交流（留学、学術交流、芸術・文化交流など）は、両国関係の改善や発展にとって重要か」という設問について、日本世論では「重要である」（「どちらかといえば重要である」を含む）と答えた人が五〇・九％で「どちらともいえない」が三八・八％であった。中国世論では七〇％が「重要である」（「どちらかといえば重要である」を含む）と答え、「どちらともいえない」が一五・七％であった。その重要性の理由としては「交流を通して国民間の相互理解が深まるから」「相手国について実際の理解が深まるから」「両国の共通の利益を拡大するための基盤となるから」などの意見が最も多かった。

このように、「良くない印象」を持っていても、両国関係の重要性と民間交流の重要性は相互認識しているのが分かる。また、もう一つ注目すべきなのは、この調査対象になった人の相手国への渡航意思である。「日中共同世論調査」では、中国へ「行きたくない」という日本人は、七五・五％と七割を超えている。中国人では日本へ「行きたい」という人が二〇一〇年の四五・九％から三七・七％に減少し、「行きたくない」という人が五二・九％から六一・七％に増加するなど、日本への訪問を希望する人が減少していた。

日本人で韓国へ「行きたい」と思う人は三八・四%で、二〇二一年同様「行きたくない」を下回っている。一方、韓国人では、日本に「行きたい」という人が二〇二一年から一〇・九ポイント増の六二・五%と六割を超えていた。実際の渡航有無を見ると、日本人が韓国を訪問した経験がある人は二六・六%で、韓国人が日本を訪問したのは三八・七%であった。日本人の七三・一%、韓国人の六一・三%が相手国への訪問経験がないという結果であった。また、「相手国の国民の知り合いはいない」と答えた人が、日本人は七七・七%、韓国人は九五・一%であった。これは、今回の世論調査で「良くない印象」を持っている人が多い大きな要因であると考える。その理由は、相手国に友人や知人がいれば渡航回数も増えるだろうし、相手国への好感度や信頼関係もより高くなると思うからである。

2. 「人的・文化的交流」の現状と課題

現在、東アジア地域を訪れる外国人は観光をはじめ、ビジネスや親族・知人訪問、留学・研修などの目的で訪問しており、その数はコロナウイルス拡散の前（二〇一九年）までは年々増加傾向であった。日本は二〇〇三年から国土交通省が中心となって、訪日する外国人旅行者数を増やす目的で「ビジット・ジャパン事業」を行い、その目標である年間一千万人を二〇一三年度に達成し、二〇一九年度には三千百八十八万人を超えていた。訪日目的別にみると、観光客が二千八百二十五万人（八八・六%）で最も多く、その次が「商用客」百七十六万人（〇・六%）、その他が百八十七万人（〇・六%）の順であった。二〇一九年度に日本を訪問した外国人三千百八十八万人の内訳をみると、アジアからの訪問者が全体の八二・七%を占めており、東アジア地域（韓国、中国、香港、台湾）からの訪問者が二千二百三十六万人で七〇・一%を占めていた。そのうち、中国が九百五十九万人、韓国が五百五十八万人、台湾が四百八十九万人、香港が二百二十九万人を占めていた(1)。

このような日中韓の交流人口の増加は、ただ単なる観光者や「ビジネス」の増加ではなく、民間レベルの文化交流の活性化にも繋がるものであると考えられる。海外観光とは他国の景色や史跡、風物などを見てまわることであり、その国をよく観察するという行為である。最近拡大している高校の修学旅行や大学の海外研修なども、その一つである。特に、海外研修の場合は、研修の前から両国関係の歴史を学び、実際に相手の国の地を訪れ、文化体験とともに歴史的遺跡や博物館などを見学するものである。また、現地の同世代の若者との交流も行っている(2)。こうした体験は、参加した学生に相手の国への関心を高めるだけではなく、親近感を生み出す効果を持っていると考える。

以上のように、東アジア諸国間では互いに観光や研修などによる民間レベルの人的交流が活発に行われているのである。その人的交流は異文化理解や異文化体験を含むものであるから、東アジア諸国においてお互いの人的交流が多くなることは、「相互理解」をする「知人」「友人」が多くなることを意味することだと考える。また、東アジア地域では「人的交流」だけでなく文化的交流も年々拡大されているのである。最近では「東アジア文化都市」事業が始まり、より活発に交流が行われるようになった。「東アジア文化都市」事業は二〇一二年の「日中韓サミット」において構想されたものである。二〇一二年五月中国北京において「日中韓サミット」が開かれ、「三国間の包括的な協力パートナーシップの強化に関する共同宣言」が出された。この宣言では「二〇〇八年以降に三国間で計画・組織・実行された多数の文化交流事業が三国の国民間の理解、相互信頼、友好を効果的に強化してきたことに留意し、三カ国の文化大臣会合を設けて『東アジア文化都市』事業を適切な時期に立ち上げ、中長期的に『日中韓文化芸術祭』事業についての協議を開始するなど、より多くの活動を行うこと」を明らかにした。また、二〇一五年までに日中韓三国間の人的交流規模を二千六百万人にすることが目標として掲げられ、姉妹・友好都市交流や文化交流事業を拡大すること

表　年度別の東アジア文化都市

年度	日本	中国	韓国	年度	日本	中国	韓国
2014	横浜	泉州	光州	2015	新潟	青島	清州
2016	奈良	寧波	済州	2017	京都	長沙	大邱
2018	金沢	ハルビン市	釜山	2019	豊島区	西安	仁川
2020	北九州	揚州	順天	2021	北九州	紹興市・敦煌市	順天
2022	大分県	温州市・済南市	慶州				

（出所）「東アジア文化都市」（文化庁のホームページ）より作成。

が協議された。そこで、二〇一四年から「東アジア文化都市」事業が始まった。この交流事業では、毎年、日中韓各国から一都市を選定し、一年を通じて多彩な文化芸術イベント等を開催することになった。こうして、東アジア域内の相互理解・連帯感を形成し、東アジアにおける多様な文化の国際発信力を高めていくことが確認された。二〇一四年十一月三十日の日中韓文化大臣会合（於横浜市）では、二〇一五年度「東アジア文化都市」の開催地として、青島市（中国）、清州市（韓国）、新潟市（日本）が選ばれた。このような交流事業は、東アジア域内の相互理解と「東アジア市民」意識の形成・涵養において大きな貢献をすると考えられる。

これらの事業の推進により、二〇一四年には日中韓の交流人口が千八百五十三万人となった。二〇一三年の千五百九十六万人より二百五十七万人の増加であった。その後も毎年約一千万人以上の「人的・文化的交流」が行われており、これは東アジア地域の明るい将来展望を示すものであると考えられる。

これらの地方同士での交流は、現在だけではなく過去においても多くの交流を行っていた。特に江戸時代においては朝鮮通信使との交流が約二百年間平和的に行われていた。次の節からは、日韓関係においての歴史的な「人的・文化的」交流を紹介し、それをもって今後の日韓関係の課題を考えてみたい。

二、日韓の人的・文化的交流の歴史

1．朝鮮通信使との交流からみる日韓の「文化交流」

（1）朝鮮通信使との交流

朝鮮通信使とは、徳川将軍の襲職（代替わり）の時など、十二回にわたって、日本に派遣された外交・文化使節団である。文禄・慶長の役（壬申倭乱・丁酉再乱）の両戦争で日朝は対立関係であったが、戦争終了後、朝鮮通信使の派遣によって、両国関係は平和的な関係を回復することができた。朝鮮通信使は朝鮮国王の国書を奉じて、漢城（現在のソウル）から江戸まで旅をした。その際に将軍・諸大名、学者、文人をはじめ一般民衆に至るまで、各界・各層の日本人との華やかな「人的・文化的交流」を繰り広げた。毎回、正使・副使・従事官の三使以下約五百人で構成された通信使の中には外交官だけでなく、各界の日本人との交流の機会を予測して、学者、文人、書家、画家、医師などの他、軍楽隊や曲技団も加わっていた［仲尾宏：三〇〜三二］。

朝鮮通信使の派遣は第一次から第三次（一六〇七〜一六二四年）までの使節は、朝鮮通信使とは呼ばず、「回答兼刷還使」と呼んだ。最初は一五九二年から七年も続いていた日本軍の侵略による戦争後の派遣であったために、「信頼で通じる」という意味の「通信」という名称使用の不当さが提起され、一六〇七年、一六一七年、一六二四年の三回は「回答兼刷還使」という名で使臣を派遣したのである。主な任務は日本との講和（日朝国交回復）とその条件履行の確認、日本の内政探索、朝鮮人捕虜および流民送還などであった。その後、平和的な交流が続き、第四次（一六三六）からは通信使という名で派遣され、文禄の役の終結後三十三年ぶりに「通信使体系」の国交が開かれることとなった。以後百七十五年間、両国は平和的で善隣的な国交関係を維持し、政治・経済・文化的交流をすることができた。

朝鮮通信使の派遣は、短くて五か月、長くて十カ月にも及ぶ長い旅程であった。漢城を出発した一行は忠州、安東、慶州、釜山を経て対馬、壱岐、藍島、下関、上関、牛窓、室津、兵庫、大坂、京都、彦根、名古屋、岡崎、静岡、箱根、江戸、日光（一六三六、一六四三、一六五五）に至る長い旅程であった。朝鮮通信使が日本に行き来する過程で行われた数多くの公式・非公式的儀礼や集まり、歴史的な現場、多様な人的交流、彼らが接した数多くの組織、見慣れぬ文物などは数百人に達する朝鮮の人々はもちろん、朝鮮の使節一行を迎える日本の人々にも新たなカルチャーショックを与えた。現在日本に伝わっている唐人行列と唐子踊りは、朝鮮通信使の影響を受け作られたものである。一時期は唐人または唐子という名が「唐」という字を使っているため、中国に関連したものだという説があったが、日本で使われている「唐」は「外国」の概念としても使われる。また、踊りの様々な状況から見ると、朝鮮通信使の影響により作られたものであることは明らかである。唐人踊り行列は一六三六年に津八幡宮の祭礼の一部として施行され、現在まで伝えられているが、これは朝鮮通信使の行列を模倣したものである。一九九一年には三重県無形民俗文化財に指定された(3)。

最近では「朝鮮通信使に関する記録」が世界遺産にも登録された。これは日韓両国の民間交流で実現した大きな成果であった。日本のＮＰＯ法人「朝鮮通信使縁地連絡協議会」と韓国の財団法人「釜山文化財団」が共同研究を行い、その成果として「朝鮮通信使に関する記録――十七世紀〜十九世紀の日韓間の平和構築と文化交流の歴史」の百十一件（三百三十三点）を二〇一六年三月に国連教育科学文化機関（ユネスコ）へ共同申請した。その後、国際諮問委員会（フランスのパリ）での審査を経て、二〇一七年十月三十一日にユネスコ「世界の記憶」に登録されたのである。

（2）雨森芳洲（一六六八～一七五五）

雨森芳洲は、すぐれた思想家であり教育者であった。江戸中期の朱子学者として和漢の文献に精通し、朝鮮を的確に認識して朝鮮通信使と共に江戸へ往来しながら外交文書の作成や解読を担当した対馬藩の文官であった。彼は生涯に朝鮮をこよなく愛して、善隣友好の道を実践した人である。また、日本においての朝鮮語学習者としての先駆的な存在でもあった。彼は一六八九年の二十三歳から中国語を学び、一七〇二年二月（三十五歳）に初めて朝鮮を訪れ、釜山の和館で朝鮮語を学んだ。[4] 雨森芳洲はこの歳で外国語を学びながら「寿命を五年縮めるという覚悟」で勉強したという。

彼は朝鮮語の勉学だけでなく、日本においての朝鮮語教育にも大きな貢献をした。雨森芳洲は対朝鮮貿易の繁栄期であった一六八九年から対馬藩の儒学者に従事しながら対朝鮮外交・交流の経験を積み、草梁倭館（現、韓国釜山）では朝鮮語学習教材編纂にも携わり、一七二〇年には通訳養成計画書である「韓学生任用帳書付」を対馬藩に提出した。これをもとに一七二七年九月に対馬藩厳原の「御使者屋」に通詞養成所である「韓語司」が開設されることになった。日本においての本格的な朝鮮語教育はこの「韓語司」から始まる。対馬での通詞養成は特権商人六十人衆が中心となった。つまり、当時の朝鮮語通訳官の育成を商人の家系に依存していたということである。彼らは両親や親戚から朝鮮語の基礎を習い、その後両親と同行して倭館に行き現地教育も受けた［チョン・スンへ、二〇一五］。そして、朝鮮通信使の訪日の際にはその通訳員として働いた。当時、朝鮮通信使の訪日の際には普通五十人くらいの人が通訳として動員されていたが、そのほとんどがこの特権商人六十人衆であった。

雨森芳洲は通訳の重要性を「韓学生任用帳書付」提出の際の上申書に次のように述べた。「御役目を務める通詞は、身分は高くなくても、役目はお国の大切の任務である」と［永留久恵：一二八～一三二］。これは、朝鮮では科挙に合格した人が訳官になるので、朝鮮と日本との身分制度上の大きな差を認識して述べたものであるが、通訳は身分の高さとは関係なく、お国にとってとても重要な任務であることを強調したものであった。また彼は、国政は目の前の利益だけでなく、数十年後の動向までよく考えなければならないということから、通訳職に従事する人は、言語は言うまでもなく、幼い頃から学問も磨き、事物の道理を分別できるように養成しなければならないと主張した。そのため、若者を対象に体系的な教育システムを整える「韓語司」を設立したのであった。

さらに彼は、四十年間対馬藩の対朝鮮外交担当者或は顧問として朝鮮との外交に最善をつくした。芳洲の外交思想は、朝鮮との平等、対等の関係をその前提としたものであった。彼は力の関係で相手を屈伏させ、朝貢を行わせるような外交をよしとしなかった。相手の主権を尊重し、その平等を原則とする、近代的な国際関係の基本に通ずるような国交のあり方を提示していた［上垣外憲一：五］。

このように、雨森芳洲は朝鮮と国交を結ぶのに最も大切なのは、相手を知り、誠心をもって交流することだと語り続けた。彼がいう誠心とは、実意を意味し、互いにだまさず、争わず、真心で接することだという［永留久惠：一二〇］。彼の「誠心交流」は現代社会を生きて行く我らにとって模範になるものだと考える。

2．朝鮮陶磁器を通した「人的・文化的交流」

⑴　有田焼と李参平

有田焼は、佐賀県有田町周辺の地域で焼かれる磁器の総称である。有田は日本ではじめて磁器を作り出した地域であり、有田焼は「伊万里焼」とも呼ばれる(5)。有田焼は、透き通るような白い磁肌と華やかな精緻な絵付けを特徴とする。この有田焼を日本に誕生させたのが李参平（一五七九〜一六五五）である。李参平は有田焼の陶祖として知られている人で、一五九八年十一月の豊臣秀吉軍の朝鮮侵略戦争の際に、佐賀藩主・鍋島直茂に拉致連行されてきた人である。当時多くの朝鮮人陶工が日本に拉致連行されていた。李参平の出身は朝鮮忠清道金江（現・韓国忠清南道公州市反浦面）であり、そこで李参平の日本名は金ヶ江三兵衛となった(6)。

彼は日本に連行されてから佐賀県の多久で十数年間暮らし、一六一六年に有田の泉山で窯（天狗谷窯）をつくり、日本では初めての白磁を作り上げた。有田焼の誕生である。白磁は高麗清家と文清時代の後に登場した朝鮮時代の磁器である。白磁を作る技術は、非常に難しいとされている。着色磁器は、釉薬や土壌の色のために生じる二次的な技術であり、天然素材だけで白を作るにははるかに高い技術が必要であった。また、土自体は杉粘土ほど固くないので、生産も比較的に困難であった。このような白磁を李参平が作り上げたのである。彼は何年も白磁の原料になる白土を探し求めた後、有田城白川（上白川）の泉山で白土を焙煎する純白磁を発見し、一六〇五年頃に天狗谷窯を開き、白磁を作り始めた。これが日本の磁気の始まりであった(7)。佐賀藩鍋島もそれを大いに称賛し、各地に散在する朝鮮人陶工を有田に集め、独占的な大量生産体制を整えた。李参平の下には約百五十人の朝鮮の陶芸家が住んでいたという。その後、李参平をはじめ朝鮮陶工たちが起こした磁器生産・有田焼は、ヨーロッパにも輸出され、日本の陶磁器産業繁栄の土台となった(8)。

彼は一六五五年八月十一日に七十七歳で死去した。有田では一九一七年に、有田焼創業三百年を記念し、陶山神社に「陶祖李参平碑」を建立させた。陶山神社は有田村が人目に見られる蓮花山の中腹にあり、陶祖・李参平を祭神としている。今でも有田では毎年五月四日に李参平の偉業を称える「陶祖祭」が行われており、二〇一六年には有田焼創業四百年祭が盛大に開かれた。

（2）浅川巧（一八九一〜一九三一）

朝鮮陶磁器を通した「人的・文化的交流」は朝鮮通信使の派遣が中断することと共に切れていた。その後、日本においては「征韓論」が台頭し、一八七六年には朝鮮に開国を強要して不平等な日朝修好条規を締結し、一九一〇年にはついに朝鮮を植民地化したのである。この「不幸な歴史」を通して、江戸時代に展開された善隣外交と「文化交流」の主役であった朝鮮通信使の果たした歴史的意義は歪曲され、多くの日本人の前から隠されてしまった。当然陶磁器を介した交流も行うことはなかった。それを復活させたのが、浅川伯教・巧兄弟や柳宗悦などであった。朝鮮陶磁器の「主張しない穏やかな自然美」に最初に気付いたのは、中世の日本の茶人たちであったが、浅川伯教・巧兄弟と柳宗悦はさらに、茶器以外のあらゆる種類の陶磁器やその他の民芸品に範囲を広げて朝鮮の美を追究し、捉え、論理的に実証した人々であったと考える。

浅川巧は、日本統治下にあった当時の社会状況においては稀有とも言える、朝鮮の人々に愛された日本人である。彼は、一八九一年に山梨県北巨摩郡甲村（現在の山梨県北杜市高根町）に生まれ、一九一〇年に山梨県立農林学校を卒業して秋田県の大館営林署に就職した。一九一四年五月には兄の伯教を慕って朝鮮半島に渡り、同年九月に朝鮮総督府農商工部殖産局山林課に就職した。[9] 兄の浅川伯教は、朝鮮陶磁史の研究にその生涯を捧げた人物である。

浅川巧は兄とともに「朝鮮白磁」をはじめとした朝鮮陶磁の研究に没頭し、名著『朝鮮陶磁名考』を書き残した。この本は浅川巧が亡くなった後出版された。浅川巧は一九三一年四月二日に肺炎でなくなったが、本書は同年九月に出版された。巧の遺著になったのである。この本では特に「陶磁器の名称」について詳細に研究している。その一部を紹介すると左のとおりである。

「陶法が朝鮮から日本に傳はり、陶工も亦同時に移住した事は史上に明らかであるが、従つてその所産である陶磁器の名稱にも朝鮮に語原を置くものの多い事は言を俟たない（中略）日本古来の陶磁器名即ち盤―さら、坏―つき、鋺又は盌―まり、坩―つぼ、甕―みか、罇―たり、瓶―かめ、齋瓮―いはいべ、忌瓮―いはいべ等以外の字音で呼ぶ所の例へば碗、鉢、罐、盒、爐等は、朝鮮又は支那から器物と共に傳つた名稱である」(10)。柳宗悦も当本を「本書は、李朝で作られた各種焼物の名稱の辭彙なのである」と評していた。そのほかにもこの本では数多くの朝鮮語名称が出て、日本語の説明が加えられている。このことから彼の朝鮮語の能力がどれほど高かったのかが伺える。彼は朝鮮語が堪能な人でもあった。

このように、淺川巧は朝鮮陶磁器だけでなく、その名称までも研究を重ね、朝鮮の優れた文化を日本に紹介しようとした。また、彼は朝鮮の風俗や文化を愛し、日本の植民地支配の時代にあっても現地の人々に同じ人間として接した。生活様式も郷に従い、白いチョゴリを着て、朝鮮人とは朝鮮語で話し合っていた。貧しい野菜売りからは言い値より高く野菜を買い、わずかな給料から学費を補助して卒業させた朝鮮の子は少なくない。巧の同僚であった金二万は、巧の人柄を次のように記している。「浅川氏は、林業試験場内の官舎に住み、平素、朝鮮人に親切で、朝鮮人を愛したために、正月や節季の時は、沢山の朝鮮人の同僚が遊びに行った。自分は飢えても、困っている人を助け、何人かの朝鮮人の学生には奨学金を与えていた。対象は主に国民学校の生徒であり、中学生も二、三人いたと思うが、たいていは林業試験場の職員の子女であった。（中略）私は、良い人であったと尊敬している。浅川氏は、その当時の、朝鮮人に傲慢で、朝鮮人を苦しめた他の日本人と違って、朝鮮人に親切で、同じ人間として愛してくれた」［高崎宗司、一九八二：一八六〜一八七］。

このように、彼はまわりの人々に敬愛された人物であった。彼は四十歳の若さで朝鮮の土となったが、彼の墓の碑文には、ハングルで「韓国の山と民芸を愛し、韓国人の心の中に生きた日本人、ここ韓国の土となる」と刻まれており、今も、ソウル市忘憂里にある墓は、彼を慕う韓国の人々によって守られ続けている。

（3）柳宗悦（一八八九〜一九六一）

柳宗悦は日本民芸運動の創始者として知られている。朝鮮の民芸品（民衆の生活品）の収集家であり、「朝鮮民族美術館」の設立者でもある。彼は一八八九年三月に東京市麻布区市兵衛町（現、東京都港区）で生まれ、学習院初等科、中等科、高等科に学んだ。一九一〇年には東京帝国大学哲学科に入学し、英語圏の宗教哲学を専攻した。早くから海外の事情に目を向け、欧米の文芸活動の流れを追いながら、卒業後は生活に即した民芸品に注目して民芸運動に尽力した。

彼が朝鮮への関心を抱くのは、浅川伯教（浅川巧の兄、一八八四〜一九六四）の影響が強い。柳と浅川兄弟の出会いは、一九一四年九月に浅川伯教がロダンの彫刻を見ることを目的に、巧を連れ千葉の柳宗悦邸を初めて訪ねたことに始まる。当時、『白樺』誌上では毎号にわたり西洋近代美術が紹介されていた。中でも特筆されたのは、フランスの彫刻家、オーギュスト・ロダンとの交流であった。ロダンは柳らの熱意に心を動かされ、「マダム・ロダン」「或る小さき影」「ゴロツキの首」の三点の彫刻を柳に贈った〔杉山享司：一三〕。そして、伯教も日頃から『白樺』を愛読し、その活動に共感するとともに、ロダンの彫刻の大ファンであった。ロダンの彫刻が柳のもとにあることを聞いた伯教は早々に柳宅を訪れた。これが柳と浅川兄弟との最初の出会いであった。柳宅訪問の際に、伯教は自身のコレクションの一つであった染付の壺「朝鮮青華秋草文面取壺」を手土産に持参した。これが、柳が朝鮮美術と初めて出会う瞬間であった。この壺は柳を魅了し、それまで西洋に向いていた彼の目を、東洋・朝鮮に向かせることになったのである。

柳宗悦は一九一六年から一九四〇年にかけて計二十一回朝鮮を訪問した。一九一六年に初めて朝鮮に渡った際には、釜山から京城（現、ソウル）まで伯教が道案内をし、京城では巧の家に泊まり、巧に朝鮮の生活などを学んだ。それ以降も頻繁に朝鮮に渡っては浅川兄弟の導きで古道具屋や窯跡巡りに没頭していった〔杉山享司・田代裕一郎：六〜七〕。柳が朝鮮を思い、朝鮮の民芸運動に貢献できたのは、浅川兄弟の影響が強かったといえる。

一九二四年には淺川巧とともに京城で朝鮮民族美術館（現、国立民俗博物館）を設立した。彼の朝鮮民族美術館設立の構想は、一九二一年一月号の『白樺』誌上で初めて正式に明らかにされた（「『朝鮮民族美術館』の設立に就て」）。場所は旧朝鮮王宮・景福宮内の緝敬堂（現、緝慶堂）であった。当時日本の文化人が朝鮮文化に対してほとんど興味を示さない中で、朝鮮美術に注目し、朝鮮の陶磁器や古美術を収集して朝鮮民族美術館を設立したのである。

さらに、彼は朝鮮の自由と芸術に深い理解を有していた人であり、朝鮮民族には生来、優れた工芸品を生む能力があると評する最初の外国人であった。そのため、彼は日本の植民地政策により、その能力が失われつつあることを「世界的な損失」と考え、朝鮮の「自由と芸術」についての多くの文章を書き、日本の植民地政策を批判し続けていた。その一例を見ると、一九一九年の三一独立運動を際して「朝鮮人を想ふ」（『読売新聞』一九一九年五月二十日〜二十四日）を発表して「反抗する彼らよりも一層愚かなのは、圧迫する我々である」と批判した。一九二二年には「失はれんとする――朝鮮建築の為に」（雑誌『改造』）を発表して「発言の自由をもたぬ朝鮮民族に代わって」、光化門の取り壊し、移転に反対した〔韓永大：一四〇〜一四一〕。その結果、朝鮮王宮の正門である光化門を朝鮮総督府による破壊計画から救った。

このように、柳宗悦は朝鮮民族が美にたいして鋭い直観を有しており、繊細な感覚の持ち主であると考えていた。そのため、芸術的な素質豊かな民族が「固有の性質を放棄することを」傍観できなかった。彼はそれを「世界的損失」と捉え、一国の芸術、または芸術を生むその心を破壊し抑圧することは「罪悪中の罪悪である」と日本の政策を厳しく批判（「朝鮮の友に贈る書」『改造』）したのである。これらの功により一九八九年には韓国政府は彼に文化勲章を授与した。

三、日韓「共生社会」にむけて

1．田内千鶴子（一九一二〜一九六八）

田内千鶴子は一九一二年に高知市に生まれ、七歳（一九一九年）のとき朝鮮総督府の木浦支庁の役人であった父について朝鮮に渡り、韓国南部の港町である木浦で生活をした。千鶴子は朝鮮渡航後、木浦市にある日本人小学校（山手国民学校）に通い、卒業後には日本人対象である五年制の木浦公立女子高等学校に進学し、卒業後には女学校の恩師であった高尾益太郎のもとで三年間音楽を勉強した。このように、朝鮮渡航後の千鶴子の朝鮮での生活は住むところは朝鮮であっても「日本人社会」中での生活であった。当時木浦の人口は約五万人で、そのうち約五分の一の一万人が日本人であった［江宮：一〇〜一二］。

一方、千鶴子が二十歳のときに恩師の紹介で木浦市南橋洞にあったミッションスクール貞明女学校で音楽を教えるようになった。この学校はアメリカ人宣教師が設立した学校で、生徒のほとんどが朝鮮人であった［森山諭：一一、尹基：四五九］。今まで生きていた「日本人社会」から千鶴子が多くの朝鮮人と共生するようになったのはこの時期からである。就職後には毎朝の朝礼で聖歌を演奏し、優しい音楽教師として子どもたちに音楽を教えた。またクリスチャンだった母親に言われて、市内にある教会でも、聖歌演奏を担当した。教会では日本人も朝鮮人も信仰という共通項で結ばれ、当時朝鮮植民地の日常生活で見られるような日本人による「差別」などはさほどなかったという。千鶴子は、普段は学校で朝鮮人生徒に対して音楽教師として熱心に音楽を教え、日曜日には教会で音楽を通して宣教活躍の場を広げていたのである。

さらに、千鶴子が二十四歳（一九三六年）のときに恩師の高尾から孤児院（共生園）での仕事を進められた。高尾は、尹致浩からの依頼を受けて共生園での保母の仕事を千鶴子にすすめたのである。尹致浩はクリスチャンで、「共生園」という孤児院を運営しており、数十人の孤児を育てていた。信仰心の強い千鶴子は、孤児救済を行うことが自らの使命であると考え、共生園で働く決意をした。この日から千鶴子が朝鮮人孤児たちと歩む人生の一歩が始まった。

千鶴子が本格的に朝鮮人孤児の世話をすることになったのは、二十七歳（一九三九年）のときに尹致浩と結婚してからである。結婚式は五十人の園児たちに祝福されるなかで、木浦公会堂で行われた。しかし、その後の孤児の世話を伴う結婚生活は楽なものではなかった。二人は満足に食べることも、着飾ることもできない日常を送り続けた。このような厳しい状況でも二人は孤児たちを守り続けていた。「田内千鶴子愛の会」会長である吉岡郷継は、当時の千鶴子の姿を次のように評した。「病気の子どもに口移しで、果物をかみ砕いて食べさせるというのは、考えられないことです。尋常ではない。自分たちで出来ることではなく、信仰があったから出来たのだと思います」。千鶴子は、キリスト教への信仰によって、実の子以上に孤児に対しても深い愛情を注ぎ、平等愛で子どもたちを育てた。千鶴子の生活は貧しかったが、子どもたちの世話をすることに生き甲斐を感じていたという［中村敏：二〇、森山諭：一〇六］。

千鶴子は終戦後も日本に帰らず、孤児たちと生活し、以後、朝鮮戦争の中で夫・尹致浩が行方不明になってからも、共生園を引き継ぎ、韓国孤児を献身的に世話した。病気の子は夜を徹して看病し、ひもじい思いをする子には自分の食事を分け与える。一緒に遊び、歌い、抱擁しながら精いっぱいの愛情を注ぐ。いつも温かい視線を注いでくれる千鶴子を、孤児たちはいつの間にか皆本当の母親のように慕うようになった。実の子も孤児たちと同じベットで寝かせられ、全く同じ食事、同じ衣服で特別扱いは許されなかった。実の子がどれだけ母親らしい視線、言葉を求めても、一切千鶴子は与えなかったという［田内基：八七］。

彼女は韓国木浦市で三千人の孤児を守り育て、今でも木浦市民から木浦オモニ（お母さん）と言われている。その業績により、韓国政府から外国人としては例の無い、最高の文化勲章国民賞を受賞した。彼女は一九六八年十月三十一日に木浦市で死去したが、木浦市では反日感情の渦巻く韓国では異例の千鶴子の市民葬が執り行われ、市民約三万人が出席したという。千鶴子は生涯朝鮮で孤児と生活していたものの最後に残した言葉は「梅干しが食べたい」であった。彼女の生涯で、国境を超えて愛し合う素晴らしさを身をもって示してくれた。そして木浦の人々もまた日本人である彼女を心から愛してくれた。千鶴子の生涯は『愛の黙示録』という題名で、一九九七年に日韓合作で映画化された。

2. 李方子（イ・パンジャ：一九〇一～一九八九）

李方子は、戦前日本が朝鮮を支配するための一政策として朝鮮王家の皇太子と結婚させせられた日本人女性であった。日本名は梨本宮方子である。彼女は、一九〇一年に日本の元皇族である梨本宮家に生まれ（父は梨本宮守正王、母は梨本宮伊都子妃）、一九二〇年に朝鮮皇太子である李垠と結婚した。李方子の夫である李垠（一八九七～一九七〇）は、朝鮮皇帝・高宗の第七の息子であり、十歳の時に留学の名目で伊藤博文に連れられて日本に滞在するようになった。この二人の結婚は日韓併合後の「内鮮一体」政策を世間に示すための政略結婚として行われていた。李方子がその最初の人物となったのである。この結婚は、日本人と朝鮮人の差別撤廃、内鮮結婚の推奨を意味していた。日本政府は、二人の結婚を機に日本在住朝鮮人と日本人の婚姻のための「内鮮人通婚民籍手続法」を一九二一年に公布した。これは朝鮮人を日本に同化させようとする法律であった。

方子は、自分に課せられた日本と朝鮮の架け橋としての責務を強く自覚し、祖国を離れて日本で暮らす夫を支えた。一九二六年には夫・李垠が王となり、方子は王族妃として諸儀式に関わった。李方子と李垠は結婚後も、戦争が終わるまで日本で居住していた。

しかし一九四五年、日本が敗戦し、朝鮮領有権喪失、日本国憲法施行によって李垠・方子は王公族身分と日本国籍を喪失し、一在日韓国人という身分になってしまった。戦後、李垠は帰国したいと考えていたが、韓国の初代大統領であった李承晩により帰国を妨げられ、帰国を断念した。むしろ一九四七年の日本国憲法施行に伴う王公族制度廃止により朝鮮王族の身位を喪失させられた。一九六三年に日韓国交正常化交渉が始まると、当時の執権者である朴正熙前大統領の協力により夫婦ともに韓国への帰国が実現した。その時、李垠は一九六〇年に脳梗塞で倒れ、歩行困難な状況であり、一九七〇年に死去した。

李垠との死別後、李方子は李垠の遺志を引き継ぎ、当時の韓国ではまだ進んでいなかった障害児教育に取り組んだ。福祉活動は李垠の遺言でもあった。方子は知的障害児施設である「明暉園」を一九六七年に設立し、一九七二年には知的障害児のための教育機関である「慈恵学校」を設立した。その背景には次のようなものがあった。彼女は韓国に行ってから、市場に買い物に行ったりと韓国の一般市民と同じような生活を始めるようになるが、このころ方子は道端で物乞いをする親子や、浮浪者の姿を見たという。ポリオなどで麻痺した子どもを恥として家の中に閉じ込めている事実も聞いた。知的障害児たちは家族からも疎まれ、家族もまた世間に対して肩身の狭い思いをしていた。方子はこのような不幸な子どもたちとその家族の役に立ちたいと思い、その思いから慈行会による慈恵学校と明暉園の根が下ろされたのであった［本田節子：二六七〜二六八］。

福祉活動を行うにあたり、初めは反日意識や資金集めなどで苦労も多かった。李方子は、障害児福祉事業活動として新聞に心身障害児募集の広告を出した。心身に障害のある十二歳から十八歳までの職業訓練生を募る、との大意であった。しかし、応募してきたのは八歳になる知的障害の女児一人だけであった。方子の福祉への出発はこの知的障害児一人からとなった。早速、有資格の先生を募集し、場所は延世大学の一隅を借りた。教科書は普通教科書から切り抜きして作り、方子はその他机などの必需品を古道具屋から買い集めた。その後一年を経て学生は十人近くに増えた。主に聾唖、小児麻痺の子どもたちであった。人数が増えると延世大学の仮教室では狭くなったために、ソウルの街中に適当な場所を求めて引越しを繰り返した。街中の教室は通学には便利ではあったが、深刻な問題も生じた。まず交通量の多さから子どもたちに危険が多くなり、それに加えて人の数も多いため見世物でも見るような衆人環視の眼があった。子どもたちや親はそれを嫌がり、空気も環境も良い郊外移転を急ぎ、一九七一年に学校を京畿道水原の貸しビルに移転させた。これが慈恵学校の正式の発足であった［本田節子：二六九～二七三］。

慈恵学校は水原市のはずれの農業大学実習農場の近くの苺畑の中にあった。校地四千坪、教室、講堂、寄宿舎のほか、豚舎、鶏小屋、小鳥小屋、農場があり、児童数は百五十人ほどであった［小田部雄次：二四二］。慈恵学校では畑の運営も行っていたが、化学肥料も農薬も一切使わず、自然農法での野菜づくりであった。これらの野菜は販売もするが主に寄宿舎用となり、無農薬の食事のおかげで子どもたちはてんかん発作を起こさなくなった。方子本人も慈恵学校を訪れることがあり、子どもたちは方子の姿を見ると駆け寄った。方子は障害児に対して惜しみなく愛情を注いでいたのである。

また、慈恵学校とは別に、方子は一九六六年に身体障害者を集めてミシン、編み物などを指導していた。当初の生徒は十五人で、小児麻痺の子どもから、松葉杖程度の子どもたちであった。そこで、一九六七年十月二十日の李垠の誕生日をもって「明暉園」を設立した。明暉とは、李垠の雅号である［小田部雄次：二三八］。明暉園の理事長は方子とし、ＹＭＣＡの一室が貸与されて行われた。学生数は男子九人、女子十人の身体障害者であった。しかし、当時のＹＭＣＡの建物は粗悪な建築と老朽化で雨漏りがひどかったために、目や足が不自由な子どもたちには危険であった。そこで、ＹＭＣＡの裏の土地（六十二坪）を買い二千万ウォン（当時千二百万円）の予算で地下一階、地上三階の明恵会館（垠の雅号明暉と方子の雅号佳恵から一字ずつとった）を竣工させた。その間に第二期生二十人、第三期生二十七人、第四期生二十三人、第五期生三十三人が卒業した。また、このころに社会福祉法が制定されて財団法人明暉園から社会福祉法人明暉園となった［本田節子：二八〇～二八二］。

慈恵学校は父兄も裕福者が多く、慈行会という後援組織があるが、明暉園は貧困者が多かったために資金集めには苦労した。移転が完了したのは一九七八年で、生徒は十二歳から二十三歳の六十三人であり、生活程度普通二十五人、残りは極貧で生活保護家庭児が二人であった。活動内容は木工芸、電子、手芸、編み物、洋裁があって、身体障害者の技能訓練を行い、一クラスの特別支援中学校があった。方子は十数年間身体障害児の職業訓練をしてきた経験から中学校程度の学力の必要を感じていたために全校生徒数が百二十人ほどの中学校を開設した［本田節子：二八七］。方子は明暉園の卒業生たちでスーパーを経営し、メーカーと提携しての部品製造など、何らかの継続収入をはかって生活の基盤づくりをし、さらには障害者用の老人ホーム、結婚する人のためのアパートなど生涯福祉を目指していた。その資金は、方子が趣味で焼いていた七宝焼を商品として販売し、彼女が居住している昌徳宮の楽善斎の一部を観光コースとして開放して李方子や園児の作品を展示、販売したりした。さらには、慈行会の活動が活発になると宮廷衣装ショーを海外で催すなどして資金を集めた［小田部雄次：二四〇］。

以上のように、方子は障害児の福祉事業に全身全霊を打ち込み、両校の基礎を築いた。また、韓国の不幸な子どもたちのために、帰国後六十歳の老体で資金を集め、福祉に身をそそいだのである。反日意識が強かった終戦後の韓国で、方子は罵声を浴びせられたり、差別を受けたりした。しかし、方子の福祉活動への情熱と努力は多くの人の心を動かし、次第に好意的に受け止められるようになった。方子のこのような功績を称え、一九八一年に韓国政府から「牡丹勲章」を授与された。そして一九八九年に彼女は八十七歳で亡くなった。葬儀は旧令に従い、韓国皇太子妃の準国葬として行われた。後に韓国国民勲章槿賞（勲一等）を追贈された。

ところで、李方子の韓国での福祉事業を考える場合、当時共生園を経営していた田内千鶴子（尹鶴子）の存在を忘れてはいけない。戦前からの活動を含め、韓国福祉事業への貢献という意味では、田内千鶴子は李方子よりも先駆者的な位置にいた。この二人の関係はまだ、明らかになってはいないが、一九六六年六月の「韓国社会福祉大学設立趣意書」という資料では、田内千鶴子が韓国社会福祉大学校設立発起人会代表で、李方子が発起人顧問となっている。しかし、この計画は田内千鶴子が倒れて一九六八年に亡くなり、中断された。

長年日韓の福祉事業に関わってきた尹基（田内千鶴子の長男）は李方子の福祉事業に対して次のように評価している。第一に、妃殿下（李方子）が六〇年代には誰もしなかった身体障害者事業を始めたこと。第二は、日本の皇族出身の身分で奉仕活動を真心から率先したことは韓国国民に対する日本女性のイメージを良くし、厳しい日韓関係を和らげる役わりを果たした。第三には、妃殿下が社会奉仕をすることによって上流社会の人たちがボランティアをすることになった［小田部雄次：二五二〜二五四］。二人は、韓国人を真に愛し、福祉を通して共生社会を実現しようとした韓国においての福祉共生の先駆者であった。

おわりに

現在、東アジア地域では、新しい地域統合・協力レベルで友好関係を追求すべきであり、政府レベルでも大きな関心やその必要性に対する共同認識は持っている。しかし、領土問題や歴史認識問題などで相互不信感をもっているのも事実である。このような東アジア地域に居住している人々の心理的距離感を縮めることなくして、「共同体」形成は難しい。問題解決の基礎となる、お互いの信頼関係を築くことが不可欠である。そこで、その信頼関係を築くためには、「人的・文化的交流」は最も重要な要素になると考える。「人的・文化的交流」が、相手国に対する好感度を高め、社会的心理的関係を改善させるという点で大きな意味をもっているからである。

　近年、日中韓の若者の間に、ある種の文化的共同意識が育ちつつある。いわゆる、大衆文化においての「韓流」「日流」「華流」のブームである。アニメ、漫画、ファッション、音楽などの分野である種の一体感を持ち、その過程で政治的国境を乗り越えた、ある種の「文化的共同体」が形成されているのである。これは、東アジア共同体の要を成す「地域間関係を担う人材の育成」にもつながるものであると考える。

　また、歴史認識や領土・領有権問題などで日本と東アジア地域との関係が悪化していく中でも、他方で、それとは無縁であるかのように東アジア地域における人・モノ・情報・カネの往来は非常に活発であり、「人的・文化的交流」の規模を示す諸数値は、毎年続伸している。この「人的・文化的交流」の増加は、東アジア諸国間の相互理解、相互信頼、友好関係を促進すると期待される。東アジアの友好的関係を構築するにあたって、「人的交流・文化的交流」を拡大させることが「東アジア共同体」創生の出発点になることであると思われる。

[注]

（1）「二〇一九年一月～十二月の国・地域別／目的別 訪日外客数（暫定値）」訪日外国人旅行者統計（日本政府観光局（JNTO）ホームページ）より。

（2）これは新潟県立大学の「韓国研修」の例を示したものである。

（3）송지원（ソン・ジウォン）（二〇一一）「조선통신사를 통해 본 조・일 문화교류의 면면（朝鮮通信使を通してみた朝日文化交流の一考察）」（『일본비평（日本批評）』（5）、서울대학교 일본연구소（ソウル大学校日本研究所）、二〇一一年八月。

（4）雨森芳洲が中国語学習を始めた時期については先行研究によって分かれている。［永留久惠研究：三二］では二十三歳であったとされるが、정승혜（チョン・スンヘ）「조선후기 조일 양국의 언어 학습과 문자에 대한 인식（朝鮮後期朝日両国の言語学習と文字に対する認識）」（『한국 실학연구（韓国実学研究）』、二九号、한국 실학학회（韓国実学学会、二〇一五年）は二十六歳であったとしている。これは雨森芳洲が長崎に遊学したのは二十五歳の一六九二年であったが、芳洲その前から中国語を始めていたとされるので、本章では二十三歳からだと考える。

（5）有田焼が有田で作られたのに「伊万里焼」とも通称されているのは、これが山越え三里（十二キロ）の伊万里の港から日本の諸国に積み出され売りさばかれたからである［三上次男：九五〜九六］。

（6）李参平の出身が朝鮮忠清道金江であったため、「金ヶ江」の姓が許されたという［三上次男：一〇二〜一〇三］。

（7）윤용혁（ユン・ヨンヒョク）「도조 이삼평, 그리고 아리타와 공주（陶祖李参平、そして有田と公州）」（『공주, 역사와 문화콘텐츠（公州の歴史と文化コンテンツ）』、공주대학교출판부（公州大学校出版部）、二〇一六年、一三六頁。

（8）オランダ東インド会社は一六五〇年に日本の磁器を千四十五個購入した。これは日本が海外に輸出した初めての実績であった。一六五九年には、五十万六千七百個の磁気が輸出され、ヨーロッパに日本の磁器が大量に輸出されるようになった。

（9）浅川巧の略歴については、「浅川巧略年譜」（高崎宗司編（一九九六）『浅川巧全集』、草風館）と「浅川巧シンポジウム——日韓の芸術交流と浅川巧の業績」（報告書）、北社市　高根ふれあい交流ホール、二〇一二年七月七日より参照した。

（10）『朝鮮陶磁名考』（高崎宗司（一九九六）『浅川巧全集』草風館、七三〇〜七三五頁）。

［参考文献］（発行年度古い順）

森山　諭『真珠の詩　韓国孤児の母・田内千鶴子の生涯』真珠の詩刊行委員会、一九八三年。

三上次男「有田磁器と李参平」『日本・朝鮮陶磁史研究』中央公論美術出版、一九八九年。

上垣外憲一『雨森芳洲』、中央公論社、一九九〇年。

本田節子『朝鮮王朝最後の皇太子妃』文春文庫、一九九一年。

田内　基『愛の黙示録——母よ、そして我が子らへ』汐文社、一九九五年。

高崎宗司『浅川巧全集』草風館、一九九六年。

高崎宗司『朝鮮の土となった日本人——浅川巧の生涯』草風館、一九九六年。

永留久恵『雨森芳洲』西日本新聞社、一九九九年。

仲尾　宏『朝鮮通信使——江戸日本の誠心外交』岩波新書、二〇〇七年。

小田部雄次『李方子――一韓国人として悔いなく』ミネルヴァ日本評伝選、二〇〇七年。

韓　永大『柳宗悦と朝鮮――自由と芸術への献身』明石書店、二〇〇八年。

江宮隆之『朝鮮を愛し、朝鮮に愛された日本人』祥伝社新書、二〇一三年。

中村　敏『日韓の架け橋となったキリスト者――乗松雅休から澤正彦まで』いのちのことば社、二〇一五年。

尹　基「韓国孤児の母　田内千鶴子の福祉のこころ――木浦共生園から故郷の家まで」『国際経営・文化研究』第二十号、韓国社会福祉法人共生福祉財団、二〇一五年。

杉山享司「柳宗悦と朝鮮との関りをめぐって」『民藝』日本民藝協会、二〇一六年三月。

杉山享司・田代裕一郎『柳宗悦の歩んだ道 × 朝鮮白磁の歩んだ道』日本民藝館・東京藝術大学工芸史研究室、二〇一八年。

片山まび「朝鮮通信使が伝えた陶磁器――日本遺跡出土資料を中心に」『朝鮮通信使研究』二七、二〇一九年六月、一八七〜二三七頁。

コラム　朱子学の伝統は現代社会の危機を救える

エマニュエル・パストリッチ

今日の私たちの課題は、朱子学の教えから無数の宝物を算出することである。

朱子学を強いて高校の教科書に出てくる言葉を借りれば、「江戸時代に近代化に反対した保守派の思想である」と定義することができる。

そして今になっては、博物館で展覧するような、我々の生活に何の役にも立たない骨董品のような取り扱いを受けている。が、それは本当にそうなのだろうか。

もちろん、男尊女卑といった、女性に対する差別や極端な親孝行思想など、問題点は多いが、現代の日本社会のような、深刻な道徳崩壊の問題に直面しており、常軌を逸した消費文化に溺れている病む社会では、未だに朱子学の伝統から見習う点が多々あるのではないだろうか。

それは目上の者の命令には無条件に従う、といったことなどからではなく、朱子学の最も魅力的な点である、行政、教養、道徳の融合から探し出せるかも知れない。

私たちは、まず、朱子学の遺産とは何なのか、そして、今の時代に偉大な知的伝統の価値を見出すためには、なぜ、学問的努力を傾注することが重要なのか、綿密に考える必要がある。

朱子学は南宋時代の学者、朱熹（一一三〇～一二〇〇）によって明文化された哲学体系の総称であり、後の中国、日本では国家イデオロギーの礎を形成することになった。

朱子学は自然界、政治界、そして、倫理の領域を包括する、最も包括的な世界観を創出するために初期の儒教の教えと仏教により発展した形而上学的な言語を組み合わせた形而上学と認識論への総合的なアプローチであった。

しかし、過去、数百年にわたる東アジアの最大の失敗は、政策、政治、教育、道徳、そして、法律に即座に適用できるような、朱子学の再解釈が行われなかったことにその原因があると言えよう。

日本で教育を受けた人は、歴史の教科書に何行か言及されている以外は、新儒教に接する機会はほとんど無かったのが実情である。

新儒教の伝統は、日本の近代化を阻止するために固持した硬直で柔軟性のない社会秩序と関連していると思われ、現代化、西洋化、そして、先進化された現在の環境に到達するためには克服しなければならない対象であった。

このような議論は、十八世紀の機械工学や十九世紀の医学に一部、根拠をおいているが、全般的には、中国、朝鮮、そして日本では、十八世紀以前にヨーロッパよりもはるかに複雑で微妙な公論の場を発展させ、政策過程においても、より平和的でより幅広い知識人を参与させることが可能だった。

さらに、ある逸話によると、十九世紀以前の東アジアでの識字率は、同時代のヨーロッパよりも高かった可能性が高い。

〈時代の課題に直面して〉

今日の私たちの課題は、朱子学の教えから無数の宝物を算出することである。新儒教の伝統の多くは、現在の社会に適用できるものである。

現在の社会は今後ますます持続不可能になるであろうし、消費や衝動的な欲望に駆り立てられて断末魔的な視覚に惑わされ未来へのビジョンを明確に提示することができないでいる。

それは今日、現実から切り離せない二つの酷烈な問題をもたらしてしまった。

その一つは、西洋伝統の道徳的な崩壊である。

西洋での蒸気エンジンや航海装備などの先進的な技術や洗練された機関（世界統合貿易システムは築いたが）は、アヘン戦争時には圧倒的に強力な存在であったため、東アジア各国はあらゆる分野においても深刻な文化や制度の再考を余儀なくされたのだが、今日、このような環境はまったく変わってしまったのである。

西洋諸国は文化や科学、論理的規範に対しての懸念をほとんど持っておらず、非合理で、且つ、反科学的な、しかも強力な権力を生み出した。

そして、その新しい文化は、米国のドナルド・トランプ政権が本能に訴えかける低俗で近視眼的な政治的アプローチに最もよく象徴されている。

西洋文明はより一層、急進的な消費文化や世界戦争、そして、より深刻で陳腐な文化に結びつくことになった。

中国、日本が近代化に失敗した反面、フランス、英国、ドイツが十九世紀に急速な成長を成し遂げたことの原因を探る様々な論著を読んでみると、西洋文明はアジアの相対的な平和と比較して、もっと不確実で、しかも残酷、野蛮であったように思われる。

将来的に、環境やその計画に関して、持続性や保全を重視する新しい文明のルーツを見出せる可能性が高いのはアジアである。そして、とりわけ、思いやり、倫理、政治が最も巧みに組み合わされているのは、新儒教の伝統である。

私たちは、今一度、復興された公務員試験制度を通じて、政治に新たなアプローチを提案し、社会を活性化させて西洋諸国に刺激を与える新儒教的な伝統を新たに見返す必要がある。

この制度は、現在の政治学にひどい弊害を加えてきた政治や、過激主義による危機を解決するのに大いに役立つであろう。

現代を生きる我々は、精神的な荒廃に直面している。私たちは虚無感に浸っており、無意味な消費を繰り返し、空虚な空間に暮らしている。

このような深刻な危機は、社会を改革しようとする努力を無駄にし、深刻な矛盾に陥らせている。それは、私たちは技術的で官僚的な解決策しか提示できず、社会政治の中にある精神的な問題を表現する方法を持っていないからである。

残念ながら、今日の経営や政治に関する議論は、実際の経験とは無関係であり、「革新」や「リーダーシップ」についての陳腐な論議しかなされておらず、心理的、もしくは精神的な課題は探求できない。

新儒教は精神的な自己修養に焦点を当てているが、これは宗教ではなく、政治と実践的な管理の問題と密接な関係がある。その故、新儒教が今の時代には重要な資産になりえるのである。

なぜならば、新儒教は現代宗教の自己耽溺と他の世俗的な特徴を遠ざけるからである。また新儒教は排他的ではなく、他の宗教的・哲学的な信仰をあきらめることは要求しない。

むしろ、新儒教は現代社会に誤って分離している三つの重要な要素、すなわち、自覚、倫理、善政を一つに結集する役割をしている。

このような伝統の側面は、現代社会と緊密に関連している。私たちは現代社会が多様化したせいで、日々の暮らしにおいて社会的な変化による心理的・精神的な様々な影響に対処していかなければならないが、宗教性を帯びた対処は自制する必要がある。

新儒教の伝統は政治的な問題だけでなく、人間の経験による心理的・精神的な側面においてより幅広い議論の可能性を提供する。また道徳的な問題にも関連している。

新儒教の伝統においては、政治や人間関係は単に効率性や創意工夫だけの問題ではない。

政府が運営され、家族が形成され、そして、社会が進展する方法は、常に相互論理の問題であり、常に全ての構成員の相互体系的な献身を伴うため、儒教体系には一方的な消耗が起こることはない。

新儒教の伝統は、現代社会を変革させてきた急速な技術の発展について驚くべき指針を提示している。テクノロジーの進化が今の世の中をどのように変化させてきたかは、到底計り知ることができない。

なぜなら、テクノロジーの進化は人が認識するありとあらゆる手段に影響を及ぼし、実質的には見えない基本的な水準にまでも影響を及ぼしているからである。

私たちを取り巻く社会を効率的に理解するためには、全ての現象の根底にある、より深い原則の形而上学に従事し、意識する必要がある。

私は、この問題について長く考慮する時間をもてなかったが、それでも新儒教の伝統は技術革新における人間社会の対応や他の伝統にはない人間社会での未来計画を適切に議論するために必要なスキーマ（解法）を持ち合わせていると確信しているのである。

私たちは、テレビやインターネットで再現されるイメージがいかなる基本的な原則や形而上学よりも権威や重要性を帯びるデジタル時代に生きている。

私たちは、世の中を最も表面的に理解する基準に束縛されており、世界はデジタル革命によってフラットになった。私たちに欠けているのは、観察する現象の背後にある根本的な形而上学の感覚である。

近代的な経験によりこのように弱体化してしまった部分は、まさに、新儒教の伝統の中では効率的に対処できる。

物事の表面的な部分とは反対に、内在する仕組みや根底にある原則に関心を注ぐことは、まさに、今の時代にはとても必要な要求である。物事の表面的な部分だけが全てを表す現代では、この洞察が非常に重要なのである。

実際に、新儒教の伝統は、世界を捉える方法として観念的でありながら、形而上学的な分析やより高い啓蒙状態に達するためにはどのように心身を訓練するべきなのかについての処方箋を提示している。

技術革命が現実社会のイメージの混乱を招き、それにより社会の中に混乱を作り出して、観念的な原則やテキストとは対照的にイメージに不健全な依存をすることになってしまった。

しかし、新儒教の伝統には、このような未曽有の課題へ対応できる新しい慣行と政策を提示し、そして適応させることのできるものが多くある。

〈退廃への挑戦〉

今の時代に生きる私たちは、次のような現状に直面している。今日の最大の脅威は、テロリズムでも景気の減速でも個々の政治家の行動でもなく、文化が退廃してきたことである。

個人は国家の未来には関心が希薄で、飲食、酒、性的快楽、休暇やスポーツ等が溢れる文化の中で暮らすことを優先するようになった。

人生の目的は目先の満足となり、犠牲は価値の領域から消滅してしまった。これが典型的な敗退の様相である。

残念ながら、現在の社会は市場への需要を創出するために間違った努力を費やし、人間本来の原始的な力を解放して、若者には表面的（ファッショナブル）な経験としての欲望を促進させた。

伝統的な儒教の合理性や自己統制、思いやりなどを野放し状態の野獣と履き違えてしまったのである。

行儀悪く食べ物を口に詰め込んだり、テレビをつけると二十年前ならポルノとして禁止されていたはずの衣装をまとった半裸の女性が出てくるCMが平気で流れている。

このような戦略は製品の販売促進のためなら効果的かもしれないが、社会的なあらゆる分野において道徳的な退廃をもたらす結果となってしまった。

その結果、政策は国家福祉、安全保障、価値観の確立ではなく、富や権力蓄積のための単なる機械と化してしまったのである。

社会全体がこのように退廃してしまった場合、これらの問題を経済政策や技術政策などでは解決できないということを認識しなければならない。

新儒教の伝統は、このような部分に多くの提言をすることができる。文化や健全な習慣の回復、退廃の性質とその治療法に関しては多くの事が述べられている。

特に、新儒教の伝統は、道徳的行動の原動力として羞恥の重要性を力説している。その意識の喪失こそが現代社会の悲劇を招いたのである。

伝統的な社会では、特定の行動が高齢の親を捨てるのと同等な、恥ずかしくて間違った行動だと考えられてきた。道徳的な義務が内面化して、深い羞恥心として現れていた。

儒教の表現として、「君子は独りを慎む（君子慎其独也）」という言葉があるように、倫理というものは誰かに監視されているという以前に内面から出てくるものでなければならない。

伝統的な羞恥の感覚を喪失すると、人は子どもの世話や職場の任務を遂行することだけで自身は道徳的な行動をしていると感じてしまう。

そして、社会全体のために自身の行動を倫理的に考慮したり、周囲の人々の行動を考慮する必要性を感じなくなるのである。

したがって、新儒教は、崩壊してしまった教育システムにも多くの提言をすることができる。

今や教育はこれ以上、価値を生むことが出来ない産業となってしまい、知識に対する倫理的・精神的な側面が未開発地として残ってしまった。

むしろ、卒業証書は仕事を見つけるためだけの前提条件になり、子どもたちが受ける教育はただ抽象的な労働力の価値を高めるだけのものになってしまった。

しかし、新儒教の伝統としての教育は、それ自体が教師や学生にとっては道徳的な行為であり、教師は製品を提供するためではなく、また、潜在的な労働力の価値を高める必要がないことを示唆している。

教師や学生の間には人間的なつながりが必要で、多くの場合は関係が一生続くように発展するものなのである。

いかなる学習や教授の場合でも、新儒教の伝統においては精神的な意味を持つ尊敬という概念がその学習や教授の主材となる。

学習という行為は、共に学ぶという共同体を作り出し、今日、私たちが失ってしまった倫理的な統治に関する共同体の合意を促進させた。

〈意識と環境〉

最後に、新儒教の伝統は、今日の消費時代に多くの提言をすることができる。儒教の伝統は、製品を消費したり自然を破壊することなく、活動的で現実参加型の人生を送るための一つの方法を提示している。

儒学者の生き方や暮らしぶりを思い出してみればいい。彼らは本を読んだり、手紙やエッセイを書いたり、古典をより深く理解するために朗読をした。彼らは非常に少ない資源を使って非常に質素な暮らしをしていた。

また、彼らは人生の深みや意味を探すため、どこかに行ったり、何かをしたりする必要はなかった。

彼らは表面的なものではなく、内在された原則に関心を持っていたため、古典を読むことを通して真実と満足を得ることができたのである。

おそらく、今の世界が直面している最も重要な課題は、裕福な国家に生きる特権的地位を擁する人々が浪費している、とてつもなく大量の天然資源の無駄を減らすことである。

車を所有したり、豪邸に住んだり、必要以上の食糧を食べようとする過分な欲望を抑制して行動する必要がある。幸福への道だと確信しながら、過度な消費という悲惨なサイクルに陥っているのである。

また、このような消費は環境を破壊し、人類の未来を脅かす。

消費文化の危機やそれに伴う気候変動に直面した際、幾つかの本や論文の中で見出した儒学者たちのモデルが示唆する内容は、非常に魅力的である。

今日の環境への莫大な被害の大部分は、裕福な先進国に住み、過度に資源を消費する人々に起因している。私たちが真剣に消費を減らさない限り、子孫には持続可能な世界を約束することが出来ない。

環境破壊の背景にあるもう一つの要因は、デジタルが代弁する時代の動向と、私たちを取り巻く、絶えず変化するイメージとの因果関係に対する認識の低下である。

我々自身が毎日無造作に繰り返しているある行動が、周辺諸国で起こっている事にどんな因果関係があるのかを、明確に知ることさえ出来ないでいる。それどころか、両者は全く関係がないと考えることも、しばしばある。

紙やプラスチックが環境にどのような影響を与えるのかも考えず、カフェでコーヒーを飲んではその紙コップを捨てる。カフェでサービスを提供する人に対する態度が自国の文化をいかに卑下させるのかも考えずに彼らに軽率、且つ、無礼な態度で接する。

儒教の伝統的な核心に戻り、何よりも自分のすべての振る舞いが、窮極的には道徳的な行為である、という事実を認識する必要がある。

本を読んだり、食事をしたり、友達と話をしたりすることなど、すべての行動が社会に肯定的な影響を与えることができるのである。

日常生活における、道徳的な行動の意義を再確認することで、健全な政治文化を創造することができるのである。

人間の本性は変えることができないが、あらゆる面で高い道徳的な行動を要求する文化を確立することで、政治家に圧力をかけることができるのである。

（本コラムはエマニュエル・パストリッチ博士が『ハフポスト』日本版（二〇一七年三月二十二日付け）に発表したものであり、本人の同意を得て転載した。）

若月　章（わかつき　あきら）　新潟県立大学名誉教授　第11章
東海大学大学院政治学研究科博士課程単位取得満期退学。修士（政治学）。【専門】政治学・国際関係論。【著書】共編『北東アジア事典――環日本海圏の政治・経済・社会・歴史・文化・環境』（5項目執筆、国際書院、2006年）、共著：『日本海学の新世紀8 総集編――日本海・過去から未来へ』（角川書店、2008年）、共著『歴史・文化からみる東アジア共同体』（創土社、2015年）、共著『国際地域学入門』（勉誠出版、2016年）。【論文】「『他者肯定・自者肯定』理論に基づく『協生』の哲学について」（『北東アジア地域研究』第23号、2017年）など。

権　寧俊（コン・ヨンジュン）新潟県立大学国際地域学部教授。　第12章
一橋大学大学院言語社会研究科博士課程修了。博士（学術）。【専門】東アジア国際関係史・国際社会学。【著書】編著『歴史・文化からみるアジア共同体』（創土社、2015年）、編著『東アジアの多文化共生』（明石書店、2017年）、編著『アヘンからよむアジア史』（勉誠出版、2021年）。

エマニュエル・パストリッチ（Emanuel Pastreich）　アジア研究所（The Asia Institute）理事長　コラム
ハーバード大学東アジア言語文明学博士課程修了。博士（人文科学）。【専門】東アジア古典文学・環境問題・科学技術政策。【著書】*The Novels of Park Jiwon: Translations of Overlooked Worlds*『燕巌朴趾源の小説――看過された世の中の変身』（ソウル大学校出版部、2011年）、*The Visible Vernacular: Vernacular Chinese and the Emergence of a Literary Discourse on Popular Narrative in Edo Japan*『江戸時代における日本通俗文化談論の台頭および中国の白話小説の受容』（ソウル大学校出版部、2011年）、『武器よさらば――地球温暖化の危機と憲法九条』（東方出版、2019年）など。

谷川　雄一郎（たにがわ　ゆういちろう）　神奈川大学非常勤講師
第2章日本語翻訳／第3章日本語翻訳
明治大学大学院文学研究科博士後期課程満期退学。修士（文学）。【専門】東アジア近現代史。【著書】共著『中国朝鮮族の移動と東アジア（第I章翻訳、彩流社、2020年）。【論文】「『南満東蒙条約』と間島領事館警察の増強」（『日本植民地研究』第16号、2004年）など。

キム・ゲルマン（Kim German）　アルファラビカザフスタン国立大学（Al-Farabi Kazakh National University）アジア研究所教授（所長）　第６章
アルファラビカザフスタン国立大学歴史学部博士課程修了。博士(世界史)。【専門】移民史・中央アジアと東アジア関係史。【著書】*Socio-Cultural Development of Koreans in Kazakhstan*, Almaty, Наука、1989年、『韓人移住の歴史』(〔韓国語〕博英社、2005年)、『私は高麗人である』(〔韓国語〕国学資料院、2013年）など。

ボルジギン・ブレンサイン（Borjigin Burensain）　滋賀県立大学人間文化学部教授　第７章
早稲田大学大学院文学研究科博士後期課程修了。博士（文学)。【専門】東洋史・モンゴル近現代史。【著書】『近現代におけるモンゴル人農耕村落社会の形成』(風間書房、2003年)、共編著『境界に生きるモンゴル世界――20世紀における民族と国家』(八月書館、2009年)。編著『内モンゴルを知るための60章』(明石書店、2015年)、*The Agricultural Mongols: Land Reclamation and the Formation of Mongolian Village Society in Modern China*（Shumpusha Publishing、2017年）など。

佐藤　トゥイウェン（サトウ　トゥイウェン）　元関西大学非常勤講師　第８章
関西大学大学院東アジア文化研究科博士後期課程修了。博士（文化交渉学)。【専門】ベトナムの儒教思想史と伝統倫理・字喃文献の研究。【著書】『ベトナムにおける「二十四孝」の研究』(東方書店、2017年)、共著『全球化視野下的中国儒学研究』(〔中国語〕中国・孔学堂書局、2015年)、共著『文化交渉学のパースペクティブ――ICIS国際シンポジウム論文集』(東西学術研究所研究叢刊52)、関西大学出版部、2016年)、共著『講座 近代日本と漢学 第4巻　漢学と学芸』(戎光祥出版、2020年)。

古田島　洋介（こたじま　ようすけ）　明星大学人文学部教授　第９章
東京大学大学院総合文化研究科博士課程単位取得満期退学。修士（文学)・碩士（〔台湾大学〕文学)。【専門】日中比較文化・漢文学。【著書】《鷗外歴史文学集》「漢詩」上・下（注釈、岩波書店、2000年・2001年)、『大正天皇御製詩の基礎的研究』(明徳出版社、2005年)、共著『漢文訓読入門』(明治書院、2011年)、『日本近代史を学ぶための文語文入門――漢文訓読体の地平』(吉川弘文館、2013年)、『これならわかる復文の要領――漢文学習の裏技』(新典社、2017年)、執筆協力『森鷗外事典』(20項目執筆、新曜社、2020年)。

魯　紅梅（ろ　こうばい）　順天堂大学医学部非常勤講師・蒲谷漢方研究所所長兼任。　第10章
順天堂大学大学院医学研究科博士課程修了。博士（医学)。【専門】東洋医学・医学史。【著書】共編『からだの百科事典』(朝倉書店、2004年)、『かんたん・おいしい薬膳レシピ』(河出書房新社、2005年)、共編『中医基本名詞述語中日英対照国際標準』(東洋学術出版社、2019年）など。

『東アジア理解講座——歴史・文明・自然・環境』執筆者一覧（執筆順）

金　光林（きん　こうりん）　新潟産業大学経済学部教授　　編著者／まえがき／第１章
東京大学大学院総合文化研究科博士課程修了。博士（学術）。【専門】東アジア文化史・比較文学。【著書】編集協力『北東アジア事典——環日本海圏の政治・経済・社会・歴史・文化・環境』（3 項目執筆、国際書院、2006 年）、共著『歴史・文化からみる東アジア共同体』（創土社、2015 年）、編集協力『森鷗外事典』（6 項目執筆、新曜社、2020 年）。【論文】「高麗神社からみた朝鮮渡来文化」（『比較文学研究』第 64 号、1993 年）、“A Comparison of the Korean and Japanese Approaches to Foreign Family Names”（*Journal of Cultural Interaction in East Asia* Volume 5、2014 年）など。

宋　念申（Song Nianshen）　清華大学人文社会科学高等研究所教授　　第２章
シカゴ大学歴史学部博士課程修了。博士（歴史学）。【専門】東アジア近現代史・歴史地理。【著書】*Making Borders in Modern East Asia: the Tumen River Demarcations, 1881-1919*（ケンブリッジ大学出版社、2018 年、韓国語訳；ノモブックス、2022 年）、『東アジアの発見』（〔中国語〕北京・新星出版社、2018 年；香港・中和、2019 年；台北・連経、2019 年、韓国語訳；歴史批評社、2020 年）。

金　勲（Jin Xun）　北京大学外国語学院日本語学部教授　　第３章
北京大学哲学学部博士課程修了。博士（哲学）。【専門】東アジア宗教・文化。【著書】『元暁佛学思想研究』（大阪経済法科大学出版部、2002 年）、『現代日本の新宗教』（〔中国語〕宗教文化出版社、2003 年）、『韓国新宗教の源流と変遷』（〔中国語〕宗教文化出版社、2006 年）、『情報化時代の宗教』（〔中国語〕宗教文化出版社、2015 年）、編著『道と東方文化（〔中国語〕、宗教文化出版社、2012 年）、『東方文化と養生』（〔中国語〕宗教文化出版社、2013 年）など。

沼岡　努（ぬまおか　つとむ）　新潟産業大学名誉教授　　第４章／第６章日本語翻訳
筑波大学大学院地域研究研究科修士課程修了。修士（国際学）。【専門】アメリカ史。【論文】報告書：「アンティベラム南部奴隷制下に見られる集団／共同奴隷耕作地の役割」日本学術振興会科学研究費補助金成果報告（2009 年）、“Josiah Collins III, A Successful Corn Planter: A Look at His Plantation Management Techniques,” *The Japanese Journal of American Studies*, 9 (June, 1998)、「『奴隷耕作地』再考——合衆国南部奴隷制下における奴隷の食生活理解の一助として」（『食生活研究』第 21 巻 6 号、2001 年）など。

片岡　直樹（かたおか　なおき）　新潟産業大学経済学部教授　　第５章
早稲田大学大学院文学研究科博士後期課程単位取得満期退学。博士（文学）。【専攻】東洋美術史。【著書】『長谷寺銅板法華説相図の研究』（中央公論美術出版、2012 年）、編著『NHK8K　国宝へようこそ法隆寺』（NHK 出版、2021 年）、共編『興福寺——美術史研究のあゆみ』(里文出版、2011 年)、共編『唐招提寺——美術史研究のあゆみ』（里文出版、2016 年）、共編『法隆寺——美術史研究のあゆみ』（里文出版、2019 年）、共編『正倉院宝物の輝き』（里文出版、2020 年）。

東アジア理解講座
――歴史・文明・自然・環境

2023年4月30日　初版第1刷発行

編著者　金　光　林
発行者　大　江　道　雅
発行所　株式会社　明石書店
〒101-0021 東京都千代田区外神田6-9-5
電話 03（5818）1171
FAX 03（5818）1174
振替　00100-7-24505
http://www.akashi.co.jp/
組版・装丁　明石書店デザイン室
印刷・製本　モリモト印刷株式会社

（定価はカバーに表示してあります）　ISBN978-4-7503-5597-9

沖縄戦と琉球泡盛 百年古酒の誓い
上野敏彦著 ◎2500円

帝国の島 琉球・尖閣に対する植民地主義と闘う
松島泰勝著 ◎2600円

学知の帝国主義 琉球人遺骨問題から考える近代日本のアジア認識
松島泰勝著 ◎5800円

中国・サハリン残留日本人の歴史と体験 北東アジアの過去と現在を次世代に伝えるために
太田満著 ◎2200円

香港と「中国化」 受容・摩擦・抵抗の構造
倉田徹、小栗宏太編著 ◎4500円

香港の歴史 東洋と西洋の間に立つ人々
世界歴史叢書 ジョン・M・キャロル著 倉田明子、倉田徹訳 ◎4300円

戦後米国の対台湾関係の起源
「台湾地位未定論」の形成と変容 鍾欣宏著 ◎4200円

台湾の外国人介護労働者
雇用主・仲介業者・労働者による選択とその課題
鄭安君著 ◎3500円

東アジアの歴史 韓国高等学校歴史教科書
世界の教科書シリーズ42 アン・ビョンウほか著 三橋広夫、三橋尚子訳 ◎3800円

アジアの地域統合を考える 戦争をさけるために
羽場久美子編著 ◎2800円

アジアの地域協力 危機をどう乗り切るか
東アジア共同体シリーズ2 羽場久美子編著 ◎2800円

アジアの地域共同 未来のために
東アジア共同体シリーズ3 羽場久美子編著 ◎2800円

交流史から学ぶ東アジア 食・人・歴史でつくる教材と授業実践
高吉嬉、國分麻里、金玹辰編著 ◎1800円

東アジアの多文化共生 過去/現在との対話からみる共生社会の理念と実態
権寧俊編著 ◎2800円

沖縄と朝鮮のはざまで 朝鮮人の〈可視化/不可視化〉をめぐる歴史と語り
呉世宗著 ◎4200円

現代中央アジアの国際政治 ロシア・米欧・中国の介入と新独立国の自立
湯浅剛著 ◎5400円

〈価格は本体価格です〉